DANTE

L'ENFER

MIS EN VIEUX LANGAGE FRANÇOIS
ET EN VERS

Accompagné du texte italien
et contenant des Notes et un Glossaire

PAR

É. LITTRÉ

DE L'ACADÉMIE FRANÇAISE

PARIS
LIBRAIRIE HACHETTE ET Cie
79, BOULEVARD SAINT-GERMAIN, 79

1879

DANTE

L'ENFER

MIS EN VIEUX LANGAGE FRANÇOIS
ET EN VERS

Accompagné du texte italien
et contenant des Notes et un Glossaire

PAR

É. LITTRÉ

DE L'ACADÉMIE FRANÇAISE

PARIS
LIBRAIRIE HACHETTE ET Cie
79, BOULEVARD SAINT-GERMAIN, 79

1879

L'ENFER

21655. — PARIS, TYPOGRAPHIE LAHURE
Rue de Fleurus, 9

DANTE

L'ENFER

MIS EN VIEUX LANGAGE FRANÇOIS
ET EN VERS

Accompagné du texte italien
et contenant des Notes et un Glossaire

PAR

É. LITTRÉ

DE L'ACADÉMIE FRANÇAISE

PARIS
LIBRAIRIE HACHETTE ET Cie
79, BOULEVARD SAINT-GERMAIN, 79

1879
Tous droits réservés.

PRÉFACE

A quoi bon traduire un ancien poëme italien en un français qui aurait besoin lui-même d'une traduction? C'est une question se présentant tout de suite à l'esprit de ceux qui, sur le nom de Dante et peut-être mus par quelque curiosité, ouvriront mon volume. Une tentative qui suscite de prime abord une objection si radicale, réclame, j'en conviens, des explications. En maints débats, il est loisible de se défendre en disant : *et adhuc sub judice lis est*. Le procès que je soulève n'est pas encore soumis au juge, mon affaire est sans précédent [1], à moins que l'on ne mette à mon dossier P. L. Courier et son *Longus*, Vanderbourg et sa *Clotilde de Surville*.

Rivarol a d'avance condamné ma tentative, en disant : « Si le *Roman de la Rose* avait les beautés du poëme de l'*Enfer*, croit-on que les

---

[1]. Voyez, à l'*Appendice*, des fragments de deux traductions en vers français, l'une du quinzième siècle, l'autre du seizième ; mais les deux traducteurs se sont servis de la langue de leur temps.

étrangers s'amuseraient à le traduire en vieux langage, afin d'avoir ensuite autant de peine à le déchiffrer que nous (*l'Enfer*, Avis de l'éditeur, page xlvi)? » Rivarol a raison : et de pareilles œuvres sont toujours, j'en conviens, un laborieux amusement d'érudit. Cependant mon cas comporte quelque chose de plus ; sans quoi, je n'aurais pas entrepris et mené à terme ma singulière traduction. Ainsi, pour bien indiquer ma pensée, je dis que je n'eusse jamais voulu mettre en vers latins la *Divine Comédie*, exercice où je n'aurais vu qu'un goût de pastiche, sans une parcelle d'utilité. La parcelle d'utilité qui m'a entraîné vers la reproduction d'un Dante en vieux français, son contemporain, petite si vous voulez, mais réelle à mon sens, c'est de recommander, sous une forme nouvelle, l'étude de notre vieil idiome. Les vieillards font leur testament : ceci est un legs, tel quel, que j'adresse à cette étude, qui a été une de mes favorites.

Depuis bien des années, j'ai pensé qu'en France, à tort et par conséquent à dommage, l'on avait perdu toute liaison avec la langue de nos aïeux et leur littérature. Les idées les plus fausses avaient pris la place d'une réalité absolument inconnue. De la langue de Philippe Auguste et de saint Louis la croyance commune fit un jargon sans règle duquel le XVIIe siècle, grammatical et poli, avait ôté la grossièreté, le barbarisme et le solécisme ; et l'on citait, quand on citait quelque chose, *lettres royaux* que de vieux protocoles nous ont conservées. Quant à la littérature, les savants remontaient jusqu'à Villon, et il était admis que rien de digne d'aucune considération n'était venu au monde chez nous, avant que l'influence italienne se fût fait sentir. A l'encontre de ces chimères, la réalité est que la langue avait été saine et bonne, et qu'une production littéraire bien accueillie en Europe s'était formée spontanément dès les hauts temps de notre histoire.

Un changement notable s'est opéré, grâce à l'érudition et à son labeur. Beaucoup de textes ont été publiés ; des chaires ont été créées (pas assez, à mon gré); et de jour en jour s'est accru le nombre de ces studieux parmi lesquels je me range. J'ai pris une certaine part dans l'introduction parmi nous de ce savoir particulier au sein du savoir général. L'impulsion n'est plus à créer, elle est seulement à soutenir.

A ces studieux dont je parle, il n'est nullement nécessaire de rappeler comment il est possible d'écrire et de versifier en langue d'oïl. Pour exécuter ce petit travail de marqueterie les modèles abondent. Nous avons, de la poësie des hauts temps, une masse énorme. Chansons de gestes, poëmes de la Table ronde, poëmes didactiques, romans d'aventures, fabliaux, chansons, rien ne manque. En lisant beaucoup, sans parler des mots et des locutions dont on se fait de cette façon une provision disponible, on finit par acquérir un sentiment du vieil idiome qui permet de s'y mouvoir avec une certaine sécurité et même avec quelque indépendance. C'est ainsi que les latinistes modernes, surtout ceux de la Renaissance, ont réussi à écrire en un latin qui, en dépit de Boileau et de sa spirituelle caricature, n'est nullement à dédaigner.

Les critiques, si l'étrangeté de mon essai ne les écarte pas et s'ils ne jugent point un morceau écrit en langue d'oïl par un Français du dix-neuvième siècle, indigne d'être regardé; les critiques, dis-je, auront quelque curiosité de rechercher comment je me suis acquitté d'une tâche en soi fort ténue: *in tenui labor*. Une pareille translation est un grenier à fautes. La perfection serait qu'elle ne renfermât ni mot ni tournure qui n'eussent été ou ne pussent être dans un texte de la fin du treizième siècle et du commencement du quatorzième ; ce qui est le temps même de Dante. Mais le grand tentateur est là, je veux dire le français moderne, qui à tout moment suggère sa tournure, si naturelle, ce semble, qu'elle se glisse inconsciemment là où elle ne devrait pas figurer. La parenté des deux idiomes n'est pas distante ; c'est celle de père à fils, et le fils est toujours disposé à s'étonner que le père n'ait pas parlé comme lui. Oh !

avec combien plus de raison le père s'étonnerait-il, s'il pouvait voir ce que son descendant, parfois malavisé et follement prodigue, a fait de vraies richesses, de bonnes règles et d'excellentes tournures !

La curiosité sur laquelle je viens de dire que je comptais un peu, j'ai pensé qu'elle serait davantage éveillée, si, au lieu de quelque composition arbitraire et de mon chef, je m'adressais à une œuvre glorieuse et conforme par son âge vénérable au vêtement dont je voulais la couvrir. Dante satisfait excellemment à ce double objet. D'une part, c'est le plus grand nom de la poésie médiévale, par opposition à la poésie antique vue surtout alors dans la belle Énéide, et à la poésie moderne vue aujourd'hui comme le développement ondoyant et divers des germes déposés et des aptitudes ; d'autre part, il se prête sans disconvenance au déguisement (toute traduction est un déguisement) que je lui inflige. Il aurait pu être traduit dans les années qui précédèrent nos effroyables désastres sous Philippe de Valois et Jean, son fils, et je regrette (que ne regrette pas un érudit?) que Pétrarque ou Boccace, qui vinrent plus d'une fois à Paris, n'aient pas suggéré l'idée de ce travail éminent à quelqu'un de nos versificateurs. Mais quoi ! Pétrarque, qui déjà prenait conscience de la commençante supériorité littéraire de son pays, ne note-t-il pas, non sans quelque impatience, que les Français opposent à toute la poésie étrangère le *Roman de la Rose*? J'avoue que je suis comme Pétrarque un médiocre admirateur du *Roman de la Rose*; pourtant cette composition n'est pas sans talent, et, en tout cas, c'est un texte de langue.

Sans vouloir, plus modeste que les Français du quatorzième siècle, rien opposer dans notre vieille littérature à la *Divine Comédie*, et laissant de côté les chansons de geste, grand cycle où se trouvent des pièces d'un mérite incontesté, je prends le poëme de Garnier de Pont-Saint-Maxence sur le meurtre de Thomas, archevêque de Canterbury. Le sujet est grave ; il s'agit de la lutte terrible entre le pouvoir sacerdotal et le pouvoir royal. De Thomas, qui en fut le martyr, l'Église a fait un saint. Ce sujet appelle des discussions théologiques et politiques, il est contemporain du poëte, et, je dirai, compatriote ; car Garnier, comme l'archevêque, est soumis au roi Henri. Toutes les passions ont été soulevées par les péripéties d'un drame qui a duré plusieurs années et qui a si tragiquement fini. Voyons donc si notre auteur a trouvé dans tout cela quelques vers dignes de la tâche qu'il s'était donnée; ce n'est pas une analyse que je fais ; ce sont des échantillons de pensée et de style que je mets sous les yeux du lecteur. Notons que Garnier est antérieur à Dante de près de deux siècles.

S'engageant dans l'ardue question de savoir pourquoi Dieu permet la damnation des damnés et le salut des sauvés, il se sert de la comparaison de l'aigle qui éprouve ses petits aux rayons du soleil :

> Quant l'egle ad ses pucins fet el ni eschapir,
> Encontre le soleil lur fet les oelz ovrir ;
> Cel ki le rai ne poet esgarder et sufrir,
> Cel fet del ni aval trebucher et chaïr ;
> Ki Deu ne vout amer, Deus nel vout pas nurir (p. 27)[1].

Il continue le même sujet, et représente Dieu, qui, comme une sentinelle, observe les hommes du haut du ciel ; ils sont guettés sur les chemins du val de la vie par les larrons, c'est-à-dire les démons, et, aveugles, ils se laissent prendre à escient.

> L'eschargueite est là sus, el pinnun de cel munt ;
> Veit les laruns el val, ki embusché se sunt,
> Pur prendre les errans ki par le chemin vunt.
> Cil les veient très ben, sevent qu'il les prendrunt.
> Et tut à escient à eus prendre se funt.
> Et quand nous nous volons à escient damner,
> Quidez vus ke vus voille Deus à force sauver ?
> Il est là haut el ciel nos œuvres esgarder,
> Al jugement viendra et boens et maus prover,
> As maufez en lerra tus lur servans mener (p. 27).

L'*escharguete* est ce que nous nommons *senti-*

---

1. C'est l'édition de M. Hippeau que je cite : *La vie de saint Thomas, le martyr archevêque de Canterbury*, par Garnier de Pont-Saint-Maxence, poëte du douzième siècle, Paris, 1859.

nelle; je ne vois pas pourquoi nous avons sacrifié notre mot français au mot italien, d'autant plus que nous avons perdu en même temps le verbe *eschargueter*, qu'il aurait fallu du moins, si on n'avait pas été des prodigues inconsidérés, remplacer par *sentineller*, faire la sentinelle. — Les *maufez*, c'est-à-dire les malfaits, sont les diables. L'opinion du moyen âge était que les démons sont des êtres ridiculement ou odieusement difformes; Dante est fidèle en tout son *Enfer* à cette opinion, que le vieux français reproduit exactement par la dénomination populaire de *maufez*. — On remarquera que Dieu permet aux diables d'emmener ceux qui leur appartiennent et, comme dit Garnier, leurs servants. C'était une idée répandue que les démons avaient droit sur les pécheurs, et qu'ils usaient d'arguments pour repousser les prétentions des saints intercesseurs. Dante a donné place dans son poëme à cette singulière scolastique. (Voy. *Enfer*, XXVII, 112-120.)

> Koruz de rei n'est pas gius de petit enfant.
> Ke kumence à haïr, seit pur poi, seit pur grant,
> Jamais ne l'amera en trestut sun vivant (p. 59).

Le vers est bien frappé. Que courroux de roi ne soit point jeu d'enfant, soit chose redoutable, est une pensée qui se trouve dans Homère[1]. Il

---

1. Κρείσσων γὰρ βασιλεὺς, ὅτε χώσεται ἀνδρὶ χέρηϊ.
Εἴπερ γάρ τε χόλον γε καὶ αὐτῆμαρ καταπέψῃ,
Ἀλλά τε καὶ μετόπισθεν ἔχει κότον, ὄφρα τελέσσῃ,
Ἐν στήθεσσιν ἑοῖσι. (*Il.*, I, 80.)

PRÉFACE. IX

est singulier de la rencontrer dans Garnier, qui ne l'a certainement pas prise à l'Iliade, le moyen âge ne connaissant les poëmes homériques que très-indirectement.

Garnier conseille au roi Henri de ne pas se fier à ces prélats qui désertent la cause de l'Église pour s'attacher à celle de la royauté.

> Reis, purpense tei mieuz ; ne te creire al cunseil.
> Mult sunt faus li prelat que tu as pris al breil ;
> Plus sunt fuiant del ros, quant il est en tueil ;
> Quant trichent lur seignur, poi te serunt feeil ;
> Ne te creire à la nuit, dune tei al soleil (p. 44).

Ces prélats que le roi a pris au piége, sont plus fuyants que les roseaux en tuyau ou tige. Garnier revient ailleurs sur cette comparaison, quand il dit qu'ils n'osent pas plus attendre que le roseau le souffle du vent :

> Mais n'osent la bufée plus que li ros atendre (p. 99).

C'est avec une grande énergie que le roi Henri exprime ses griefs contre Thomas, qu'il avait comblé de biens comme son chancelier, et qui, comme archevêque, se tournait contre lui.

> Uns huem, fet lur li reis, ki a mun pain mangié,
> Qui à ma curt vint povres, et mult l'ai esalcié,
> Pur mei ferir as denz a sun talun drescié.
> Trestut mon lignage a et mun regne avilié ;
> Li duels m'en vait al cuer ; nuls ne m'en a vengié (p. 175).

On ne peut mieux rendre l'héroïque résolution

du martyr que par ces mots mis dans la bouche de Thomas, quand on lui annonce l'approche des meurtriers :

> Ne il ne sunt pas mielz apresté del ferir
> Que mis curages est del martire suffrir (p. 187).

Enfin je termine ces citations que je pourrais accroître notablement par le vieux dicton qui veut que la France ait été dite ainsi parce qu'elle est lieu franc pour tous. C'est le roi Louis de France qui parle, à propos de l'asile que le fugitif trouve en son royaume :

> L'arcevesque Thomas, certes bien le connui.
> Pur ço est France france, par les seinz où je fui,
> Que cil que mester unt i vengent (viennent) à refui.

Mon ambition serait (ambition exorbitante, j'en conviens) de donner à mon Dante un parler aussi correct que celui du trouvère normand et une versification aussi ferme et aussi libre, en un mot de faire naître par moments l'illusion que ma traduction a été écrite par quelque Garnier du quatorzième siècle. Je dirais alors avec plus de confiance : lisez le grand Florentin à travers notre vieil idiome. Apprendre la langue d'oïl n'est point pour nous un labeur rude et rebutant. Nous en savons, de naissance, une bonne partie ; et le reste s'obtient en se familiarisant avec la grammaire et en lisant. L'intérêt de cette étude est, à chaque moment, ravivé par les comparaisons avec le français moderne et par les aperçus que la réflexion la plus courante suggère sur la forme, la signification et la fortune des mots. Les rapprochements sont des sources de lumière; et l'étude du vieux français est un rapprochement perpétuel.

Il n'est guère d'homme réfléchi qui, bien au delà du terme d'une courte vie, ne s'inquiète de l'avenir de son pays, surtout si son pays est en proie aux catastrophes et aux désastres. Eh bien, c'est peut-être un paradoxe, pourtant je n'hésite pas à le dire, ce souci de l'avenir aurait tort de se désintéresser du passé. Il sied mal à une nation d'être aussi peu familiarisée que la nôtre depuis le dix-septième siècle, avec le premier âge de sa littérature; une littérature qui a été productive et qui a eu du renom et de beaux jours. On a une vue plus ferme de l'avenir, quand on connaît le passé. Je sais bien que cette littérature et cet idiome dont je parle pour les recommander ne font qu'une part d'un vaste ensemble qui est notre histoire; mais cette part pénètre profondément dans les aptitudes d'une nation; grande thèse que je ne veux appuyer ici que d'un mot sur notre développement national. Quoi de plus brillant que la portion de ce développement qui s'étend de Hugues Capet à la fin de sa descendance directe, ce plein du régime féodal où la France tient un rang si élevé dans toutes les délibérations européennes? C'est aussi l'ère de la plénitude de la langue d'oïl, de la création d'une riche poésie, et de la diffusion de l'une et de l'autre parmi les voisins. La scène change; les seconds capétiens ou Valois, par Philippe et Jean, précipitent ou laissent tomber la France dans l'abîme; parallèlement la langue s'altère, la tradition saine s'en compromet, la poésie tarit; la littérature s'étiole. Une troisième fois la scène change, mais c'est pour un rétablissement et pour un mieux; la langue et la littérature reprennent leur essor, non sans dommages sérieux infligés par l'éclipse des quatorzième et quinzième siècles, mais pourtant avec une vigueur suffisante et une vertu de développement qui ne s'est pas encore démentie.

A ces raisons véritablement impersonnelles qui ont tourné l'effort d'une vieillesse déjà fort avancée vers l'association de Dante et du vieux français, ajouterai-je que j'ai eu aussi quelques raisons secondaires et personnelles? D'abord ce travail m'a procuré un dernier et étroit commerce avec un auteur que j'admire et à la poésie de qui je me suis bien des fois abreuvé. Puis il m'a captivé dans la recherche, l'agencement, la mise en œuvre de tout ce que j'empruntais à mes lectures de nos anciens auteurs; minutieux labeur où la satisfaction commence quand on rencontre l'expression, la tournure, le vers qui, étant dans le sentiment de notre vieille langue, représentent non sans fidélité le modèle italien.

Dante a eu conscience de son génie, et il s'est placé lui-même au rang des grands poëtes, sixième dans le chœur des cinq illustres personnages à qui Virgile le présente dans les limbes (IV, 100-103), et desquels nous retranchons sans hésiter Stace et même Ovide. C'est en des vers simples et beaux qu'il a fait son apothéose; et cette apothéose, l'avenir l'a ratifiée.

Pourquoi s'est-il senti autorisé à porter sur lui-même un tel jugement? c'est parce qu'il possède *le beau style*[1]. Il a raison. Sans beau style, ou, pour parler comme nous disons aujourd'hui, sans style, il n'est point de haute poésie qui ait le privilége, après avoir touché les contemporains, de transmettre à leurs descendants des émotions pures et élevées.

Dante rapporte l'honneur de son beau style à son maître Virgile et à l'étude assidue de l'œuvre du poëte latin. Ceci ne peut être reçu sans une restriction essentielle. S'il n'eût pas apporté en naissant le don du style, il en eût vainement demandé le secret aux livres des autres. On en

---

1. *Lo bello stile che mi ha fatto onore*, I, 87 (dans ma traduction : *Le bel parler qui m'a fait grans onors*). Le mot *style* manque dans l'ancien français. Je l'ai remplacé par le substantif *parler*, que Dante lui-même emploie en ce sens quand il dit, v. 80 : Es-tu ce Virgile Che spande di *parlar* si largo fiume ? Au reste, *style* se trouve dans une traduction du quinzième siècle dont je parlerai plus loin à l'*Appendice* : Tu es seul celuy dont le beau stille ai quis prendre, Qui m'a fait faire honneur par maincte creature.

possède l'aptitude par un privilége de nature, comme le grand peintre et le grand musicien possèdent la leur. Mais il est fort utile qu'à cette impulsion spontanée vienne se joindre l'étude des modèles. Dante, tout doué qu'il était, gagna infiniment à fréquenter assidûment Virgile; son témoignage est à la fois touchant et incontestable.

Qu'est-ce que le style? c'est l'art de rendre par la parole la beauté. Aristophane, en parlant des malheurs de Phidias et de l'explosion de la guerre du Péloponnèse, a dit qu'Athènes avait été quittée par la beauté en même temps que par la paix. Il entendait cette beauté que le grand statuaire savait reproduire en ses chefs-d'œuvre. Toutes les beautés, même celles de la haute poésie et de la grande prose, ont, comme la beauté plastique, leur origine en des arrangements donnés par la nature, arrangements qui ont leurs correspondances ou équivalences dans l'âme humaine [1].

Quand, dans les limbes, Dante est accueilli avec honneur par le groupe des poëtes renommés, Virgile sourit et témoigne la joie intime qui le pénètre. Cela est noble et doux. Pourtant, avons-nous quelque moyen de savoir quelle se-

---

[1]. Voyez ma théorie à ce sujet dans mon article sur Phidias, d'octobre 1866, reproduit en mon livre: *Histoire et Littérature*, p. 406-408.

rait l'impression de Virgile, s'il était mis en présence des vers du poëte italien? En d'autres termes, nous connaissons l'impression que produit sur nous la poésie des temps passés ; mais est-il sûr que les hommes des temps passés fussent disposés à goûter la poésie qui est venue après eux? La succession des œuvres forme un milieu esthétique dont il ne serait pas facile de transposer les termes. Celui dans lequel nous respirons et nous sentons a parmi ses éléments essentiels l'art du moyen âge et la poésie de Dante. Agir après soi, c'est ce que Tacite, lui qui aussi a tant de style, dit être *in fama rerum*[1].

1. L'édition de Dante dont je me suis servi pour faire ma traduction est celle de M. Scartazzini : *La Divina Commedia* di Dante Alighieri, Leipzig, 1874.

APPENDICE

1. *Quelques remarques de grammaire et de versification anciennes.* — Le vieux français diffère plus peut-être du moderne par la grammaire que par les mots. Héritier, mais diminué, de la syntaxe latine, il a, des six cas de sa mère, conservé le nominatif et le régime. Ainsi il dit *li emperere*, de *imperátor* (il suit toujours l'accentuation latine), et *lo empereor*, de *imperatorem*; *li hom*, de *hómo*, et *lo home*, de *hóminem*; *li chevals* ou *chevaus*, de *cabállus*, et *lo cheval*, de *cabállum*. En général, les noms qui n'ont pas d's au nominatif en latin n'en ont pas en français : *li hom*. Les autres qui ont une *s* (masculins en *us* et neutres en *um*, mais assimilés à la terminaison *us*) ont l's : *li chevals* ou *chevaus*. Le pluriel se forme sur les noms latins dont le pluriel est en *i*; par conséquent, les pluriels vieux français n'ont point d's au nominatif; c'est là une différence capitale de premier coup d'œil avec le français moderne. L's paraît au régime, parce que, au régime pluriel, le latin a une *s*. Ainsi : *li emperere, lo empereor* (singulier), *li empereor, aus empereors*, les empereurs, aux empereurs (pluriel).

Les noms féminins ont leur formation propre. Les noms en *a* latins se déclinent ainsi : *la rose* au nominatif et au régime singuliers, *les roses* au nominatif et au régime pluriels. Autres sont les conditions des noms féminins en *é*, en *u*, en *on*, en *or*, c'est-à-dire à terminaisons masculines. Le français se forme du cas régime latin : *honesté*, de *honestátem;* *vertu*, de *virtútem;* *saison*, de *sationem;* *amor*, de *amórem*. Au singulier, *la vertus*, nominatif, *la vertu*, régime, au pluriel, *les vertu*, *aus vertus; la saisons*, nominatif, *la saison*, régime, au singulier, au pluriel, *les saison, aus saisons; la dolors*, nominatif, *la dolor*, régime, au singulier, *les dolor*, *aus dolors*, au pluriel,

Les adjectifs suivent, cela s'entend de soi, les mêmes règles de déclinaison que les substantifs. Mais il est une particularité, tout à fait régulière du reste, qui déroute les commençants et qui a attiré sur le vieux français bien des accusations inconsidérées de solécisme ; c'est la règle relative aux adjectifs latins qui ont une même terminaison pour le masculin et le féminin. Le vieux français, lui aussi, a une même terminaison pour les deux genres. ainsi, *uns hom feaus*, et *une feme feaus*, au nominatif ; au régime, *un home feel* et *une feme feel* (*homo fidelis, femina fidelis, hominem fidelem, feminam fidelem*).

La présence de cas, fussent-ils seulement au nombre de deux, donne à la langue une allure très-différente de celle qu'elle a prise depuis qu'elle est devenue tout analytique. Elle permet la suppression de certaines prépositions. Nous en avons un exemple dans une locution qui nous est restée (car le passé ne s'en va jamais tout à fait) : *l'hôtel-Dieu*. *L'hôtel* est au nominatif, *Dieu* est au régime ; cela suffit pour exprimer sans ambiguïté le rapport de possession. Le hasard met sous mes yeux ces deux vers d'un lai où il est dit qu'un chevalier n'avait pour la femme de son ami qu'une amitié loyale :

> Mais n'ert amors se bone non;
> Car fame estoit son compaignon.

Car c'était la femme de son compagnon. *Compaignon* est au régime (le nominatif est *compain*), et dès lors le sens est parfaitement déterminé.

On comprend que j'aie tenu à observer toutes ces règles rigoureusement. Les trouvères prennent beaucoup de licences que je n'ai pas prises. En ce genre, la règle est plus facile à suivre que la licence.

La conjugaison ancienne est plus fidèle au latin que la moderne. Des différences essentielles sont à noter, et tout d'abord l's des premières personnes du singulier, qui est étrangère à la conjugaison ancienne, et dont la moderne s'est si malencontreusement affublée. L's est caractéristique de la 2ᵉ personne, non de la 1ʳᵉ. On écrivait *je voi*, et non *je vois*, de *video*; *j'amoie*, et non *j'amois*, de *amabam* (par analogie, *j'ameroie*, et non *j'amerois*); *je vi*, et non *je vis*, de *vidi*; *je fui*, et non *je fus*, de *fui*.

L'emploi des adjectifs possessifs au féminin ne présente pas l'étrange anomalie de l'usage moderne, où le possessif masculin *mon*, *ton*, *son* est construit avec un substantif féminin : *mon âme*, *ton épée*, *son amour* (amour, autrefois, était toujours féminin). L'ancien français dit régulièrement *m'ame* pour *ma ame*, *t'espée* pour *ta espée*, *s'amour* pour *sa amour*.

Bien que l'ancienne langue ait, avec le comparatif, la construction par *que*, elle a aussi la construction latine par l'ablatif, c'est-à-dire par le cas régime. Cet hémistiche cité tout à l'heure : *Plus sont fuiant del ros*, veut dire : Ils sont plus fuyants que le roseau.

Le *que* conjonctif entre deux verbes peut se supprimer :

> Quant l'arcevesques vit ne pourra conquester
> L'amour al rei (*Th. le Martyr*, v, 1345),

c'est-à-dire : Quand l'archevêque vit qu'il ne pourra conquérir l'amour du roi.

L'existence d'un cas régime permet à la vieille langue, en bien des circonstances, de supprimer la préposition *à*, le rapport étant suffisamment marqué par la syntaxe. Les exemples en sont infinis ; en voici un emprunté au même texte (v. 1604) :

> La croix, fet il, laissez ; un autre la livrez.

Cela signifie : Laissez la croix, dit-il ; livrez-la à un autre.

Quand on a sous les yeux un bon manuscrit, un texte correctement copié, on éprouve un vrai plaisir grammatical à voir ce vieux français se mouvoir avec aisance sous une syntaxe demi-latine, et produire des effets de langue qui nous sont devenus tout à fait étrangers.

Le vers que j'ai employé est le vers même de Dante, c'est-à-dire le décasyllabe, qui a été celui de tout l'Occident latin. De ces vers, le plus usité en français est celui où la césure est à la 4ᵉ syllabe. Les chansons de geste, qui se servent le plus souvent du e rs de dix syllabes, considèrent l'hémistiche comme une fin de vers; la syllabe muette, quand elle le termine, ne compte pas. Cela n'a rien qui choque l'oreille et détruise la mesure. Je me conforme à cet usage.

La rime des chansons de geste et en général de tous les poëmes de longue haleine, est la rime suffisante, non la rime riche ; c'est la rime suffisante que j'ai adoptée. Elles ne font non plus aucun usage de l'alternance des rimes masculines et féminines, qui est imposée à la versification moderne; et, dans le fait, l'oreille se passe fort bien de cette alternance, qui dans quelques cas n'est qu'une illusion ou une convention, par exemple, quand on prétend, avec la prononciation moderne, bien entendu, que *plaie* est une rime féminine et ne rime pas, pour l'oreille du moins, avec *paix* et *succès*. Je me suis conformé en ceci aussi aux chansons de geste. Dans les hauts temps, les finales *ant* et *ent* ne rimaient pas ensemble ; il y ayait là une différence de prononciation qui s'est perdue d'assez bonne heure, dès le treizième siècle probablement. En conséquence, j'ai laissé de côté une distinction n'appartenant pas à l'âge où je me suis placé.

L'*e* muet, en certains cas, n'est pas traité par l'ancienne versification comme il l'est par la moderne. Ainsi *vie* et *année* (je prends ces mots comme types des cas semblables) ne peuvent entrer dans l'intérieur de notre vers qu'à la condition d'être devant un mot commençant par une voyelle ou par une *h* muette. Au contraire, ils entraient dans l'intérieur de l'ancien vers sans cette condition, et y valaient l'un deux syllabes, l'autre trois.

De la même façon, les finales *ient* des verbes sont de deux syllabes, comme dans ce vers du douzième siècle (*Saint-Thomas martyr* v. 2852) :

> Que que *dient* li tuen et li Dieu traïtor
> (Quoi que disent les traîtres à toi et à Dieu.)

Il n'y a point de règle de l'hiatus dans l'ancienne versification. Toutes les rencontres de voyelles y sont admises. Il y en a de dures, il y en a d'indifférentes, il y en a d'agréables. C'est à celui qui versifie de savoir choisir. Dans ce vers de Corneille :

> Cinna, tu t'en souviens et veux m'assassiner !

quel inconvénient l'oreille trouverait-elle à :

> Tu t'en souviens, Cinna, et veux m'assassiner !

Et ce fut peut-être ce qui se présenta d'abord à l'esprit du poëte. Quand le *Roncisval*, dépeignant un guerrier blessé à mort, dit :

> Et fors de son poing destre li eschapa l'espée,

qui n'accepte le doux hiatus du dernier hémistiche ?

Des vers ont besoin d'être prononcés. Il importe donc d'indiquer comment je pense que des vers de l'ancien français peuvent être lus. Nous ignorons la véritable prononciation du latin; et nous nous sommes fait pour cette langue une prononciation artificielle qui est très-fautive certainement, qui le serait moins si nous nous tenions plus près de la prononciation italienne, mais qui nous permet, en une certaine mesure, de ressentir l'effet du vers latin. Oh! pourquoi le phonographe, si on n'a pas trop promis pour lui, n'a-t-il pas été inventé du temps de Cicéron et de Démosthène? avec quelle attention nous y écouterions une phrase articulée par ces deux orateurs ! Les indications qui vont suivre ont une part conjecturale; cependant tout n'y est pas conjecture. En fait de prononciation du vieux français nous avons des traditions, et nous sommes à peu près pour la langue d'oïl ce que sont les Grecs d'aujourd'hui pour leur vieil idiome. Aussi Génin a-t-il énoncé une bonne règle, quand il a dit qu'il faut prononcer le vieux français comme on prononce le moderne, sauf les exceptions. C'est sur quelques-unes de ces exceptions, que j'appelle l'attention du lecteur et que j'essaye de prendre un parti.

Les finales des imparfaits et des conditionnels que nous écrivons et prononçons *ait*, s'écrivaient et se prononçaient *oit*, du moins elles rimaient avec *droit*, avec il *croit* ; et c'est ainsi qu'on les prononcera.

Les finales en *este*, *tempeste*, *feste*, *vous estes* s'écrivaient ainsi dans le dix-septième siècle même et se prononçaient comme nous faisons, *tempête*, *fête*, *vous êtes*. Mais quand elles se trouvent en rime avec un mot tel que *manifeste*, dont l'orthographe est la même mais que nous articulons autrement, c'est sur leur modèle que l'on conformera la prononciation de *manifeste* et l'on dira *manifête*.

La finale *aie*, devant une consonne ou une *h* aspirée, est toujours de deux syllabes ; elle doit être prononcée *è-ye*, comme plusieurs personnes prononcent aujourd'hui même *il effraye* (è-frè-ye, en trois syllabes), ou *il paye* (pè-ye, en deux syllabes). C'est ainsi qu'on prononcera *plaie*, *vraie*, etc. On sait que ces mots ne sont admis par la versification moderne que devant une voyelle, ou une *h* muette, ou à la fin du vers. Bizarre inconséquence! pendant qu'on les traite en rimes féminines, on leur interdit de faire valoir leur *e* muet.

Le cas de la finale *oie* est le même. Les voyelles s'en font sentir constamment en deux syllabes devant une consonne ou une *h* aspirée. Elle se prononce *o-ye*, à peu près comme quelques-uns prononcent encore aujourd'hui *il employe* (an-plo-ye, en trois syllabes). Les substantifs *joie*, *voie*, et les premières personnes du singulier des imparfaits et des conditionnels (*j'amoie*, *j'ameroie*) doivent être articulés ainsi. La règle s'étend, cela va sans dire, aux troisièmes personnes du pluriel : *lisoient*, dites li-zo-ye, en trois syllabes.

L'orthographe des manuscrits de nos vieux textes est fort variable ; non-seulement elle n'est pas la même de manuscrit à manuscrit, mais encore dans le même livre elle offre de fréquentes disparates [1]. J'ai profité d'une telle indétermination pour choisir celle qui se rapproche le plus de l'orthographe moderne. Grâce à cette précaution, j'ai diminué, pour une part, les difficultés de lecture de ma traduction.

La combinaison de la préposition *à* avec l'article masculin *le* est écrite d'ordinaire dans les manuscrits *al* ou *el*; mais on trouve aussi quelquefois *au*. C'est donc *au* dont je me sers uniformément.

Même remarque pour la combinaison de la préposition *de* avec le même article. Les manuscrits met-

---

1. C'est pour cela que M. Hase, habile érudit mort il y a quelques années, disait que le meilleur manuscrit vaut moins que le plus mauvais imprimé.

tent le plus souvent *dal* ou *del;* ils mettent aussi, bien que plus rarement, la forme *du*. *Du* est donc le bienvenu dans ma traduction ; car il ne change rien à nos habitudes.

Halt ést une manière usuelle d'écrire le mot correspondant au latin *altus;* mais *haut* se rencontre aussi ; et c'est pour *haut* que je me décide.

Ces exemples montrent quel est mon système. Je n'emploie jamais une orthographe qui n'ait pas une autorité ; mais j'ai fait mon choix, avec la double vue de conformer davantage mon texte à notre usage et d'introduire une uniformité qui est toujours une facilité et une satisfaction.

En France, depuis qu'on y publie des textes d'ancien français, on a pris l'habitude de ne pas les reproduire *more diplomatico*, c'est-à-dire sans aucune addition, et d'y apposer certains signes empruntés à l'orthographe moderne. Cela donna lieu d'abord à bon nombre de méprises, et plus d'une fois on accentua à tort et à travers. Aujourd'hui on se sert de ces signes en pleine connaissance de cause ; et l'emploi qu'on en fait, sans nuire à la fidélité, facilite notablement l'intelligence et la lecture. Ces signes sont l'accent grave, l'accent aigu et l'apostrophe. L'accent grave est mis pour distinguer la préposition *à* de *il a*, et *où* de *ou;* il sert aussi à empêcher de confondre des syllabes sonores avec des finales muettes ; ainsi j'écris *confès*, celui qui s'est confessé ; si on écrivait *confes*, la prononciation ne serait pas déterminée. L'accent aigu indique l'*é* fermé : *loué* est distingué ainsi de *loue, fermé* de *ferme;* et ainsi de suite. L'accent aigu montre tout de suite comment il faut prononcer *chasteé*, de *castitatem*, tandis qu'on hésiterait devant *chastee* des manuscrits. Enfin l'apostrophe note une suppression de voyelle ; *j'i* au lieu de *ji* qu'ont les manuscrits (c'est-à-dire *j'y*, l'ancienne orthographe n'ayant pas l'*y* grec). Je me suis accordé toutes ces commodités, mais rien de plus. Je n'introduis jamais l'accent dans l'intérieur des mots, la prononciation étant par elle-même déterminée d'une manière suffisante. Ainsi j'orthographie *amere* et non *amère*, le féminin de l'adjectif *amer*. Ici je note que notre son *ai* est écrit, dans l'ancienne langue, de deux façons, tantôt par *ai*, et tantôt par *e : faire* et *fere, contraire* et *contrere*; j'ai suivi, selon les besoins du vers, l'une ou l'autre orthographe. J'use du tréma : *aüner* et non *auner*.

APPENDICE. XXVII

II. *Traductions en vers, anciennes et inédites.* — *L'Athenœum français*, 7 juin 1856, p. 482, parla de deux traductions en vers de la *Divine Comédie*, l'une du quinzième siècle, l'autre du seizième, et il en cita quelques courts fragments. Cette notice ne vint à ma connaissance qu'au moment même où je terminais mon travail. Ma curiosité fut excitée. A la vérité, l'âge de ces traductions, même de celle du xve siècle, ne correspondait pas à la vue qui m'avait guidé; pourtant elles pouvaient être assez réussies pour me faire regretter de m'être engagé si avant. Aussi je me hâtai d'en faire venir deux chants, le 1er et le 2e chants de l'*Enfer*, pour l'une et l'autre; et je m'assurai ainsi qu'il y avait, à côté, place pour ma tentative. Au reste, le lecteur en jugera.

La traduction du quinzième siècle est à Turin dans la Bibliothèque nationale ou de l'Université. M. Promis, bibliothécaire du Roi, de l'Académie des sciences de Turin, a copié pour moi les deux chants avec une fidélité scrupuleuse. Je lui en exprime ici toute ma reconnaissance.

CHANT I

Au millieu du chemin de la vie presente
Me retrouvai parmy une forest obscure
Où m'estoye esgaré hors de la droicte sente.
  Ha combien ce seroit à dire chose dure
De ceste forest tant aspre forte et sauvaige,
Que m'y pensant ma paour renouvelle et me dure.

XXVIII APPENDICE.

Tant amere est que mort l'est bien peu davantagie;
Mais pour traicter du bien qu'en ce lieu je trouvai,
D'aultres choses diray dont je m'y suis fait saige.

Je ne sçai bien redire en quel sorte y entrai,
Tant rempli de sommeil j'estoye sur ce point
Quant de la verité la voye habandonnai.

Mais depuis que je fu au pied du hault mont joint
Où le val terminoit de quoi je vous devise,
Qui de paour en tel sorte avoit mon cueur compoingt,

Regardant contremont ses espaules j'avise
Jà vestues des raiz du reluisant planette
Qui par tous droictz chemins gens maine en bonne guise.

La paour qui dans le lac de mon cueur fut retraicte
La nuyct qu'en tel pitié passay par l'aspre sort,
S'apaisa lors ung peu et devint plus quiete.

Et comme ung qui, sortant du nauffraige à bon port,
Hors d'alaine et moult las se tourne vers la rive
Pour veoir l'eau perilleuse undoyer hors de bort,

Ainsi le myen couraige, ayant paour qu'on le suyve,
Fuyant tournoit arriere à regarder le pas
Qui ne laissa jamais personne au monde vive.

Puis, quand j'eu reposé ung bien peu le corps las,
La voye je reprins par la plaine deserte,
Si que plus ferme estoit des deux piedz le plus bas.

Et commançant monter au hault à jambe ouverte,
Une leonce vint legiere comme vent,
Qui de poil maculé estoit toute couverte.

Et vis à vis de moy se tenoit au devant,
Dont si fort m'empeschoit à passer mon chemin,
Que fu pour retourner rettiré bien souvant.

Sur ce temps commençoit la clarté du matin,
Que le soleil montoit lassus o les esteiles
Qui avec luy estoient lorsque l'amour divin

Fit tout premierement mouvoir ces choses belles,
Si qu'esperoys la peau gaye avoir par raison
De la beste sauvaige en l'enclore en mes toilles

Veu l'heure du bon temps et la douce saison,
Mais non tant que de peur n'eusse alors grosse estraincte
D'un lion que cuydois veoir en dure achoison.

Cestui sembloit venir encontre moy sans feincte,
Levant la teste en hault avec faim enraigée,

APPENDICE.   XXIX

Tant qu'il sembloit que l'air en trembloit tout de craincte.
  Puis une louve vey de tous souhaiz chargée,
Si sembloit à la veoir avecques sa maigreur,
Qui de mainctz tient la vie en tristesse plongée.
  Ceste cy me charga de si grant pesenteur,
Avec peur qui sortoit de sa veue doubtable,
Que l'espoir je perdy d'attaindre à la haulteur.
  Et comme ung qui d'acquerre est trop insaciable,
Et joinct au temps qui tant le fait perdre et gaster
Qu'en tous ses pensemens est triste et miserable,
  Ceste beste sans paix me feist tel; car bouter
De peu à peu me vint tant qu'en un bas me lance
Où le soleil ne peult luyre ne habiter.
  Comme tomboye en lieu tropt plus bas d'une lance,
Une ombre alors se vint offrir devant mes yeulx,
Qui enrouée estoit par trop longue sillence.
  Quant en ce grant desert l'apparceu ung peu mieulx,
Miserere de moy, luy crie à haulte voix,
Qui que tu soys ou umbre ou homme jeune ou vieulx.
  Lors dit : homme ne suis, homme fu une fois ;
Et furent mes parens lombars de la cité
Et pays de Mantoue; or sçavoir te le fois.
  Près la fin de Cesar je prins nativité,
Et à Romme ay vescu dessoubz le bon Auguste
Du temps que les faulx dieux regnoient sans verité.
  Poete fu jadis, et chantay de ce juste
Filz d'Anchises, qui vint de la cité de Troye,
Lorsque Ilyon brulla tant superbe et robuste.
  Mais pourquoi tournes tu vers tant d'ennuyz ta voye?
Pourquoy ne saulx tu droict au delectable mont
Qui est principe et cause aux gens de toute joye ?
  Or es tu ce Virgille et cele clere font
Qui d'elloquence espendz si tres large riviere?
Respondz je à luy, de honte ayant rouge le front.
  De tout aultre poete o l'honneur et lumiere
Vaille moy l'amour grant, le long estude et cure
Dont tes livres charché j'ay en mainte maniere.
  Tu es mon precepteur et maistre par droicture,
Tu es seul celui dont le beau stille ay quis prendre,
Qui m'a fait faire honneur par maincte creature.
  Voy la beste par qui me tournoye descendre,

XXX APPENDICE.

Aide moi encontre elle, o fameux homme et saige ;
Car trembler si me fait veine et poulx de l'actendre.
   A toy convient tenir et faire aultre voyage,
Me respondit alors qu'il me vit fondre en larmes,
Se tu vieulx eschapper de cestuy lieu sauvaige.
   Car ceste beste icy qui tant te faict d'alarmes,
Ne laisse aultruy passer par sa voye ennuyeuse
Jusqu'au mont, ains l'empesche et l'occist par ses armes.
   Et nature a maulvaise et si tres convoiteuse
Que voulonté d'avoir n'a jamais assouvye,
Et tant mieulx a repeu, tant plus est familleuse.
   Avecq maintz animaulx se acompaigne et ralie,
Et sera jusques tant que li mastins[1] viendra,
Qui la fera mourir puis de melencolie.
   Terre ou metal menger ja ne luy conviendra,
Ains d'amour, de science et vertus vouldra paistre,
Et naissance entre Feultre et Feultre il reprandra.
   De celle humble Italie hor salut veuille il estre,
Por qui Eurial (sic) et la virge Camille,
Turne et Nise de coups à mort se firent mectre.
   Cestuy la chassera si fort par toute ville,
Qu'au fons la remectra des enfers furieux,
Où departie fut par envie orde et ville.
   Dont, quant bien pense en toy, j'advise pour ton mieulx
Que tu me doiz suyvir, et je seray ta guide
A te mectre hors d'icy par les eternelz lieux
   Où desperéement orras crier à l'ayde
Des pouvres vielz damnez les espritz moult dolentz
Qui la seconde mort crient pour tout remede.
   Et puis tu verras ceulx lesquelz sont bien contens
D'estre au feu soubz espoir de venir puis en hault.
Quant est des bienheureux qui joye ont pour tout temps,
   Devers lesquelz, tu peuz, quant voudras, faire ung sault,
Ame fault de ce bien plus que la mienne digne ;
Quant de toy partirai, là te laisser me fault.
   Car celuy empereur qui là regne et domine,
Pour ce que fu rebelle à sa loy, me tient close
Sa très noble cité, où d'entrer ne sui digne.

1. Ici, le texte porte *les metiz* ; je corrige d'après l'italien.

APPENDICE. XXXI

Partout son empire est ; là regist et dispose ;
Là voulut sa demeure et son hault siege eslire ;
O bienheureux celluy qui en ce lieu repose.
  Poete, je te pry, lors me prins je à luy dire,
Par le Dieu tout puissant que tu n'as point congnu,
A ce que fuyr puisse et ce mal et ung pire,
  Que me maines au lieu dont propos m'as tenu,
Et que je puisse veoir la porte de Sainct Pierre
Et ceulx tristes à qui tant est mesadvenu.
Lors il se mect devant, et je le suis grand erre.

CHANT II

(Ici une lacune ; les six premiers vers de ce chant manquent.)

  O muse, o hault engin, secours je vous demande,
O esprit qui a mis par escript le mistaire,
Il convient qu'en ce lieu ta noblesse on entende.
  O poete qui es ma guide salutaire,
Dy je, voy si vertus j'ay assez et puissance,
Avant qu'en ce hault pas te fies de m'atraire.
  Tu dis que celluy là dont Silvye heut naissance
En chair et os alla au bas siecle immortel
Où des peines d'enfer print vraye cognoissance.
  Dont, si Dieu, de tout mal adversaire, en cas tel
Usa de courtoisie, aiant l'effet preveu
Qui devoit de luy prendre issue et qui et quel,
  Point ne perra indigne à homme bien pourveu
De bon entendement de Romme et de l'empire
Au ciel emperial desja pour pere esleu,
  Lesquelz furent jadis establis, au vray dire,
Pour estre le lieu sainct, et que là fut planté
Le siege apostolicq pour la foy introduire.
  Pour aller aux enfers dont l'has ainsi vanté,
Telle chose entendit qui fut occasion
Dont victoire ensuyvit pape et crestienté.

Après luy vint sainct Paoul, vaisseau d'election,
Pour nous porter confort à celle saincte foy
Qui premier enseigna nostre salvation.
    Mais qui veult que je viegne en ce lieu, ne pourquoi?
Paoul ne suis ne Enée, et croy qu'il n'est personne
Qui m'extime ad ce digne ; aussi ne faiz je moi.
    Pourquoy, si de venir leans je m'abandonne,
Je crains que l'on ne tienne à folle ma venue.
Tu es saige et entends si ma raison n'est bonne.
    Et comme ung qui n'a mais en son cueur de tenue,
Ains change tost propos par nouveau pensement,
Si que de voulonté d'une heure à aultre mue,
    En celle coste obscure ainsi fuz proprement,
Qu'en pensant consumay ma premiere entreprise,
Qui tant hastive estoit en son commancement.
    Si j'ay bien ta parolle entendue et comprinse,
Me respondit alors du magnanime l'ombre,
Ton ame est offensée hores de cohardise,
    Qui souvent l'homme empesche et mect en tel encombre
Que destourner le faict de quelque bel ouvraige,
Comme ung cheval paoureux qui par faulx veoir s'enombre.
    Mais pour de paour t'absouldre et te donner couraige,
Te diray pourquoy vins et ce que ouys tandiz
Que premier me doluz de ton mal et dommaige.
    Entre ceulx qui n'auront enfer ne paradis,
Une dame appeller me vint heureuse et belle,
Telle que la requis me commander tousdiz.
    Ses yeulx luisoient plus fort que ne faict une estelle ;
Et commença me dire en maniere faconde
Tout souef à voix d'ange une parolle telle :
    O ame mantouaine où courtoisie habonde,
De qui la renommée entre les humains dure
Et toujours durera par tous les lieux du monde,
    Le myen parfaict amy, non amy d'avanture,
En la plaine deserte est empesché forment,
Dont tourné du chemin s'est par paour griesve et dure ;
    Et crains qu'il ne soit jà esgaré tellement
Que pour le secourir me soye à tard levée,
Par ce que ouys de luy dire au hault firmament.
    Hor te bouge et t'en va ; o ta parolle ornée
Et avec ce qu'il fault pour sa vie eschapper

APPENDICE. XXXII

Luy ayde tellement que j'en soye consollée.
 Beatrice je suis qui là te faiz aller;
Je viens de ce beau lieu où tourner je desire,
Esmeue par amour qui tant m'en fait parler.
 Quant je seray devant le mien souverain sire,
De toy me loueray en hault es cieulx sans cesse.
Elle se teut à l'heure, et je commençay dire :
 O dame de vertu par qui l'humaine espece
Precede en honneur tous les aultres animantz
Qui sont dessoubz la lune, o ma dame et maistresse,
 De tant en gré je prens les tiens commandemens,
Qu'obeyr je n'y puis si tost qu'il ne me tarde ;
Plus n'est besoin m'ouvrir tes justes mœuvementz.
 Mais dy moi la raison pourquoy tu n'as prins garde
A descendre sà bas en cest infernal centre
Des cieulx où d'y tourner il fault que ton cueur arde.
 Puis qu'en faim de sçavoir ton esprit si fort entre,
Me respondit alors, je diray brefvement
Pourquoy de venir cy j'ay prins couraige en ventre
 De tel chose avoir crainte on doit tant seullement
Qui de faire aultruy mal a povoir, non de celle
Où sans paour resister l'on peult virillement.
 Je suis faicte de Dieu, la sienne mercy, telle
Que la vostre misere à moy ne peult actaindre,
Ne faire assault me peult ceste flamme immortelle.
 Dame est gentille au ciel qui premier se voult plaindre
De cest empeschement où hores je te mande,
Si que dur jugement a lassus faict enfraindre.
 Ceste requit Lucie et dit par sa demande:
Hor a besoing de toy ce pouvre jouvencel,
Ton feal serviteur ; je te le recommande.
 Lucie, qui veult mal à tout homme cruel,
Se meut et vint au lieu où je m'assis et range
Avecques la prudente et antique Rachel.
 Beatrice, dit lors, de Dieu vraye louange,
Pourquoy ne secours tu celuy qui pour t'aymer
Fuit toute compaignie et du monde s'estrange?
 N'os tu pas la pitié de son dueil tant amer ?
Ne vois tu que la mort le combat et affolle
Sur le fleuve où tempeste y ha pire qu'en mer ?
 Au monde ne fut maiz homme qui sitost volle

A fouyr son dommaige ou à son prousfit tendre,
Comme moy, dès que dire ouy ceste parolle.
   De mon banc heureux vins ça bas vers toy me rendre,
Me confiant moult fort de ton parler honneste,
Qui t'honore et tous ceulx qui l'ont bien sceu entendre.
   Après qu'ainsi m'euct faict sa piteuse requeste,
Plorant s'en retourna au sainct lieu non pollu ;
Par quoi de venir cy plus tost fu viste et preste.
   Et vins tout en ce point, comme elle avoit voulu,
Devant toy celle beste aspre et fiere chasser,
Qui t'avoit du beau mont le court chemin tollu.
   Pourquoy donques, pourquoy ne veulx tu t'avanser?
Pourquoi es tu si lasche et failly de couraige?
Pourquoy n'as hardiesse et cueur d'oultre passer,
   Puisque troys dames has de si haultain paraige
Advocates pour toy en la grant court divine
Et tant de bien promis par le myen doulx langaige?
   Comme par froide nuyt la fleur close et encline
Se radresse au matin, quant des blancz raiz est taincte
Du solleil, dont vigueur reprent tige et racine ;
   Ainsi se remit sus ma vertu jà estaincte ;
Et si grant hardiesse en mon cueur print son cours,
Que lors je commençay comme ung homme sans crainete
   O dame de pitié qui m'a donné secours.
Et toy noble et courtoys qui ne t'es faict empos
D'obeyr au parler dont m'as faict le discours,
   Tant m'as persuadé que mon cueur est dispos
D'acomplir mon voyage et me faire valoir,
Si que retourné suis en mon premier propos.
   Hor va, que de nous deux ne sera qu'un vouloir;
Tu seras le myen duc, tu seigneur et tu maistre.
Ainsi lui dis, et, puis qu'il print à se mouvoir,
Pour le suyvre j'entray la voye haute et silvestre.

   La seconde traduction appartient au seizième siècle et se trouve dans la bibliothèque impériale de Vienne, n° 10201. En voici les deux premiers chants que M. Gomperz, le célèbre érudit toujours occupé des papyrus d'Herculanum, a bien voulu me transmettre[1].

CHANT I

Sur le milieu du cours de ceste errante vie
Dans la sombre forest mon ame fut ravie ;
Car le plus droit sentier ell'avoit escarté.
Mais de conter au vray c'est une dureté
Combien ceste forest estoit forte espineuse,
Dont le resouvenir rend mon ame peureuse.
Horrible est tellement que peu plus est la mort.
Mais pour traicter du bien lequel aussi en sort,
D'autres choses diray que j'y ay descouvertes.
Je ne sçay pas coumant ces voyes sont ouvertes ;
Tant je fuz de soumeil en ce point assoumé
Que le plus droit chemin à mes yeux fut fermé.
Mais aprez que je fuz au pied d'une montaigne
Où le vallon finist qui de peurs m'acompaigne,
En haut je regarday, et son dos aparant
Je vyz par les rayons d'un bel astre esclairant,
Qui par tout ce coustau le droit chemin enseigne.
Alors diminua aucunement ma peine,
Qui toute ceste nuit m'avoit tant tourmanté,
Laquelle je coulay en triste anxicté.
Et comme celuy là qui d'haleine poussive
La tempeste eschapant est sorti sur la rive,
Tourne à considerer cest elemant afreux ;
Ainsi mon pauvre esprit, qui fuit encor peureux,
En arriere se tourne à contempler la voye

---

[1] Il faut parler exactement. Ce n'est pas M. Gomperz, mon confrère à l'Académie impériale des sciences de Vienne, qui a copié les deux chants ; c'est sa femme Mme Gomperz, qui, étant admiratrice du poëte florentin et s'en prévalant, a réclamé pour elle le droit de me faire cette gracieuseté. Ce français archaïque n'a pas rebuté la copiste, qui a été habile et fidèle.

Qui toujours au cercueil les personnes envoye.
Aprez que j'eu posé un peu mon corps lassé,
Je repriz mon chemin par un peys delaissé,
Si que la plante ferme estoit tousjours plus basse.
Et voicy qu'à l'abort du solitaire espasse
Un once au corps legier de moy fut descouvert,
Qui d'un cuir martelé avoit le dos couvert;
Et ne disparoissoit au devant mon visage,
Ains si despitement empechoit mon passage
Que je fuz maintes fois prest à m'en retourner.
C'estoit du grànt matin, alors qu'on voit monter
Le soleil entourné de la claire assistance
Des astres ses suivants, quand la divine essance
D'amour quelquefois meut ses diverses beautez,
Si qu'à bien esperer mes sens sont agitez
Du manteau bigarré de la beste cruelle
Par l'heure du beau temps et la saison nouvelle ;
Et non tant toutefois qu'un visage felon
Ma veue ne troublast d'un terrible lion.
Il sembloit qu'il venoit à la teste eslevée,
Contre moy animé d'une faim enragée,
Si que l'aer retentist et que les rocz qui sont
Au penible coustau en sourcillent le front.
Une louve en aprez de convoitise ardante
Avecques sa maigreur sembloit toute pesante,
Qui de long temps a fait les gens vivre en langueur.
Elle me jeta lors si grande crainte au cueur
Avecques l'aspreté qui sortoit de sa veue,
Que j'eu d'en haut monter l'esperance perdue.
Et coume est de celuy qui volontiers acquiert,
S'il parvient en un temps que son labeur il pert,
Pleure en tous ses pensers et sans cesse s'atriste ;
Tel aussi me rendit ceste beste despite,
Qui, me rouant autour, peu à peu me poussoit
Au lieu où le soleil du tout disparoissoit.
Comme je tournoiyois en la basse vallée,
A mes yeux aparut une ombre reculée,
Dont le silence long a la voix enroué.
Quant je l'eu aperceu en ce peys esgaré,
Je luy criay pitié, soit qu'il fust un fantosme
De quelque esprit errant, ou qu'il fust un vrai home.

Lors il me respondit : Home je ne suis pas,
Autrefois je le fuz, et mes parens lombars
Habiterent tous deux Mantoue leur patrie.
Je nacquis bien que tart du vivant de Julie ;
Je fuz à Rome au temps du bon des empereurs
Auguste alors des dieux faulsaires et menteurs.
Je fuz poete et dys les faicts du fils d'Anchise,
Qui de Troie s'en vint, quand en cendres fut mise.
Mais pourquoy reviens tu à un si grant ennuy ?
Que ne te guindes tu dans ce ciel esjouy,
La cause et le principe à toute joye heureuse ?
Lors je lui respondis avec la face honteuse :
Tu es donc ce Virgil et ce fleuve courant
Qui coule d'eloquense un si large torrant ?
O des autres autheurs l'honneur et la lumiere,
Me serve maintenant mon estude ordinaire
Qui ton livre m'a fait soingneusement cercher.
Tu es mon seul autheur, seul mon maistre très cher ;
Tu es celuy là seul dont je tiens empruntée
Ceste façon d'escrire à tous tant honorée.
Voys la beste pour qui je m'en suis retourné.
Aydes moi, je te pry, mon sage renoumé ;
Elle me fait trembler les vaisnes et le pouls.
Il te faut bien reprendre un plus assuré cours,
Respondit il alors apercevant mes larmes,
Si tu veux eschaper ces tristes lieux sauvages,
Parce que l'animal qui t'a fait delasser,
Ne laisse autruy jamais en son chemin passer ;
Ains il l'empesche tant qu'il le tue à la fin.
Il est d'un naturel si cruel et malin,
Qu'il ne remplist jamais sa volonté gloutonne,
Et mesmes le repas plus aspre faim luy donne.
A plusieurs animaux il peut s'aparier,
Et plus seront encore, jusqu'à ce qu'un limier
Viendra qui le fera mourir avec angoisse.
Cestuy ne mangera ne terre ne richesse,
Ains son repas sera vertu, sagesse, amour,
Et il aparoistra entre jour et le jour.
Qu'il puisse estre salut de nostre humble Italie,
Pour laquelle mourut ceste vierge Camille,
Turne, Euriale à mort et Nise fut blessé.

XXXVIII   APPENDICE.

Ce monstre de tous lieux par luy sera chassé,
Tant qu'il l'ait rejetté dedans l'onde infernale,
D'où premier le tira la palle envie sale.
Donc pour ton bien je pense et je fay jugement
Que ton guide je soys pour t'oster promptement
De ces lieux, te passant en d'eternelles plenes,
Par où tu entendras les non cessantes penes
Des esprits plus antiens desesperer dolants,
Une seconde mort à toute heure cryants.
Tu en verras encore qui dans la flamme vive
Sont contants, puisqu'encor un espoir les ravive
De venir quelquefois entre les bienheureux,
Avec lesquels aller si tu es desireus,
Tu as necessité de quelque ame plus digne,
A qui, me departant, faut que je te consigne.
Car le grand empereur qui regne dans les cieux,
A qui je n'obey rebelle vitieux,
Ne veut point que par moy on arrive en sa place;
Il coumande partout d'une divine grace;
Là sa grande cité, là est son haut palais.
Heureux qu'il a esleu pour y estre à jamais.
Et alors je luy dis : Poete, je te prie
Par le Dieu que tu n'as recognu en ta vie,
Pour eviter ce mal ou bien encores pis,
Que tu me menes là où maintenant tu dis,
Si que je puisse voyr de saint Pierre la porte
Et de cez desolez l'infinie cohorte.
Alors il s'esbranla tout rempli de regrès,
Et moy tout plein d'espoir je le suivy après.

CHANT II

Jà le jour s'abaissoit, et la terre embrunie
Par la noirseur de l'aer de clarté desgarnie,
Chassoit de leurs labeurs ça bas les animaux,
Quand seul je m'aprestois à porter les travaux
D'un chemin ennuieux, d'une pitié dolante,

APPENDICE. XXXIX

Dont fera le portrait mon ame non errante.
O muses, aydez moi, vous eslevé esprit,
Ame ce que j'ay veu qui mistes par escrit,
En ce lieu paroistra vostre rare noblesse.
Poete, je luy diz, lequel me sers d'adresse,
Regarde ma vertu, recognois son pouvoir,
Avant que te fier ce pas me faire voir.
Tu dys que cest ayeul de ce brave Silvie
Fort corruptible encor passa en ceste vie
Immortelle et gousta realement cest heur.
Mais, si de tous les biens l'esmerveillable autheur
Luy eslargit ce don, prevoiant l'excelence
Qui sortiroit un jour d'une telle semence,
Il ne semblast indigne aux esprits genereux,
Si de la haute Rome et son empire heureux
Pour pere il fut esleu dans le ciel empirée,
Que, pour dire le vray, par une destinée
Pour l'habitacle saint on ordonna premier,
Où de saint Pierre sied l'assidu heritier.
Parmy un tel chemin dont tu luy donnes gloire,
Choses il entendit qui furent sa victoire
Et quelque occasion au papal ornemant.
Puis un sacré vaisseau y vint secondemant
Pour aporter confort à la foi necessaire
Et nous guider au cours du chemin salutaire.
Mais qui m'y faict venir? ou qui me l'a permis?
Je ne suis Aeneas ny sainct Paul, et ne puis
Croire qu'autruy ne moy pouvons le meriter.
Par ce, si ce chemin ores je veux quiter,
J'ay crainte que ne soit folle mon entreprise.
Tu es sage et l'entens mieux que je ne devise.
Et coume est celuy là qui veult et ne veult pas,
Et change de penser mesmes à chasque pas,
Si qu'il laisse du tout sa premiere pensée,
Ainsi fay je à present en l'obscure vallée,
Et pensant à part moy j'oublie promptement
Ce que je coumançois tantost si ardenment.
Si j'ay bien priz le sens de ce presant langage,
Respond du courageux alors cest umbre sage,
Ton esprit est atteint de quelque lacheté,
Laquelle maintefois a plusieurs arresté,

Et tiré du milieu des entreprises braves,
Leur mettant au devant quelques faulses images.
Affin que tu dechasses entierement la peur,
Je te diray du tout ce que j'ay dans le cueur,
Pourquoi je vins ici, et de ceste voix douce
Que j'ouys quand de toy une pitié me pouce.
J'estois entre ceux-là lesquels sont en suspens,
Quand je fus appellé des amoureux accents
D'une dame sur toute et belle et gratieuse,
Tant qu'à elle obeir l'ame ay devotieuse.
Plus qu'astres radieux luisants estoient ses yeux ;
Lors elle commença d'un aer fort gratieux
A me parler ainsi d'une voix angelicque,
Qui agreablement jusques au cueur me pique :
O le courtois esprit du docte Mantouan,
Dont le fameux renom passera d'an en an,
Tant que sera du monde un mouvement durable,
Mon vrai amy et non de fortune muable
Dans ce vaste desert est ores empesché,
Si bien qu'il ha de peurs son chemin delaissé ;
Et crains que tellement soit la voye escartée
Que trop tard je me suis à son secours hastée,
Coume parler de luy j'ay au ciel entendu.
Esmeux toy maintenant par ton discours tendu
Et tout ce qui sera pour son ayde propice,
Si bien que consolée enfin je m'esjouisse.
J'ay à nom Beatrix, qui t'y faict en aller ;
Je viens icy du lieu où je veux revoler.
Amour, qui m'a esmeu, m'a donné la parole.
Quand je seray devant le Seigneur que j'adore,
De toy me loueray à luy souventes fois.
Elle se teut alors, et j'eslevay ma voix :
O dame de vertu, par qui l'humain lignage
Surmonte de plaisirs l'inferieur estage
Du ciel, autant me plaist ce tien coumandement
Qu'à t'obeir je crains d'aller trop lentement.
Il n'est plus de besoins de me faire paroistre
Ton vouloir ; mais fais moy, je te pry, recognoistre
Coume cest ample ciel tu peux ainsy laisser
Pour venir icy bas et puis t'y rehausser.
Puisque tu veux sçavoir chose si curieuse,

En peu satisferay ton ame desireuse,
Pourquoy je ne crains point en cez bas lieux venir
On doit tant seulement les choses refuir
Qui de nous faire mal d'elles ont efficace,
Mais les autres non pas. Or je suis de Dieu grace
En tel estat que n'ay jamais l'esprit attaint
De vos maux, et vos feux ne me changent le taint.
Il y a dans le ciel une gentille dame
Qui se deult de l'ennuy pour qui je te reclame,
Si qu'elle rompt lassus le ferré jugement,
Qui a requis Lucie à son assistement,
Et dit : Or ha besoing de ton secours fidelle
Ton amy, pour lequel je te pry ta pareille.
Lucie, l'ennemie à toute cruauté,
S'esmeut et vint au lieu qui m'avoit arresté,
Où je seois auprez de Rachel venerable,
Et me dit : Du haut Dieu louange veritable,
Beatrix, que n'aydez cil qui vous aime tant
Qu'il a laissé pour vous le vulgaire ignorant ?
N'oyez vous la pitié de sa plainte dolente ?
Ne voyez vous la mort qui ores le tormente
Sur le rivage triste auquel n'a rien la mer
De pareil ; ces propos m'ont tant peu animer
Que personne jamais au monde fut si promte
A suivre le proffit et à fuir la honte,
Coume je m'hastay lors aprez un tel discours
De venir icy bas hors de mon heureux cours,
Me confiant aussi en ta douce eloquence,
Qui t'honore et ceux-là qui en ont l'audience.
Aprez qu'elle heut ainsy ce langage parlé,
Elle tourne son œil de larmes emperlé,
Qui pour venir à toy me fit encore plus vitte
Selon sa volonté, affin que tu esvitte
Les affamées dens de ce monstre inhumain
Qui du mont le plus court traverse le chemin.
Donc pourquoy et comment en ce cours tu restive,
Et nourris dans le cueur une crainte chetive ?
Pourquoy n'es tu hardy et n'assures ton cueur,
Puisque tu recognois que trois dames d'honneur
Se soucient de toy dedans la court celeste,
Et font que sur ma foy encor te le promette.

XLII APPENDICE.

Comme les tendres fleurs que le froid de la nuit
A reclus et fermé, quand le soleil reluit,
S'ouvrent en se dressant sur leur verte ramée,
De mesmes il m'advint de ma vertu laissée ;
Et le cueur m'enhardit lors de telle façon
Qu'ainsy je commençay sans aprehension :
Piteuse celle là qui me fut aïdante,
Et toy sage courtois qui d'ame obeissante
Sa parole en effait as miz si promtement.
Tu m'as avec desir rendu l'entendement ;
Et la grande vertu de ton poli langage
Ores me fait tourner en mon premier courage.
Va donc, que de nous deux soit une volonté.
Sois mon chef, mon seigneur et mon guide aresté.
Ainsy luy dis, et puis qu'en voye le vis mettre,
J'entray dans le chemin noir, sauvage et champestre[1].

Ces deux traductions en vers, inédites et inconnues, témoignent que jadis en France on s'est plus occupé du poëme de Dante qu'on ne le croirait à l'apparence[2]. La traduction du quinzième siècle est notablement supérieure à celle du seizième. Une traduction du quatorzième (j'ai exprimé plus haut le regret que nous n'en eussions pas) serait encore meilleure ; le traducteur aurait eu à son service une

---

1. Dans la suite, le traducteur change de rhythme, quitte le vers de douze syllabes et prend celui de dix.
2. Je n'ai pas parlé de la traduction en vers de Grangier. Elle est imprimée (5 volumes, 1596), et on peut la consulter, du moins dans les bibliothèques publiques. Non-seulement elle est très-inférieure aux deux versions inédites dont je viens de citer des échantillons, mais encore elle est en soi tout à fait mauvaise. A peine si l'on y rencontre de loin en loin quelque vers réussi. M. Le Clerc, *Histoire littéraire de la France*, t. XXI, p. 93, en

langue plus docile, car elle eût été plus voisine de l'italien au temps où Dante s'en servait[1].

cite le passage relatif à Siger de Brabant (*Paradis*. X, v. 136) :

> L'eternelle clarté c'est du docte Sigier,
> Qui, lisant en la rue aux Feures en sa vie,
> Syllogisoit discours dont on lui porte envie.

Le dernier vers est bon ; même il gagne à être comparé au texte italien que voici :

> Essa è la luce eterna di Sigieri,
> Che, leggendo nel vico degli strami,
> Sillogizzò invidiosi veri.

[1]. Par cette remarque je ne prétends aucunement répudier les traductions en vers modernes. Pour mon travail je viens de relire la traduction de M. Louis Ratisbonne. Le plaisir que j'y avais eu autrefois s'est renouvelé. La teneur en est ferme et fidèle. De bien grandes difficultés ont été surmontées avec bonheur.

L'ENFER

CHANT PREMIER

LA FORÊT ; LE MONT ; LES TROIS BÊTES ; VIRGILE ; LE CHIEN ; LE DÉPART POUR LES RÉGIONS SURNATURELLES.

La forêt où Dante s'engage est la vie pécheresse ; les animaux qu'il rencontre sont les vices qui l'empêchent d'en sortir. Il s'efforce vainement d'échapper au péril et d'atteindre le sommet du mont qui le mettrait à l'abri. Il recule loin d'avancer, et il voit avec désespoir que sa perte est prochaine.

En cette angoisse, sa Béatrice ne le laisse pas sans secours ; elle lui envoie Virgile, qui lui paraît soudainement du sein des ténèbres et des terreurs ; mais Virgile ne peut le tirer de la détresse où il s'est mis qu'en lui faisant traverser l'enfer et le purgatoire.

Comment cela, c'est-à-dire comment le poète conçoit-il que cela est nécessaire ? La crainte de la peine, la souffrance de l'expiation et l'espérance de la récompense sont les trois échelons mystiques par lesquels on retourne à la voie du salut. Et c'est pourquoi Béatrice veut que son bien-aimé voie l'enfer, le purgatoire et le paradis.

On pensera ce qu'on voudra de cette manière d'amener la grande vision. Toujours est-il que Dante s'inspire beaucoup de la descente d'Énée aux enfers. Le héros troyen y va apprendre ses destinées et celles de ses descendants ; de même l'ardent gibelin, le Florentin mêlé à toutes les guerres civiles de sa patrie, va, tout le long de la route, converser du sort qui l'attend, des fortunes diverses de son parti ou de ses adversaires. Au surplus, cette inspiration puisée aux sources païennes est toute naturelle ; la chaîne des traditions ne se rompt nulle part.

Mais ce qui est un trait admirable, emprunté à nul de ses prédécesseurs, c'est d'avoir amené Virgile sur la scène. Rien de plus beau, de plus doux, de plus profondément ému que l'effusion de son âme en apercevant le grand poète latin. A son amour pour lui, à l'étude qu'il a faite de son *Énéide*, il rapporte ce style dont ses contemporains lui ont fait honneur. Il a manqué à nos trouvères, ceux du moins qui eurent du talent, de s'être donné un tel maître.

Byron, dans son *Childe Harold*, II, 8, exprime en de beaux vers combien il serait doux de pouvoir converser avec les anciens sages qui ont honoré la vie mortelle:

> « Yet if as holiest men have deem'd, there be
> A land of souls beyond that sable shore....
> How sweet it were in concert to adore
> With those who made our mortal labours light,
> To hear each voice we fear'd to hear no more,
> Behold each mighty shade reveal'd to sight,
> The Bactrian, Samian sage, and all who taught the right! »

Dante a réalisé pour lui cette aspiration, qui a hanté bien des esprits avant que Byron la consacrât dans les vers touchants que je viens de citer, et il s'est donné le bonheur ineffable d'avoir, pendant son voyage, la compagnie de l'ombre de celui pour qui il avait le plus d'admiration et de reconnaissance.

CANTO I

    Nel mezzo del cammin di nostra vita
Mi ritrovai per una selva oscura ;
Chè la diritta via era smarrita.
    E quanto a dir qual era è cosa dura
Questa selva selvaggia ed aspra e forte,
6 Che nel pensier rinnuova la paura !
    Tanto è amara che poco è più morte ;
Ma, per trattar del ben ch' i' vi trovai,
Dirò dell' altre cose ch' io v' ho scorte.
    I' non sò ben ridir com' io v' entrai,
Tanto era pien di sonno in su quel punto
12 Che la verace via abbandonai.
    Ma poi ch' io fui al piè d'un colle giunto,
Là ove terminava quella valle
Che m'avea di paura il cor compunto,
    Guardai in alto, e vidi le sue spalle
Vestite già de' raggi del pianeta
18 Che mena dritto altrui per ogni calle.

    1. *Mi chemin :* la trente-cinquième année de la vie de Dante, qui correspond à l'an 1300.
    2. *Selve oscure :* la vie de péché dans laquelle il était tombé depuis la mort de Béatrice. C'est Dante lui-même qui donne cette interprétation, *Purgat.*, XXIII, 115-119.
    8. *Du bien :* Virgile, qu'il rencontra.

CHANT I

En mi chemin de ceste nostre vie
Me retrovai par une selve oscure ;
Car droite voie ore estoit esmarie.
 Ah! ceste selve, dire m'est chose dure
Com ele estoit sauvage et aspre et fors,
6 Si que mes cuers encor ne s'asseüre!
 Tant est amere, que peu est plus la mors :
Mais, por traiter du bien que j'i trovai,
Des autres choses dirai que je vi lors.
 Je bien redire ne sai com j'i entrai ;
Tant pleins j'estoie de someil en ce point
12 Où je guenchi de mon chemin verai.
 Mais tost que j'oi le pié d'un tertre joint
Là où estoit fins de ceste valée
Qui de paor m'avoit le cuer compoint,
 Gardai en haut le tertre, et afublée
J'en vi l'espaule jà des rais du planete
18 Par cui chascuns a sa voie adressée.

9. *Des autres choses :* le mont, les trois bêtes, ses efforts pour gravir le mont, et sa chute dans le bas.

13. *D'un tertre :* le tertre ou mont est l'opposé de la forêt ou vallée; puisque la forêt est le symbole de la vie infidèle et vicieuse, le mont sera le symbole de la vie fidèle et vertueuse.

17. *Planete :* dans le système astronomique de Ptolémée, le soleil était une planète.

CANTO I.

Allor fu la paura un poco queta
Che nel lago del cor m'era durata
La notte ch'io passai con tanta pieta.
    E come quei che, con lena affannata
Uscito fuor del pelago alla riva,
24 Si volge all' acqua perigliosa e guata;
    Così l'animo mio, che ancor fuggiva,
Si volse indietro a rimirar lo passo,
Che non lasciò giammai persona viva.
    Poi ch'ebbi riposato un poco il corpo lasso,
Ripresi via per la piaggia diserta,
30 Si che il piè fermo sempre era il più basso.
    Ed ecco, quasi al cominciar dell' erta,
Una lonza leggiera e presta molto,
Che di pel maculato era coperta.
    E non mi si partia dinanzi al volto,
Anzi impediva tanto il mio cammino,
36 Che io fui per ritornar più volte volto.
    Tempo era dal principio del mattino;
E il sol montava sù con quelle stelle
Ch' eran con lui, quando l'amor divino
    Mosse da prima quelle cose belle;
Si che a bene sperar mi era cagione
42 Di quella fera alla gajetta pelle

---

30. *Li piés fers:* quand on monte, le pied ferme, c'est-à-dire celui qui porte le corps, est plus bas que le pied qui se meut.

31. *Une once:* d'après la plupart des commentateurs, l'once est le symbole de la luxure.

37. *C'estoit li tems:* Dante établit le moment où il commence son voyage.

38. *Ces estoiles escloses o le soleil:* des étoiles de la constellation du Bélier.

CHANT I.

Si ore un peu fu la paors desfete,
Qui s'ert, durant ceste nuit de martire,
Au lac du cuer amassée et retrete.

Et com cil qui, de la mer pleine d'ire,
Tout haletant, issus fors à la rive,
24 Se torne à l'eve perilleuse et remire ;

Tout ainsi m'ame, qui ert encor fuitive,
Se retorna por esgarder le pas
Qui ne laissa onques persone vive.

Puis qu'un peu j'oi reposé le cors las,
Je repris l'oirre par la deserte plage,
30 Si qu'estoit sempre li piés fers au plus bas.

Es vous une once legere et moult aperte,
Au commencer quasi de la saillie,
Vint devant moi, de poil taché couverte.

A moi d'en face ne se departoit mie ;
Ainz tant en ert empeschés mes chemins,
36 Qu'à retorner me tornai mainte fie.

C'estoit li tems qu'aparoit li matins,
Et que montoient ces estoiles escloses
O le soleil, quant li verbes divins

Fist tout premier naistre ces beles choses ;
Bien esperer m'estoient ochoisons
42 Contre la beste à gaie pel les roses

---

39. *Quand li verbes divins :* selon une antique opinion que Dante suit, le monde avait été créé dans le printemps.

40. *Ces beles choses :* les choses célestes, le soleil, la lune, les planètes, les étoiles.

42. *Contre la beste à gaie pel :* Dante dit lui-même plus loin, XVI, 107, qu'il espéra vaincre la bête à la peau tachetée. C'était le moment favorable qui lui donnait cette espérance.

L'ora del tempo e la dolce stagione ;
Ma non sì, che paura non mi desse
La vista che mi apparve d'un leone.
    Questi parea che contra me venesse
Con la test' alta e con rabbiosa fame,
48 Sì che parea che l'aer ne temesse;
    Ed una lupa, che di tutte brame
Sembiava carca nella sua magrezza,
E molte genti fe' già viver grame.
    Questa mi porse tanto di gravezza,
Con la paura che uscia di sua vista,
54 Ch' io perdei la speranza dell' altezza.
    E quale è quei che volentieri acquista
E giugne il tempo che perder lo face,
Che in tutti i suoi pensier piange e s' attrista ;
    Tal mi fece la bestia senza pace,
Che, venendomi incontro, a poco a poco
60 Mi ripingeva là dove il sol tace.
    Mentre ch' io rovinava in basso loco,
Dinanzi agli occhi mi si fu offerto
Chi per lungo silenzio parea fioco.
    Quando vidi costui nel gran diserto :
« Miserere di me ! gridai a lui,
66 Qual che tu sia, od ombra od uomo certo. »
    Risposemi : « Non uomo ; uomo già fui
E li parenti miei furon Lombardi
E Mantovani per patria ambidui.
    Nacqui *sub Julio*, ancor che fosse tardi,
E vissi a Roma sotto il buono Augusto.
72 Al tempo degli dei falsi e bugiardi.

45. *Uns menaçans lions :* le lion est le symbole de l'orgueil.

CHANT I.

Du frais matin et la douce saisons;
Mais non si que paor ne me donast
Par sa venue uns menaçans lions.
   Sembloit que cil contre moi se lançast
La teste haute et o faim enragée,
48 Si qu'on diroit que li airs en tremblast.
   Puis une louve; par sembloit ele outrée
De tous desirs, tant avoit de maigresse;
Jà mainte gent fist el vivre angoissée.
   Cele me mist telment en male presse
O la paor issant à la veoir,
54 Que plus ateindre n'esperai la hautesse,
   Com cil qui bée à croistre son avoir,
S'il li avient de perdre, ce li poise,
Et il en a le cuer tout triste et noir;
   Teus por la beste fui je, qui ne s'acoise,
Et, me venant encontre, pas à pas
60 Me poussoit là où li solaus n'adoise.
   Endementiers qu'avaloie en lieu bas,
Devant mes ieux soudain uns s'est ofert,
Qui me sembloit par long taisir tout mas.
   Quant je le vi en mi le grant desert :
« Aie pitié de moi, criai-je à lui,
66 Qui que tu soies, ombre ou hom en apert. »
   Me respondi : « Hom ne sui je; hom je fui;
Et li parent de moi furent Lombart
Et Mantouan de païs ambedui.
   Je sous Cesar nasqui, mais sur le tart,
Et je vesqui sous bon Auguste, à Rome,
72 Ore qu'estoient li faus dieu de male art.

---

49. *Puis une louve :* la louve est le symbole de l'avarice. Dante, *Purgat.*, XX, 10, nomme l'avarice *antica lupa*,

Poeta fui, e cantai di quel giusto
Figliuol d'Anchise, che venne da Troja,
Poi che il superbo Ilion fu combusto.
　Ma tu, perchè ritorni a tanta noja?
Perchè non sali il dilettoso monte
78 Ch' è principio e cagion di tutta gioja? »
　« O se' tu quel Virgilio e quella fonte
Che spande di parlar sì largo fiume?
Risposi lui con vergognosa fronte.
　O degli altri poeti onore e lume,
Vagliami il lungo studio e il grande amore
84 Che mi ha fatto cercar lo tuo volume.
　Tu se' lo mio maestro e il mio autore;
Tu se' solo colui da cui io tolsi
Lo bello stile che mi ha fatto onore.
　Vedi la bestia, per cui io mi volsi;
Aiutami da lei, famoso saggio;
90 Ch' ella mi fa tremar le vene e i polsi. »
　« A te convien tenere altro viaggio,
Rispose, poi che lagrimar mi vide,
Se vuoi campar d'esto loco selvaggio;
　Chè questa bestia, per la qual tu grida,
Non lascia altrui passar per la sua via,
96 Ma tanto lo impedisce che l'uccide.
　Ed ha natura sì malvagia e ria
Che mai non empie la bramosa voglia,
E dopo il pasto ha più fame che pria.
　Molti son gli animali a cui si ammoglia,
E più saranno ancora, infin che il veltro

88. *Tu vois la beste:* la louve; trois bêtes s'opposèrent à son ascension du mont; mais, depuis l'apparition de Virgile, Dante ne parle plus que de la dernière.

CHANT I.

Poete fui, chantant de ce preudhome,
Le filh Anchise, qui vint des bors de Troie,
Quant la grans vile ardi à la parsome.

Mais tu pourquoi raler à quanque anoie,
Et ne saillir au delitable mont,
78 Orine et cause de toute bonne joie? »

« Oh! voi je ci Virgile, ceste font
Qui de parler espant onde pleniere?
Refi je à lui o la vergogne au front.

O des poetes l'honor et la lumiere,
La longue estude me vaille ore et l'amors,
84 Quant à ton livre donai m'entente entiere!

Tu es mes maistre, et tu es mes autors;
Et seus es tu cil de qui j'empruntai
Le bel parler qui m'a fait grans honors.

Tu vois la beste por cui je m'en tornai;
Aïde moi contre ele, o fameus sage;
90 Car el m'a mis veine et pouls en esmai. »

« A toi convient tenir autre voiage,
Respondi il, me veant larmier,
S' eschapper veus fors de ce lieu sauvage;

Car ceste beste por cui je t'oi crier,
Ne laisse aucun ici passer avant,
96 Mais tant l'empesche que l'ocit sans dangier.

Nature ele a si pesme et decevant,
Que onque mais n'est sa rage assouvie;
Après le past a plus faim que devant.

Maint mari sont à cui el se marie,
Et plus seront, tresque li chiens viendra

---

101. *Li chiens viendra:* ce chien est Can Grande della Scala, qui, né en 1291, n'était encore qu'un enfant de dix ans en 1300, époque fictive du voyage de Dante.

102 Verrà, che la farà morir con doglia.
   Questi non ciberà terra nè peltro,
Ma sapienza e amore e virtute,
E sua nazion sarà tra Feltro e Feltro.
   Di quell' umile Italia fia salute,
Per cui morì la vergine Camilla,
108 Eurialo e Turno e Niso di ferute.
   Questi la caccerà per ogni villa,
Fin che l'avrà rimessa nello inferno,
Là onde invidia prima dipartilla.
   Ond' io per lo tuo me' penso e discerno
Che tu mi segui, ed io sarò tua guida,
114 E trarrotti di qui per loco eterno,
   Ove udirai le disperate strida,
Vedrai gli antichi spiriti dolenti,
Che la seconda morte ciascun grida.
   E poi vedrai color, che son contenti
Nel fuoco, perchè speran di venire
120 Quando che sia, alle beate genti;
   Alle qua' poi se tu vorrai salire,
Anima fia a ciò di me più degna;
Con lei ti lascerò nel mio partire;
   Chè quello imperador che lassù regna,
Perchè io fui ribellante alla sua legge,
126 Non vuol che in sua città per me si vegna.
   In tutte parti impera, e quivi regge,

---

105. *De Feltre à Feltre:* l'une est Feltre, ville de Frioul; l'autre, Montefeltro, dans la Romagne. *De Feltre à Feltre* comprend donc toute la plaine du Pô; c'était le pays sur lequel l'autorité de Can Grande s'étendait depuis sa victoire sur les Padouans, le 17 septembre 1314. Après la mort de l'empereur Henri VII, Can Grande fut, comme vicaire impérial, représentant du pouvoir de l'Empereur en Italie.

CHANT I. 15

102 Qui la fera morir à grant haschie.
    Terre ne or cil ne porchassera,
Mais grant sagesse et amor et vertu ;
Et ses païs de Feltre à Feltre ira.
    A l'umble Ytaille il portera salu,
Por cui Turnus et la vierge Camile
108 Et Nisus furent et Euryals feru.
    La chassera icil de vile en vile,
Tres que l'aura en enfer rejetée ;
La prime envie l'en tira par sa guile.
    Par tant je pense por ton bien, et m'agrée,
Que tu me suives, et je serai tes guis,
114 Et t'enmenrai par l'eternel contrée
    Où tu orras les desespoirs plaintis
Des trespassés avant toi, tant dolens
Que remourir demandent à grans cris.
    Et tu verras le manoir des contens
D'estre ens au feu, esperant de venir
120 Ou tost ou tart aus eüreuses gens,
    Chez lesquieux puis se tu voudras saillir,
Convient qu'une ame mieudre de moi s'en daigne ;
.Te laisserai o li à mon partir.
    Car l'emperere qui là sus tient son regne,
Por tant que fui à sa loi rebelans,
126 Ne veut par moi qu'en sa cité l'on vegne.
    Maistre partout, là est seignorians ;

---

111. *La prime envie :* la première envie est, selon les commentateurs, celle de Satan, qui enviait la félicité de l'homme dans le paradis terrestre.

114. *L'éternel contrée :* Dante dira au commencement du chant III que l'enfer dure éternellement.

122. *Une ame mieudre de moi :* l'âme de Béatrice.

124. *L'emperere :* Dieu,

Quivi è la sua città e l' alto seggio.
Oh felice colui cui ivi elegge! »
 Ed io a lui : « Poeta, io ti richieggio
Per quello Iddio che tu non conoscesti,
132 Acciò ch' io fugga questo male e peggio,
 Che tu mi meni là dove or dicesti,
Sì ch' io vegga la porta di san Pietro,
E color que tu fai cotanto mesti. »
136 Allor si mosse, ed io gli tenni dietro.

Là sa cités o son trone hautain.
Bieneüreus cil qu'il esli leans ! »
   Et je à lui : « Poete, je reclain
Par ce grant Dieu que tu ne conus pas,
132 Por eschaper ce mal et pis à plain,
   Que tu me menes où tu ore dit as,
Si que je voie la porte de saint Piere
Et ceus que fais si dolens et si mas. »
136 Lors il se mut, et je segui deriere.

   134. *La porte de saint Piere :* la porte du paradis.

CHANT II

CRAINTES DE DANTE ; ENCOURAGEMENTS DE VIRGILE ; LES TROIS DAMES DU CIEL ; COMMENCEMENT DU GRAND VOYAGE.

Les craintes de Dante et les encouragements de Virgile paraissent nous représenter les hésitations du poète, quand la conception de l'œuvre s'empara de son esprit et qu'il voulut passer à l'exécution. Il n'est point sans doute d'esprit qui n'hésite devant une grande tâche qu'il est prêt à s'imposer. Ceux en qui la volonté et le génie dominent hésitent un moment sur le seuil, puis le franchissent de plein vol.

Il n'y a pas de raison de n'en pas croire Dante. Ce fut, nous dit-il, le culte voué à la mémoire de Béatrice qui le plongea dans l'étude ; et l'étude, à son tour, lui ouvrit les perspectives poétiques, et le rendit capable de reproduire par l'harmonie des paroles et les couleurs du langage ce que son âme entrevoyait.

CANTO II

    Lo giorno se n'andava, e l'aer bruno
Toglieva gli animai che sono in terra
Dalle fatiche loro ; ed io sol uno
    M' apparecchiava a sostener la guerra
Sì del cammino e sì della pietate,
6 Che ritrarrà la mente che non erra.
    O Muse, o alto ingegno, or m'aiutate;
O mente, che scrivesti ciò ch' io vidi,
Quì si parrà la tua nobilitate.
    Io cominciai : « Poeta, che mi guidi,
Guarda la mia virtù, s' ella è possente,
12 Prima che all' alto passo tu mi fidi.
    Tu dici che di Silvio lo parente,
Corruttibile ancora, ad immortale
Secolo andò e fu sensibilmente.
    Però, se l'avversario d'ogni male
Cortese i fu, pensando l'alto effetto
18 Che uscir dovea di lui, e il chi e il quale,
    Non pare indegno ad uomo d'intelletto ;
Ch' ei fu dell' alta Roma e di suo impero
Nell' empireo ciel per padre eletto ;
    La quale e il quale, a voler dir lo vero,
Fûr stabiliti per lo loco santo
24 U' siede il successor del maggior Piero.
    Per questa andata, onde gli dai tu vanto,

CHANT

    Li jors failloit ; et li airs tenebreus
À tout ce qui a vie en nostre terre,
Peine tolloit et travail ; et je, seus,
    M'apareilloie à soustenir la guerre
6 Du lonc voiage en mi les dolentés
Que redira la memoire qui n'erre.

    O soveraines, mes Muses, m'aïdés ;
Tu qui retins ce que vi, o espris,
Aucui parra ci ta nobilités.
    Je commençai : « Poete, tu mes guis,
Ma force esgarde, se tant ele est vaillans,
12 Que tu me fies au haut pas que tu dis.

    Ti vers racontent que li preus rois troians,
Mortieus encore, vint au siecle immortel,
Et qu'il meïsme i fu veüs vivans.
    Mais se li sire du juïse eternel
I consenti, qu'on pense au grant destin
18 Qui s'aprestoit ; et une favor tel

    Tient on à droit, s'on a sens enterin :
Pere de Rome et de son haut empire
Esleüs fu par le decret divin.

    Rome et l'empire, à voloir le vrai dire,
Establi furent por ce très saint estal
4 Qu'aus successors tramist Piere li sire.
    De lui tu contes qu'en ceste alée aval

Intese cose che furon cagione
Di sua vittoria e del papale ammanto.
   Andovvi poi lo vas d'elezione
Per recarne conforto a quella fede
30 Ch' è principio alla via di salvazione.
   Ma io, perchè venirvi? o chi il concede?
Io non Enea, io non Paolo sono;
Me degno a ciò nè io nè altri crede.
   Perchè, se del venire io mi abbandono,
Temo che la venuta non sia folle.
36 Se' savio, intendi me' ch' io non ragiono. »
   E quale è quei che disvuol ciò che volle,
E per nuovi pensier cangia proposta,
Si che dal cominciar tutto si tolle;
   Tal mi fec' io in quella oscura costa;
Perchè pensando consumai la impresa
42 Che fu nel cominciar cotanto tosta.
   « Se io ho ben la tua parola intesa,
Rispose del magnanimo quell' ombra,
L'anima tua è da villate offesa,
   La qual molte fiate l'uomo ingombra,
Si che d'onrata impresa lo rivolve,
48 Come falso veder bestia quand' ombra.
   Da questa tema acciò che tu ti solve,
Dirotti perch' io venni, e quel che intesi
Nel primo punto que di te mi dolve.
   Io era tra color che son sospesi,
E donna mi chiamò beata e bella,

---

28. *Puis i vint Pols:* saint Paul ravi au ciel.

40. *En cet obscur pendant:* c'est la pente du mont de laquelle Dante partit avec l'escorte de Virgile (I, 29, 31).

45. *Couardise: couardie* est plus fréquent dans les an-

Il oï choses qui furent ochoison
De sa victoire et du paile papal.
 Puis i vint Pols, vaissaus d'election,
Por en tirer confort à ceste foi,
30 De no salu la voie et la raison.
 Mais je, porquoi venir? par quel otroi?
Ne sui Enée, et Pols ne sui je mie;
Nus ne m'en pense, ne je digne m'en croi.
 Donque, se je à venir me confie,
Je crain, venant, estre fol et estout;
36 Sage tu es, mieus sais que je ne die. »
 Et come cil qui desveut ce qu'il vout,
Premiers pensers por de nouvaus changeant,
Si qu'il delaisse son voil de tout en tout;
 Tel je me fis en cet obscur pendant;
Par quoi pensai à guerpir l'entreprise
42 Qu'au commencer j'ere si fort hastant.
 « Se ta parole je droitement ai prise;
De cest vaillant me respondi li ombre,
T'ame est blessée de la vil couardise
 Qui mainte fois un home tant encombre
Qu'il se retrait d'une emprise honorée,
48 Come cheval cui faus veoirs fait ombre.
 Por que te soit ceste paors emblée,
Sache porquoi je vin, et quoi j'oï,
Tost que por toi fu m'ame contristée,
 J'ere o ceus qui ne sont lié ne marri,
Si m'appela dame eüreuse et bele,

ciens textes; mais *couardise* se trouve aussi: Rois tierriens, qui ainc n'amastes couardise, *li Romans d'Alixandre*, p. 538.

 52. *Ceus qui ne sont lié ne marri* : ceux qui sont dans les limbes (IV, 24).

CANTO II.

54 Tal che di comandare io la richiesi.
　　Lucevan gli occhi suoi più che la stella;
E cominciommi a dir soave e piana
Con angelica voce in sua favella:
　　« O anima cortese mantovana,
Di cui la fama ancor nel mondo dura,
60 E durerà quanto il mondo lontana,
　　L'amico mio, e non della ventura,
Nella diserta piaggia è impedito
Sì nel cammin, che volto è per paura:
　　E temo che non sia già sì smarrito
Ch' io mi sia tardi al soccorso levata,
66 Per quel ch' io ho di lui nel cielo udito.
　　Or muovi, e con la tua parola ornata
E con ciò che ha mestieri al suo campare,
L'ajuta sì, che io ne sia consolata.
　　Io son Beatrice che ti faccio andare;
Vegno di loco ove tornar disio;
72 Amor mi mosse, che mi fa parlare.
　　Quando sarò dinanzi al Signor mio,
Di te mi loderò sovente a lui. »
Tacette allora; e poi cominciai io:
　　« O donna di virtù, sola per cui
L'umana specie eccede ogni contento
78 Da quel ciel che ha minor' li cerchi sui,
　　Tanto m'aggrada il tuo comandamento,
Che l'ubbidir, se già fosse, m'è tardi.
Più non t'è uopo aprirmi il tuo talento.
　　Ma dimmi la cagion che non ti guardi

---

70. *Sui Beatrice:* la dame des pensées de Dante, l'objet de son amour pur et angélique. Elle était fille de Folco Portinari.

54 Que je requis de comander à mi.
   Si oil luisoient plus qu'estoile estincele;
Et d'une vois d'ange qui tout acoise,
En son parler si par ces mos m'apele:
   « O Mantouan, ame sage et cortoise,
Li cui renons au monde encore dure,
60 Et durera por loin que li mons voise,
   L'amis de moi, non de bonne aventure,
Est au desert si du chemin guenchis,
Qu'ariere torne par crainte à desmesure;
   Et moult je doute ne soit ja si aflis,
Qu'à son secors tart me soie levée,
66 Por tant qu'en fu par moi au ciel apris.
   Or va, et o ta parole aornée
Et o quanque a mestier por le sauver,
L'aïde si qu'en soie consolée.
   Sui Beatrice, qui te requier aler.
Je vien d'un lieu où retorner desire;
72 Amors me mut, qui or me fait parler.
   Quant serai près celui qui est mes sire,
Me loerai de toi sovent à lui. »
Elle se tut; lors començai à dire:
   « Dame as vertus, dame seule par cui
Humains lignage passe ce que porprent
78 Li cieus qui a menors cercles en lui,
   Tant je m'agrée à ton commandement,
Que l'avoir fait me semblast trop tarder;
Plus n'est mestiers de m'ovrir ton talent.
   Mais di porquoi n'as soin de te garder

76. *Dame as vertus :* Dante, en sa *Vita nuova,* § 10, dit : La très-noble Beatrix fut reine des vertus.
78. *Li cieus qui a menors cercles :* le ciel de la lune.

CANTO II.

 Dello scender quaggiuso in questo centro
84 Dall' ampio loco ove tornar tu ardi. »
 « Da che tu vuoi saper cotanto addentro,
Dirotti brevemente, mi rispose,
Perch' io non temo di venir qua entro.
 Temer si dee di sole quelle cose
Ch' anno potenza di fare altrui male;
90 Dell' altre no, chè non son paurose.
 Io son fatta da Dio, sua mercè, tale
Che la vostra miseria non mi tange,
Nè fiamma d'esto incendio non m'assale.
 Donna è gentil nel ciel, che si compiange
Di questo impedimento ov' io ti mando,
96 Sì che duro giudicio lassù frange.
 Questa chiese Lucia in suo dimando,
E disse : Or ha bisogno il tuo fedele
Di te, ed io a te lo raccomando.
 Lucia, nimica di ciascun crudele,
Si mosse, e venne al loco dov' io era,
102 Che mi sedea con l'antica Rachele.
 Disse : Beatrice, loda di Dio vera,
Chè non soccorri quei che t'amò tanto,
Che uscio per te della volgare schiera?
 Non odi tu la pietà del suo pianto ?
Non vedi tu la morte che il combatte
108 Su la fiumana ove il mar non ha vanto?
 Al mondo non fur mai persone ratte
A far lor pro ed a fuggir lor danno,

---

92. *Vos misere... lor feu :* la misère des habitants des limbes; les feux qui brûlent les damnés.

94. *Dame gentils :* la grâce prévenante, d'après les commentateurs.

96. *Si que les durs jugemens ele fraint :* elle brise la

De jus descendre en ce centre lointain,
84 Fors du lieu ample où tu ars retorner. »
« Puisque tu veus le savoir tout à plain,
Respondi ele, je te dirai briement
Porquoi venir là dedans je ne crain.

Seules teus choses doit on estre doutant,
Qui ont pooir de nuire et de mesfaire ;
90 Les autres non ; on nes craint tant ne quant.

De Dieu sui faite, sa merci, de tel aire,
Que vo misere nulement ne m'ataint,
Et que lor feu ne me font nul contraire.

Dame gentils est au ciel, qui se plaint
De ce meschef où aler je te mande,
96 Si que les durs jugemens ele fraint.

Ceste requist Lucie en sa demande,
Et dit : Or est mestiers à ton feel,
De toi, et je à toi le recomande.

Lucie, averse à quanque a de cruel,
Parti, et vint au lieu où je me range
102 Assise auprès de l'antique Rachel :

O Beatrice, de Dieu vraie loange,
Que ne secours, dit el, qui t'ama tant,
Qu'issi por toi de la comune range ?

N'ois la pitié de sa plainte si grant ?
Ne ne vois tu la mort qui ja l'afole
108 En pior onde que dans la mer bruiant ?

Jamais au monde nessuns plus tost ne vole
A querre bien, fuïr mal sans demor,

rigueur de la justice divine qui veut que quiconque pèche soit damné.

97. *Lucie :* la grâce illuminante.

102. *Rachel :* fille de Laban et seconde femme du patriarche Jacob.

Com' io dopo cotai parole fatte.
 Venni quaggiù dal mio beato scanno,
Fidandomi nel tuo parlare onesto,
114 Che onora te e quei che udito l'hanno.
 Poscia che m'ebbe ragionato questo,
Gli occhi lucenti lagrimando volse,
Perchè mi fece del venir più presto.
 E venni a te così com' ella volse;
Dinanzi a quella fera ti levai,
120 Che del bel monte il corto andar ti tolse.
 Dunque che è? perchè, perchè ristai?
Perchè tanta viltà nel core allette?
Perchè ardire e franchezza non hai,
 Poscia che tai tre donne benedette
Curan di te nella corte del cielo,
126 E il mio parlar tanto ben t'impromette? »
 Quale i fioretti, dal notturno gelo
Chinati e chiusi, poi che il sol gl' imbianca,
Si drizzan tutti aperti in loro stelo;
 Tal mi fec' io di mia virtute stanca;
E tanto buono ardire al cor mi corse,
132 Ch' io cominciai come persona franca:
 « O pietosa colei che mi soccorse!
E tu cortese, che ubbidisti tosto
Alle vere parole che ti porse!

---

105. *De la comune range:* « Je résolus de ne plus parler de cette bienheureuse (Béatrice), jusqu'à ce que je pusse parler d'elle plus dignement, et, pour cela, j'étudie tant que je peux. » (Dante, *Vita nuova*, XLIII.) « Echappé à la pâture du vulgaire, aux pieds de ceux qui sont assis au repas, je recueille les miettes qui tombent de leur table. » (Dante, *Conv.*, I, 1.) Ainsi, par amour pour Béatrice, et dans le dessein d'en parler dignement, Dante

CHANT II.

Que je ne vin, oïant ceste parole,
  Jus ici bas de mon banc hauzior,
Me confiant en ton parler honeste,
114 Qui à toi fait et à qui l'oit, honor.
  Puis qu'ele m'ot ainsi dit sa requeste,
Ses ieus luisans ele en plors sus torna,
Si qu'à venir j'oi volenté plus preste.
  Et je à toi vin come el comanda;
Je te parti de cette male beste,
120 Qui du bel mont le court chemin t'osta.
  Et porquoi donc? et qu'est ce qui t'areste?
D'où vient que t'ame norrit tante vilté?
Porquoi n'as tu franc cuer et ferme teste,
  Puisque trois dames de si grant digneté
Pensent à toi ens en la court du ciel,
126 Et que ma vois t'a tel bien devisé? »
  Com la florete, sous le froit nuitrenel
Encline et close, se dresse sans respit
Au prim soleil, et s'aovre moult bel ;
  Teus ma vertus lasse se resbaudit,
Et hardemens si bons en m'ame entra,
132 Que de franc cuer je començai mon dit :
  « Piteuse cele qui secours me dona,
Et tu cortois, qui si tost obeis
Au vrai parler qu'ele te devisa !

---

s'était adonné à l'étude ; au moyen de l'étude il avait échappé *à la pâture du vulgaire*, et de la sorte il s'était élevé au-dessus de la *comune range*.

113. *Ton parler honeste Qui à toi fait et à qui l'oit honor* : c'est une réminiscence de ce passage de l'Apocalypse : Heureux qui lit et ceux qui écoutent les paroles de ce livre, I, 3.

119. *De ceste male beste :* la louve.

Tu m'hai con desiderio il cor disposto
Sì al venir, con le parole tue,
138 Ch'io son tornato nel primo proposto.
    Or va, chè un sol volere è d'amendue :
Tu duca, tu sigore e tu maestro. »
Cosi gli dissi; e poi che mosso fue,
142 Entrai per lo cammino alto e silvestro.

O tes paroles m'as si bien ademis
Au desirier de venir tout adès
138 Que tornés sui à mon premier devis.
Uns seus voloirs est d'ambedeus ormès.
Or va, tu sire, et tu duitre, et tu mestre. »
Il se parti, quant j'oi dit ; et après
142 Ens au chemin j'entrai haut et selvestre.

126. *Ma vois :* ce que Virgile a dit à Dante, I, 112-129.

CHANT III

PORTE DE L'ENFER ; VESTIBULE ; CEUX QUI NE SERVIRENT NI DIEU NI LE DÉMON ; CÉLESTIN V ; L'ACHÉRON ; CHARON ; PASSAGE ; TREMBLEMENT DE TERRE.

Rien de plus sombre et de plus douloureux que cette entrée de l'enfer. Certes, il a fallu que le grand poète eût une bien claire et bien puissante vision de tout ce qu'il imagine, pour avoir imprimé à son langage tant de terreur.

Dès ce chant nous rencontrons ce que nous rencontrerons encore bien des fois, l'entrelacement des êtres de la mythologie païenne parmi les conceptions chrétiennes. L'Achéron arrose l'enfer, et Charon est là avec sa barque pour passer les âmes :

« Portitor has horrendus aquas et limina servat
  Horribili squalore Charon. »
          (Æn., vi, 298.)

Mais un trait qui lui est propre, c'est d'avoir placé dans le vestibule les âmes de ceux qui n'eurent ni le courage du bien, ni le courage du mal. Le poëte médiéval a été inspiré en ceci par l'*Apocalypse*, qui dit : « Je connais tes œuvres, c'est que « tu n'es ni froid ni bouillant ; ô si tu étais ou froid ou bouil- « lant ! Parce donc que tu es tiède et que tu n'es ni froid ni « bouillant, je te vomirai de ma bouche. » (III, 15 et 16.)

Dante a mis ces tièdes parmi une troupe d'anges tombés aussi, mais dont le crime est non pas de s'être révoltés contre Dieu, mais de n'avoir songé qu'à soi et d'être demeurés neutres dans la grande rébellion. Les commentateurs n'ont pas retrouvé dans les anciens textes mention d'une classe d'anges de ce caractère ; il paraît donc que c'est une création de l'imagination du poëte. Béranger, en un tout autre sens, a, dans sa gracieuse chanson de l'*Ange exilé*, fait un sort à part, mais plus doux, à l'un des esprits révoltés.

CANTO III

Per me si va nella città dolente,
Per me si va nell' eterno dolore;
Per me si va tra la perduta gente.
   Giustizia mosse il mio alto fatore;
Fecemi la divina potestate,
La somma sapienza e il primo amore.
   Dinanzi a me non fur cose create,
Se non eterne; ed io eterno duro.
Lasciate ogni speranza voi ch' entrate.
   Queste parole di colore oscuro
Vid' io scritte al sommo d' una porta;
12 Perch' io: « Maestro, il senso lor m' è duro. »
   Ed egli a me, come persona accorta:
« Qui si convien lasciare ogni sospetto:
Ogni viltà convien che qui sia morta.
   Noi siam venuti al luogo ov' io t' ho detto
Che tu vedrai le genti dolorose
18 Ch' hanno perduto il ben dello intelletto. »
   Ed poi che la sua mano alla mia pose
Con lieto volto, ond' io mi confortai,
Mi mise dentro alle segrete cose.
   Quivi sospiri, pianti ed alti guai
Risonavan per l' aer senza stelle;

CHANT III

    Par moi se va dans la cité dolente ;
Par moi se va dans l'eternel dolor ;
Par moi se va parmi la gent pullente.
    Justice mut mon souverain faitor ;
Et si me firent devine Poestés
6 Raisons hautisme et premeraine Amor.
    Chose avant moi, se non eternités,
Ne fu ; et si eternaument je dure.
Toute esperance laissés, vous qui entrés.
    Cestes paroles d'une color oscure
Je vi escrites au somet d'une porte.
12 Et je : « Ci a senefiance dure. »
    Et il à moi, com cil qui autre enorte :
« Ici convient laisser tout contredit ;
Toute viltés convient qu'ici soit morte.
    Venu nous somes au lieu où je t'ai dit
Que tu verras les gens maleürées
18 Qui ont perdu le soverain delit. »
    Puis, o sa main et ma main assemblées,
D'un lié visage dont je me confortai,
M'entroduisi ens aus choses secrées.
    Tentir s' oioient souspir, plaintes et wai,
En ceste nuit profonde sans esteles ;

---

16. *Où je t'ai dit :* voy. *Enfer,* I, 114 et suivants.

24 Perch'io al cominciar ne lagrimai,
    Diverse lingue, orribili favelle,
Parole di dolore, accenti d'ira,
    Voci alte e fioche, e suon di man con elle,
    Facevano un tumulto il qual s'aggira
Sempre in quell' aria senza tempo tinta,
30 Come la rena quando il turbo spira.
    Ed io, ch' avea d'orror la testa cinta,
Dissi : « Maestro, che è quel ch'io odo?
E che gente è, che par nel duol si vinta? »
    Ed egli a me : « Questo misero modo
Tengon l'anime triste di coloro
36 Che visser senza infamia e senza lodo.
    Mischiate sono a quel cattivo coro
Degli angeli che non furon ribelli
Nè fur fedeli a Dio, ma per se foro.
    Cacciarli i ciel per non esser men belli;
Nè lo profondo inferno gli riceve,
42 Chè alcuna gloria i rei avrebber d'elli. »
    Ed io : « Maestro, che è tanto greve
A lor, che lamentar gli fa si forte? »
Rispose : « Dicerolti molto breve.
    Questi non hanno speranza di morte;
E la lor cieca vita è tanto bassa,
48 Che invidiosi son d'ogni altra sorte.
    Fama di loro il mondo esser non lassa;
Misericordia e giustizia gli sdegna;
Non ragioniam di lor, ma guarda e passa. »
    Ed io, che riguardai, vidi una insegna
Che girando correva tanto ratta
54 Che d'ogni posa mi pareva indegna.
    E dietro le venia sì longa tratta
Di gente, ch'io non avrei mai creduto

CHANT III.

24 Por quoi plorer de premiers començai.
   Langues diverses et horibles faveles,
Mot de courous, paroles de dolor,
   Vois hautes, sourdes, sons de mains avec eles,
Un bruit faisoient qui rouloit tout entor
Sempre en cest air eternel en sa teinte,
30 Com li graviers où li vens livre estor.
   Et je cui ert d'error la teste ceinte,
Je di : « Qu'est ce, mestre, que ci j'entent?
Et queus gens est de si grant deuil ateinte? »
   Et il à moi : « Ceste misere apent
Aux ames tristes de ceus qui, dans lor vie,
36 Furent sans honte ne sans los igaument.
   El sont meslées aux anges, vil mesnie,
Qui rebellant ne furent ne feel
À Dieu, mais sol por soi par couardie.
   Li cieus les chasse por n'estre pas moins bel;
Forclos sont il de l'enfer ensement;
42 Car gloire il fussent à la gent criminel. »
   Et je à lui : « Mestre, par quel torment
Sont il meü à lamenter si fort? »
Il respondi : « Jel te dirai briement.
   Icil n'ont pas esperance de mort;
Et la lor vie oubliée est tant basse,
48 Qu'il envieus sont de tout autre sort.
   Li mons n'a d'eus renom qu'il ne desfasse;
Justice aussi et pitiés les desdegne;
D'eus ne parlons, ainçois esgarde et passe. »
   Et, regardant, je choisi une ensegne
Qui, en tornant, coroit si radement
54 Qu'à toute pose me sembloit estre engregne.
   Suivie estoit d'un tel assemblement,
Que dans l'esprit mais ne me fust venus

CANTO III.

Che morte tanta n'avesse disfatta.
Poscia ch' io v' ebbi alcun riconosciuto,
Vidi et conobbi l' ombra di colui
60 Che fece per viltate il gran rifiuto.
Incontanente intesi e certo fui
Che questa era la setta de' cattivi
A Dio spiacenti ed a' nemici sui.
Questi sciaurati che mai non fur vivi,
Erano ignudi, e stimolati molto
66 Da mosconi e da vespe ch' eran ivi.
Elle rigavan lor di sangue il volto,
Che, mischiato di lagrime, a' lor piedi
Da fastidiosi vermi era ricolto.
E poi che a riguardare oltre mi diedi,
Vidi gente alla riva d'un gran fiume;
72 Perch' io dissi : « Maestro, or mi concedi
Ch' io sappia quali sono, e qual costume
Le fa di trapassar parer si pronte,
Com' io discerno per lo fioco lume. »
Ed egli a me : « Le cose ti fien conte,
Quando noi fermerem li nostri passi
78 Sulla trista riviera d' Acheronte. »
Allor con gli occhi vergognosi e bassi,
Temendo no 'l mio dir gli fosse grave,
Infino al fiume di parlar mi trassi.
Ed ecco verso noi venir per nave
Un vecchio bianco per antico pelo,

60. *Le grand refus :* il paraît s'agir de Célestin V, qui abdiqua la papauté. A la vérité, certains commentateurs, qui contestent cette application, objectent qu'il serait surprenant que Dante eût mis parmi les misérables dont il s'agit un homme tel que Célestin, et ils nomment Vieri de' Cerchi, l'incapable chef des Blancs de Florence. Mais, comme Dante (*Enfer*, XXVII, v. 104 et 105) fait dire

CHANT III.

    La mors eüst desfaite tante gent.
      Puis que j'en oi aucuns reconneüs,
  Je esgardai et vi l'ombre celui
60 Qui par vilté fist jà le grant refus.
      Encontenent je su et certains fui
  Que ce estoit la secte des chetis
  Qui Dieu ne plaisent n'aus enemis de lui.
      Vivans ne fu onque uns de ces faillis ;
  Tout nu estoient et forment tormenté
66 De poignans guespes et taons maleïs.
      Lor vis estoient tout de sanc arosé ;
  Meslés de larmes il cheoit à lor piés,
  Repast as vers desdegneus apresté.
      Puis, mes regars aiant plus loin fichiés,
  Vi une gent près une grant riviere ;
72 Et je di : « Mestre, qu'il me soit otroiés
      Savoir quel sont icil, n'en quel maniere
  Semblent voloir passer à si chaut pas,
  Com jel perçoi par l'oscure lumiere. »
      Et il à moi : « Tantost tu le sauras,
  Sur l'Acheron, le flum maleüreus,
78 Quant ambedui aresterons nos pas. »
      Or o les ieus baissés et vergogneus,
  Doutant l'avoir fait par mon dire engrais,
  Fui jusqu'au flum de parler resoigneus.
      Es vous en nef, par le fleuve punais,
  Un grant vieillart blanc d'un poil eternel,

au pape Boniface que Célestin, son prédécesseur, n'aima guère (*non ebbe care*) les deux clefs, il est difficile de ne pas reconnaître en lui celui qui fit le grand refus.

71. *Une grant riviere :* l'Achéron.

83. *Blanc d'un poil eternel :* la description de Charon est imitée de Virgile : *Cui plurima mento Canities inculta jacet*, Æ., VI, 299.

84 Gridando : « Guai a voi, anime prave!
   Non isperate mai veder lo cielo.
   I' vegno per menarvi all' altra riva
   Nelle tenebre eterne, in caldo e in gelo.
   E tu che se' costì, anima viva,
   Partiti da cotesti che son morti. ».
90 Ma poi ch' ei vide ch' io non mi partiva,
   Disse : « Per altra via, per altri porti
   Verrai a piaggia, non quì, per passare;
   Più lieve legno convien che ti porti. »
   E il duca a lui : « Caron, non ti cruciare;
   Vuolsi così colà, dove si puote
96 Ciò che si vuole, e più non dimandare. »
   Quinci fur quete le lanose gote
   Al nocchier della livida palude,
   Che intorno agli occhi avea di fiamme ruote.
   Ma quell' anime, ch' eran lasse e nude,
   Cangiar colore e dibattero i denti,
102 Ratto che inteser le parole crude.
   Bestemmiavano Iddio e i lor parenti,
   L' umana spezie, il luogo, il tempo et il seme
   Di lor semenza e di lor nascimenti,
   Poi si ritrasser tutte quante insieme,
   Forte piangendo, alla riva malvagia
108 Che attende ciascun uom che Dio non teme.
   Caron dimonio, con occhi di bragia
   Loro accennando, tutte le raccoglie,
   Batte col remo qualunque s' adagia.
   Come d' autonno si levan le foglie

---

93. *Barge plus legere :* Charon fait allusion à la barque rapide et légère, *vasello snelletto e leggiero*, dont il est parlé (*Purg.* II, 40 et suiv.).

CHANT III.

84 Criant : « Dehait soit à vous, o mauvais.
　　N'esperés pas reveoir mais le ciel.
　Je vien por vous mener à l'autre rive
　En tenebror sans fin, en chaut et gel.
　　Et tu qui es o iceus, ame vive,
　Part toi d'avec ceste gent qui sont mort. »
90 Et puis, veant que me partir n'estrive :
　　« Par autre voie, dit il, par autre port.
　Viendras à bort, non ci, por trespasser ;
　Convient que barge plus legere te port. »
　　Li dus à lui : « Charon, ne t'aïrer ;
　Ainsi se veut là où se peut tousdis
96 Ce qui se veut ; et plus ne demander. »
　　Lores devint cois li mentons floris
　Du vieil nocher de l'infernal palu,
　À cui luisoient cercles de flame au vis.
　　Mais cil chetif, qui erent las et nu,
　Muant color, desgrignerent les dens,
102 Soudain que furent cist mot dur entendu.
　　Il blasfemoient et Dieu et lor parens,
　L'humaine espece, lieu et tems et semence
　De lor lignées et de lor naissemens.
　　Et puis ces ames, lamentant lor grevance,
　Vinrent ensemble à la rive mauvese
108 Qui atent ceux qui de Dieu n'ont doutance.
　　Charon diable, avec des ieus de brese,
　En fait par signes assemblée pleniere,
　Et bat du fust cele qui tost n'adese.
　　Come les feuilles, en la saison derniere,

97. *Lores devint cois* : imitation du *rabida ora quiê-runt*, Æn. VI, 102.
99. *Cercles de flamme au vis* : Virgile a dit de Charon : *Stant lumina flamma*.

CANTO III.

L' una appresso dell' altra, infin che il ramo
114 Vede alla terra tutte le sue spoglie;
    Similemente il mal seme d'Adamo
Gittansi di quel lito ad una ad una
Per cenni, come augel per suo richiamo.
    Così sen vanno su per l'onda bruna,
Ed, avanti che sien di là discese,
120 Anche di quà nuova schiera s'aduna.
    « Figluol mio, disse il maestro cortese,
Quelli che muojon nell' ira di Dio,
Tutti convegnon qui d'ogni paese;
    E pronti sono a trapassar lo rio;
Chè la divina giustizia li sprona,
126 Sì che la tema si volge in disío.
    Quinci non passa mai anima buona;
E però, se Caron di te si lagna,
Ben puoi saper omai che il suo dir suona. »
    Finito questo, la buja campagna
Tremò sì forte, che dello spavento
132 La mente di sudore ancor mi bagna.
    La terra lagrimosa diede vento
Che balenò una luce vermiglia,
La qual mi vinse ciascun sentimento;
136 E caddi come l' uom cui sonno piglia.

130. *Cela feni:* Comme Dante ne dit pas qu'il entre dans la barque de Charon et qu'il passe avec les âmes damnées, les commentateurs ont fait diverses conjectures. Ils supposent que, pendant l'évanouissement semblable à un sommeil qui s'empara de ses sens, un ange vint qui le transporta à l'autre rive; c'est ainsi, disent-ils, qu'un ange lui ouvrit les portes de la cité de Dité (IV, 64 et suivantes). Mais tout cela est inutile; l'entrée de Dante dans la barque et son passage sont impliqués

CHANT III. 41

  L'une après l'autre tombent, tres que li rain
114 Voient à terre jus lor despeuille entiere ;
  Les males filles du pere premerain
Semblablement du rivage une à une
Saillent, com fait l'oisiaus por le reclain.
  Ainsi s'en vont sus par mi l'onde brune ;
Et ains que soient cil pecheor tramis,
120 Novele route en çà desja s'aüne.
  Li cortois mestre me dit : « Mes très chers fis,
Icil qui meurent en Dieu ire et haange,
S'assemblent tuit ci de chascun païs,
  Et de passer le flum ont haste estrange ;
Car la justice de Dieu les esperone,
126 Si que la crainte en desirier se change.
  Par tant jamais n'i passe une ame bone ;
Et se Charon s'est complaint, tu peus or
Entendre bien ce que ses dires sone. »
  Cela feni, la campagne sans jor
Si fort trembla qu'en espovantement
152 Li remembrers me baigne de suor.
  La terre as plors jeta lores un vent
Qui saeta un esclaire vermeil,
Liquieus vainqui en moi tout sentement ;
156 Et je cheï come hom pris de someil.

par le récit : le commandement de Virgile est impératif, et Charon s'y soumet ; un commandement semblable est fait à Minos, qui s'y soumet aussi (V, 23 et suiv.) Quand Virgile explique la colère et la résistance de Charon, c'est parce qu'il se voit obligé de passer une *âme bonne* dans cette barque, qui n'en passe jamais que de mauvaises. Enfin, *cela fini*, c'est-à-dire quand le passage est effectué, la terre tremble et Dante tombe privé de sentiment.

CHANT IV

PREMIER CERCLE ; LIMBE ; ENFANTS ET ADULTES MORTS SANS BAP-
TÊME ; PATRIARCHES, POETES, PERSONNAGES ILLUSTRES, HÉROS ET
PHILOSOPHES DE L'ANTIQUITÉ.

Dante a placé dans les limbes, au vestibule de l'enfer, ceux qui ont bien vécu, mais qui n'ont pas eu le baptême. Là il rencontre non-seulement la fleur du paganisme, mais encore des musulmans renommés au moyen âge, Averroës, Avicenne et le sultan Saladin.

Il est l'interprète de la foi catholique, quand il refuse de sauver les meilleurs des païens. Mais il était trop nourri, suivant une juste tradition, dans l'admiration de l'antiquité pour ne pas éprouver une vive douleur en présence de ce rigoureux arrêt, et, comme il dit :

Grans deuils me prist au cuer, quand je l'oï.

L'esprit moderne, véritablement historique, ne damne pas nos ancêtres, plus ou moins lointains, et il voit en eux les ouvriers, suivant les temps, de la civilisation commune.

C'est encore en conformité avec l'opinion du moyen âge que Dante donne à Aristote le premier rang dans l'ordre philosophique et scientifique, l'appelant excellemment : *il maestro di color che sanno*. Ici le moyen âge n'a point commis d'erreur; et Aristote est certainement le plus grand esprit scientifique de l'antiquité, et l'un des plus grands en tous les temps.

Cinq poètes formant un groupe à part viennent au devant de Dante; ce sont Homère, Virgile, Horace, Ovide et Lucain. Dante les nomme par prééminence, et c'est pour lui l'élite de la poésie. Puis ce groupe l'accueille, et, après une courte délibération, le reçoit en son sein comme sixième grand poëte. Dante ne s'est pas trompé sur son propre génie, et la postérité le range en effet dans le groupe des grands poëtes, bien au-dessus d'Ovide et de Lucain. Je ne dirai pas au-dessus d'Horace ; à la vérité, Dante ne cite que les satires du poëte latin, et il est possible qu'il ne goûtât pas ses odes. Mais, si les Satires sont d'un homme d'esprit, non pourtant sans quelques vifs éclairs de poésie, les Odes sont d'un poëte qui s'élève très-haut.

CANTO IV

    Ruppemi l'alto sonno nella testa
Un greve tuono, sì ch'io mi riscossi
Come persona che per forza è desta.
    E l'occhio riposato intorno mossi
Dritto levato, e fiso riguardai
6 Per conoscer lo loco dov'io fossi.
    Vero è che in su la proda mi trovai
Della valle d'abisso dolorosa,
Che tuono accoglie d'infiniti guai.
    Oscura, profonda era e nebulosa
Tanto, che per ficcar lo viso al fondo
12 Io non vi discerneva alcuna cosa.
    « Or discendiam quaggiù nel cieco mondo,
Cominciò il poeta tutto smorto;
Io sarò primo, e tu sarai secondo. »
    Ed io, che del color mi fui accorto,
Dissi: « Come verrò, se tu paventi,
18 Che suoli al mio dubbiare esser conforto? »
    Ed egli a me: « L'angoscia delle genti
Che son quaggiù nel viso mi dipigne
Quella pietà che tu per tema senti.
    Andiam; chè la via lunga ne sospigne. »
Così si mise e così mi fe' entrare
24 Nel primo cerchio che l'abisso cigne.
    Quivi, secondo che per ascoltare,

CHANT IV

 Es vous rompi ce someil si pesant
Uns lons tentirs, si que je me dressai,
Com cil par force qui se met en estant.
 Or, tout debout, environ je tornai
L'euil reposé, pour avoir conoissance
6 Du lieu où j'ere, et à plein j'esgardai.
 Vrais est qu'ainsi me trovai à l'entrance
Du val d'abisme dolereus, où s'aüne
Li bruis de plainte sans nombre et de soufrance.
 La valée ert ample et nuileuse et brune,
Tant que, plongeant le regart en ses fons,
12 Je ne pooie discerner chose aucune.
 « Or descendons es abismes parfons,
Dit li poete o le vis tout desfait;
Serai premiers, et tu seras secons. »
 Et je qui vi que sa colors s'en vait :
« Coment viendrai, se paoreus te rens,
18 Tu qui seus estre confort en mon dehait ? »
 Et il à moi : « L'angoisse de ces gens
Qui sont là jus, en mon semblant depeint
Ceste pitié que por paor tu prens.
 Alons, la voie est longue et nous constreint.»
Si se mist il et si me fist entrer
24 Au premier cercle qui le grant goufre enceint.
 Là, por tant que jujai par escouter,

CANTO IV.

Non avea pianto, ma che di sospiri,
Che l'aura eterna facevan tremare.
 Ciò avvenia di duol senza martiri,
Ch' avean le turbe, ch' eran molte e grandi,
30 D'infanti e di femmine e di viri.
 Lo buon maestro a me : « Tu non dimandi
Che spiriti son questi che tu vedi?
Or vo' che sappi, innanzi che più andi,
 Ch' ei non peccaro ; e s'elli hanno mercedi,
Non basta, perchè non ebber battesmo,
36 Ch' è porta de la fede che tu credi.
 E se furon dinanzi al cristianesmo,
Non adorar debitamente Dio ;
E di questi cotai son io medesmo.
 Per tai difetti, e non per altro rio,
Semo perduti, e sol di tanto offesi
42 Che senza speme vivemo in disio. »
 Gran duol mi prese al cor quando lo intesi.
Però che gente di molto valore
Conobbi che in quel limbo eran sospesi.
 « Dimmi, maestro mio, dimmi, signore,
Cominciai io, per voler esser certo
48 Di quella fede che vince ogni errore,
 Uscicci mai alcuno, o per suo merto
O per altrui, che poi fosse beato ? »
E quei, che intese il mio parlar coverto,

49. *Issi du limbe* : il s'agit ici de la descente de Jésus dans l'enfer. Saint-Pierre (I, *Ep.* III, 18) écrit : « Christ.... « étant mort en la chair, mais vivifié par l'esprit ; par « lequel aussi étant allé, il a prêché aux esprits qui « sont dans la prison. » M. Scartazzini, dans son édition de Dante (Leipzig, 1874), dit : « Les scolastiques ensei- « gnèrent que Christ, dans l'intervalle de temps entre sa « mort et sa résurrection, descendit dans le limbe pour

N'i avoit plaintes, mais souspirs seulement
Qui tout faisoient l'air eternel trembler.
 Et ce venoit par un deuil sans torment
Qui s'eslevoit de multitudes grans
30 D'enfans, de femes et d'homes ensement.
 « Tu ne demandes, dit li mestre vaillans,
Qui sont icil que vois manoir ici ?
Je voil tu saches, premiers qu'entrer leans,
 Qu'il ne pecherent ; et s'ainsi ont merci,
Ce n'est assez ; de la foi que tu crois,
36 Batesme est porte, et il lor a failli.
 Dieu n'aorerent, puisque furent ainçois
Christianisme, come on doit l'aorer ;
Et je meïsme sui uns d'eus com tu vois.
 Por ce, et non por el à reprover,
Perdu nous somes, en ce seul maubailli
42 Que sans espoir vivons en desirer. »
 Grans deuils me prist au cuer, quand je l'oï ;
Car je conui que gent de moult valor
En ce limbe erent suspendu et failli.
 « Di moi, mes mestre, mes sire, di moi or,
Je començai, voulant me rendre cert
48 De ceste foi qui sormonte l'error,
 Issi du limbe mais aucuns en apert
Que sa merite ou l'autrui ait sauvé ? »
Cil qui comprist mon langage covert :

« délivrer les âmes des saints de l'Ancien Testament :
« *Venit ergo Dominus ad infernum superiorem.... ut re-*
« *dimeret captivos a tyranno ut dicitur : Dices his, qui*
« *vincti sunt : Exite, et his qui in tenebris sunt : Rele-*
« *vamini. Vinctos vocat, qui erant in pœnis, alios vero in*
« *tenebris, quos omnes absolvit et in gloriam duxit rex*
« *gloriæ.* » (Elucid., 64.)

Rispose : « Io era nuovo in questo stato,
Quando ci vidi venir un possente
54 Con segno di vittoria incoronato.

Trasseci l'ombra del primo parente,
D'Abel suo figlio, e quella di Noè,
Di Moisè legista e ubbidiente,

Abraàm patriarca e David re,
Israel con lo padre e co' suoi nati.
60 E con Rachele per cui tanto fe,

Ed altri molti; e feceli beati,
E vo' che sappi che, dinanzi ad essi,
Spiriti umani non eran salvati. »

Non lasciavám l'andar perch'ei dicessi,
Ma passavám la selva tuttavia,
66 La selva dico di spiriti spessi.

Non era lungi encor la nostra via
Di qua dal sommo, quand' io vidi un foco
Ch' emisperio di tenebre vincía.

Di lungi v'eravamo ancora un poco,
Ma non sì ch'io non discernessi in parte
72 Che orrevol gente possedea quel loco.

« O tu che onori e scienza ed arte,
Questi chi son, ch' hanno cotanta orranza
Che dal modo degli altri li diparte ?

E quegli a me : « L'onrata nominanza
Che di lor suona su nella tua vita
78 Grazia acquista nel ciel che sì gli avanza. »

Intanto voce fu per me udita :
« Onorate l'altissimo poeta ;
L'ombra sua torna ch' era dipartita. »

52. *J'ere [noviaus* : Virgile mourut le 22 septembre de
l'an 19 avant l'ère chrétienne; il était donc dans les limbe

CHANT IV. 49

« J'ere noviaus en icele cité,
Quant je ci bas vi venir un puissant
54 En vainqueor d'un signe couronné.
Il en traist l'ame du premerain parent,
D'Abel son fils, et cele de Noé
Et de Moïse legiste, obedient,
Le roi David, Abraham le membré,
Jacob, son pere, o ses fils ensement,
60 Rachel servie o tant de feauté,
Et autres moult, qu'il sauva bonement.
Je voil tu saches que de tous les espris
Avant iceus nus n'avoit sauvement. »
Que qu'il desist, nous cheminions tousdis,
Et la forest passions sans demorée,
66 Je di forest d'ames en ce porpris.
Longues encore n'estoit no voie alée
En là du som, quant je choisi un feu
Qui sormontoit la nuit de la contrée.
Nous en estions encore loin un peu,
Non que por tant ne veïsse auque en part
72 Que gens d'honor posseoit ice lieu.
« Tu qui aornes toute science et art,
Qui sont icil qui ont si grant honor
Que de la loi des autres el les depart ? »
Et il à moi : « Lor renons qui encor
Dure et resone en ton monde et ta vie,
78 Lor vaut au ciel grace de tel valor. »
Atant par moi fu une vois oïe :
« Toute honor ait li poete vaillans ;
S'ame revient qui estoit departie. »

depuis environ cinquante ans, quand Jésus y descendit.
57. *Moïse legiste :* législateur du peuple hébreu.

4

Poi che la voce fu restata e queta,
Vidi quattro grand'ombre a noi venire;
84 Sembianza avevan nè trista nè lieta.
　Lo buon maestro cominciò a dire:
« Mira colui con quella spada in mano
Che vien dinanzi a tre si come sire;
　Quegli è Omero poeta sovrano;
L'altro è Orazio satiro che viene;
90 Ovidio è il terzo, e l'ultimo è Lucano.
　Però che ciascun meco si conviene
Nel nome che sonò la voce sola,
Fannomi onore, e di ciò fanno bene. »
　Così vidi adunar la bella scuola
Di quel signor dell' altissimo canto
96 Che sovra gli altri com' aquila vola.
　Da ch' ebber ragionato insieme alquanto,
Volsersi a me con salutevol cenno,
E il mio maestro sorrise di tanto.
　E più d'onore ancora assai mi fenno,
Ch'essi mi fecer della loro schiera,
102 Si ch' io fui sesto tra cotanto senno.
　Così n'andammo infino alla lumiera,
Parlando cose che il tacere è bello,
Si com' era il parlar colà dov' era.
　Venimmo al piè d'un nobile castello
Sette volte cerchiato d'alte mura,
108 Difeso intorno d'un bel fiumicello.
　Questo passammo come terra dura;
Per sette porte intrai con questi savi,
Giugnemmo in prato di fresca verdura.
　Genti v' eran con occhi tardi e gravi,

Puisque la vois refu coie et taisans,
Quatre grant ombres nous vinrent d'une tire ;
84 Ne liés n'avoient ne tristes les semblans.

Or li bons mestre me commença à dire :
« Celui esgarde o l'espée en ses mains,
Qui vient devant les trois si come sire ;

Ce est Omere, poete soverains ;
L'autre est Orace, en satire a renon ;
90 Li tiers Ovide, et li derniers Lucains.

Com nous avons tuit ce meïsme non
Duquel la vois jeta or la parole,
Me font honor et ne font se bien non. »

Si s'aüner vi je la bele escole
De ce seigneur, roi du hautisme chant,
96 Qui sur les autres si come une aigle vole.

Il se parlerent ; puis, vers moi se tornant,
Il m'assenerent d'un salu qui m'agrée ;
Et li miens mestre en a sousri d'autant.

Et plus encor d'honor me fut portée ;
Car il me firent un de lor compagnie :
102 Je fui sixieme en si haute assemblée.

Ainsi alasmes jusqu'au feu qui clarie,
Parlant de choses desquieus se taire est bel,
Com li parlers l'estoit à ceste fie.

Au pié venimes d'un nobile chastel,
Aiant sept fois de murs haute ceinture,
108 Et tout entor gardé par un fluncel.

Nous le passames, com on fait terre dure ;
Par les sept portes o ces sages j'entrai ;
En pré venimes de moult fraische verdure.

Cil sage avoient lent regart et verai,

110. *Par les sept portes :* les sept arts du trivium et du quadrivium.

Di grande autorità ne' lor sembianti;
114 Parlavan rado, con voci soavi.
  Traemmoci così dall' un de' canti
In loco aperto, luminoso ed alto,
Sì che veder si potean tutti quanti.
  Colà diritto sopra il verde smalto
Mi fur mostrati gli spiriti magni,
120 Che del vederli in me stesso n'esalto.
  Io vidi Elettra con molti compagni,
Tra' quai conobbi ed Ettore ed Enea,
Cesare armato con gli occhi grifagni.
  Vidi Cammilla e la Pentesilea
Dall' altra parte, e vidi il re Latino,
126 Che con Lavinia sua figlia sedea.
  Vidi quel Bruto che cacciò Tarquino,
Lucrezia, Julia, Marzia e Corniglia,
E solo in parte vidi il Saladino.
  Poi che innalzai un poco più le ciglia,
Vidi il maestro di color che sanno,
132 Seder tra filosofica famiglia.
  Tutti lo miran, tutti onor gli fanno.
Quivi vid' io e Socrate e Platone,
Che innanzi agli altri più presso gli stanno.
  Democrito che il mondo a caso pone,
Diogenès, Anassagora e Tale,
138 Empedocles, Eraclito e Zenone.
  E vidi il buono accoglitor del quale,
Discoride dico; e vidi Orfeo,

---

121. *Là ert Electre :* cette Électre est la mère de Dardanus, d'où est sorti Énée, fondateur de l'empire romain.

131. *Le mestre de ceus qui ont science :* Aristote.

137. *Et cil qui met le monde à la cheance :* Démocrite,

CHANT IV. 53

    Noble semblant de moult grand seignorage,
114 Rere parler, vois soef sans esmai.
    Nous nous retraismes en un coin de l'estage,
En lieu apert, haut et plein de lumiere ;
Si se pooient tuit veoir sans ombrage.
    Et là en droit, en mi la vert bruiere,
Monstré me furent li esprit de grant non,
120 Et les veoir me fist moult l'ame fiere.
    Là ert Electre et tuit si compaignon,
Où je conui et Hector et Enée,
Cesar armé, o regart de grifon.
    Je vi Camille, je vi Pentesilée
De l'autre part, et puis le roi Latin
126 Assis avec sa fille la membrée.
    Je vi Brutus, cel qui chassa Tarquin,
Dames romaines de renom sans igal,
Et seul à part le sultan Saladin.
    Puis, regardant un peu plus loin aval,
Je vi le mestre de ceux qui ont science
132 Seoir parmi la gent philosophal.
    À lui tuit portent honor et reverence ;
Et là je vi et Socrate et Platon,
Qui sont plus près de lui par preference,
    Empedoclès, Heraclite et Zenon,
Et cil qui met le monde à la cheance,
138 Linus, Thalès, Galien, Ciceron,
    Icil des plantes et de lor grant puissance,
Anaxagore, Diogene et Orphée,

qui pensait que le monde était le produit du concours fortuit des atomes. Plus loin, Dante damne les disciples d'Épicure pour avoir cru l'âme mortelle.
  138. *Linus :* c'est le poëte dont Virgile parle. (*Égl.* IV.)
  139. *Icil des plantes :* Dioscoride.

Tullio e Lino e Seneca morale.
   Euclide geometra e Tolommeo,
 Ippocrate, Avicenna e Galieno,
144 Averrois, che il gran commento feo.
   Io non posso ritrar di tutti appieno,
 Però che sì mi caccia il lungo tema,
 Che molte volte al fatto il dir vien meno.
   La sesta compagnia in duo si scema;
 Per altra via mi mena il savio duca
 Fuor della queta nell' aura che trema;
151 E vengo parte ove non è che luca.

Seneque, en cui morale on a fiance,
   Et Avicenne, Euclide, Ptolemée,
Averroès, qui fit le grant comment,
144 Et Hippocrate, par cui mecine est née.
   Ne puis retraire de tous plenierement ;
Tant mes lons themes me presse et atarie,
Que mainte fois au dire a manquement.
   En deus se part des sis la compagnie,
Par autre voie li bons dus me conduit
De l'aure coie en l'aure qui fremie,
151 Et vais là où nule luors ne luit.

CHANT V

DEUXIÈME CERCLE ; LES CHARNELS ; MINOS ; FRANÇOISE DE RIMINI.

Ce chant est célèbre par les vers que Dante a consacrés à la tragique histoire de Françoise de Rimini. Le sombre poëte de l'enfer est là aussi délicat et aussi touchant qu'aurait pu l'être son maître Virgile.

La doctrine de l'amour telle que les poëmes de la *Table-Ronde* et les poésies des troubadours et des trouvères l'avaient enseignée au moyen âge s'y fait sentir. Mais bientôt quelque chose de personnel et de profond se manifeste, quand, après avoir écouté Françoise, il se tient silencieux, la tête baissée, et que Virgile lui dit : *che pensi ?* ou dans le vieux français : *tu que penses ?* Il pensait à cette trame mystérieuse qui, par tant de doux pensers et d'ardents désirs, mena les deux amants à leur funeste destin ; et une miséricordieuse tristesse s'emparait de son cœur.

C'est en lisant le poëme de la Table-Ronde *Lancelot* et à propos d'une des scènes de cette composition alors renommée que leur amour se trahit. Il serait curieux de savoir en quelle langue ils lisaient *Lancelot*. Nous avons, il est vrai, une ancienne traduction de ce poëme en prose italienne ; mais existait-elle à la fin du treizième siècle, quand Françoise et Paul tenaient le roman entre leurs mains ? En tout cas, ce n'était pas ce texte de prose italienne que Dante avait sous les yeux ; car il nomme l'entremetteur *Galeotto*, et dans la traduction en prose ce personnage porte le nom de *Gallehaut*.

CANTO V

 Così discesi del cerchio primaio
Giù nel secundo, che men loco cinghia
E tanto più dolor, che pugne a guaio.
 Stavvi Minos orribilmente e ringhia :
Esamina le colpe nell' entrata,
6 Giudica e manda secondo che avvinghia.
 Dico che, quando l'anima mal nata
Gli vien dinanzi, tutta si confessa ;
E quel conoscitor delle peccata
 Vede qual loco d'inferno è da essa ;
Cignesi colla coda tante volte
12 Quantunque gradi vuol che giù sia messa.
 Sempre dinanzi a lui ne stanno molte ;
Vanno a vicenda ciascuna al giudizio ;
Dicono e odono, e poi son giù volte.
 « O tu che vieni al doloroso ospizio,
Disse Minos a me, quando me vide,
18 Lasciando l'atto di cotanto ufizio :
 Guarda com'entri, e di cui tu ti fide.
Non t'inganni l'ampiezza dell' entrare. »

4. *Là est Minos :* Minos, dans Virgile, est l'un des juges de l'enfer, revêtu de toute la dignité d'un si grand office. Dante en fait un démon, comme de Charon, et il l'affuble de cette queue grotesque dont le moyen âge avait pourvu les diables ; du moins, il nous apprend plus loin, XXIX,

CHANT V

Du premier cercle je descendi atant
Jus au secont, qui moins de lieu contient
Et plus de peine et un plaindre plus grant.
   Là est Minos qui, rechignant, se tient :
Il essaïme les coulpes à l'entrée,
6 Et juge et mande selon ce qu'il avient.
   Adonc je di que, quant l'ame mal née
Lui vient devant, ele se fait confesse ;
Et cil pesere de la coulpe passée
   Voit en quel lieu d'enfer ele s'adresse,
E o la queue il se ceint tantes fies
12 Que de degrés il veut que ele chiesse.
   Sempre sont là noveles compagnies ;
Chascune à tour vienent au jugement,
Disent et oient, et puis sont jus plongies.
   « O tu qui viens en ce manoir dolent,
Me dit li juges des ames maubaillies,
18 Qui delaissa tant ofice un moment,
   Garde come entres et en cui tu te fies ;
Ne te deçoive l'amplece de l'entrer. »

120, qu'il ne lui est pas permis de faillir : *Minos, a cui fallir non lece.*
  20. *Ne te deçoive l'amplece de l'entrer* : souvenir de Virgile : *Noctes atque dies patet atri janua Ditis,* Æn. VI, 126.

CANTO V.

E il duca mio a lui : « Perchè pur gride?
Non impedir lo suo fatale andare;
Vuolsi così colà, dove si puote
24 Ciò che si vuole; e più non dimandare. »
Ora incomincian le dolenti note
A farmisi sentire ; or son venuto
Là dove molto pianto mi percote.
Io venni in loco d'ogni luce muto,
Che mugghia come fa mar per tempesta,
30 Se da contrarj venti è combattuto.
La bufera infernal, che mai non resta,
Mena gli spiriti con la sua rapina.
Voltando e percotendo li molesta.
Quando giungon davanti alla ruina,
Quivi le strida, il compianto e il lamento,
36 Bestemmian quivi la virtù divina.
Intesi che a così fatto tormento
Sono dannati i peccator carnali,
Che la ragion sommettono al talento.
E come gli stornei ne portan l'ali
Nel freddo tempo a schiera larga e piena,
42 Così quel fiato li spiriti mali;
Di quà, di là, di giù, di sù gli mena;
Nulla speranza gli conforta mai
Non che di posa, ma di minor pena.
E come i gru van cantando lor lai,
Facendo in aer di sè lunga riga,
48 Così vid' io venir traendo guai
Ombre portate dalla detta briga.

34. *Quand il parvienent en devant la ruine :* on ne sait pas au juste ce que Dante entend par *la ruine*. La plupart des commentateurs y voient le creux qui sépare ce cercle du suivant. Là on s'arrête un moment et les plaintes

CHANT V.

Li dus à lui : « Por quoi est que tu cries ?
  N'empesche pas le cours de son aler.
  Ainsi se veut là où se peut tousdis
24 Ce qui se veut ; et plus ne demander. »
  Or commencerent tentir en ce porpris
Notes dolentes ; et me vez-ci mené
Là où de plaintes forment sui assaillis.
  Je sui venus en lieu vuit de clarté,
Muiant com fait la mers en la tempeste,
30 Quant s'i combatent li vent deschaené.
  L'aure d'enfer qui jamais ne s'areste
Les espris mene o la sue ravine,
Les torne, frape et ainsi les moleste.
  Quant il parvienent en devant la ruine,
Là sont clamor, plainte, dementement,
36 Et il basphement là la vertu devine.
  Je compris donc qu'à un si fait torment
Est condamnés li pechere charnaus
En cui raisons fu somise au talent.
  Et com s'envolent par les tems ivernaus
Li estornel à route large et pleine,
42 Si cà et là la tempeste infernaus
  Et sus et jus les maus espris enmene ;
Nule esperance ne les conforte mais,
Non que de pose, neïs de menor peine.
  Et com les grues vont en chantant lor lais,
Traversant l'air en longue traînée,
48 Ainsi je vi venir poussant lor wais
  Ames portées par si faite meslée.

éclatent ; et en effet, un peu plus loin, au vers 96, Dante nous dit que *le vent se tait ;* et il profite de cette pause pour interroger Françoise de Rimini.

Perch' io dissi : « Maestro, chi son quelle
Genti che l'aura nera si gastiga? »
 « La prima de color di cui novelle
Tu vuoi saper, mi disse quegli allotta,
54 Fù imperatrice di molte favelle.
 A vizio di lussuria fu sì rotta,
Che libito fe' licito in sua legge,
Per torre il biasmo in che era condotta.
 Ell'è Semiramis, di cui si legge
Che succedette a Nino, e fu sua sposa;
60 Tenne la terra che il soldan corregge.
 L'altra è colei che s'ancise amorosa,
E ruppe fede al cener di Sicheo;
Poi è Cleopatras lussuriosa.
 Elena vidi, per cui tanto reo
Tempo si volse, e vidi il grande Achille,
66 Che con amore al fin combatteo.
 Vidi Paris, Tristano, e più di mille
Ombre mostrommi e nominolle a dito,
Che amor di nostra vita dipartille.
 Poscia ch' io ebbi il mio dottore udito
Nomar le donne antiche e i cavalieri,
72 Pietà mi giunse, e fui quasi smarrito.
 Io cominciai : « Poeta, volentieri
Parlerei a que'duo che insieme vanno
E paion sì al vento esser leggieri. »
 Ed egli a me : « Vedrai quando saranno
Più presso a noi; e tu allor li prega
78 Per quell' amor che i mena, e quei verranno. »
 Sì tosto come il vento a noi li piega,

67. *Tristan :* chevalier de la Table ronde, amoureux de la reine Iseult, femme du roi de Cornouailles, et tué par le mari jaloux.

CHANT V. 63

Por quoi je di : « Mestre, qui est la gent
Que li airs noirs chastie à tel menée ? »
    « Parmi iceles, me dit il erramment,
Dont tu noveles veus savoir, la premiere
54 Seignoria maint peuple hautement ;
    En la luxure ele fu si entiere,
Que fist loisir par sa loi le delit,
Por tollir blasme à sa male maniere ;
    Semiramis ce est, de cui on lit
Que Ninus l'ot por hoir et à uissor ;
60 El tint la terre qui au Turc obeit.
    L'autre est icele qui s'oci par amor,
Et foi menti à la cendre Sichée ;
Puis Cleopatre soignante en sa folor.
    Je vi Helene, par cui fu mainte anée
Si felenesse ; je vi le grant Achile
66 Qui contre Amor à la fin prist meslée.
    Je vi Paris, Tristan ; et plus de mile
Il me noma, du doit me les monstrant,
Qu'Amor osta du monde par sa guile.
    Aiant oï par itel convenant
Dames anties nomer et chevaliers,
72 Pitiés me prist et j'oi le cuer pesant.
    Je començai : « Poete, volentiers
J'araisneroie deux qui ensemble vont ;
On les diroit estre au vent si legiers. »
    Et il à moi : « Tu verras quant seront
Plus près à nous ; et lore si les prie
78 Par cele amor qui les mene ; il viendront. »
    Aussi tost que li vens vers nous les guie,

---

74. *Deus qui ensemble vont* : ces deux sont Françoise,
fille de Gui de Polenta, et son parent Paul Malatesta.

Mossi la voce : « O anime affannate,
Venite a noi parlar, s'altri nol niega. »
Quali colombe dal disio chiamate,
Con l'ali alzate e ferme, al dolce nido
84 Vengon per aere ; dal voler portate
Cotali uscir della schiera ov'è Dido,
A noi venendo per l'aer maligno ;
Si forte fù l'affettuoso grido.
« O animal grazioso e benigno,
Che visitando vai per l'aer perso
90 Noi che tingemmo il mondo di sanguigno,
Se fosse amico il re dell' universo,
Noi pregheremmo lui per la tua pace,
Poichè hai pietà del nostro mal perverso ;
Di quel che udire e che parlar vi piace,
Noi udiremo e parleremo a vui,
96 Mentre che il vento, come fa, si tace.
Siede là terra dove nata fui,
Sulla marina dove il Po discende
Per aver pace co' seguaci sui.
Amor, che al cor gentil ratto s'apprende,
Prese costui della bella persona
102 Che mi fu tolta, e il modo ancor m'offende.
Amor, che a nullo amato amar perdona,
Mi prese del costui piacer si forte,
Che, come vedi, ancor non mi abbandona.
Amor condusse noi ad una morte.
Caina attende chi vita ci spense. »
108 Queste parole da lor ci fur porte.

97. *La cités où je nasqui*: Ravenne.
100. *Amors qui viste es cuers gentis s'esprent :*

CANTO V.

Levai la vois : « O ames contristées,
Parlés à nous, se riens ne le denie. »
 Tel que colombes par desir apelées,
Ailes overtes, volent vers le douz ni ;
84 Ainsi ces ames, par le voloir portées,
 Tost ont le ranc où Didons est guerpi,
Venant à nous par mi l'air ombroiant,
Tant les esmut l'afection du cri !
 « O tu, de cuer cortois et bienveillant,
Qui visitant nous vas par ce païs,
90 Nous qui là haut cheïmes tout sanglant,
 S'à nous li rois du monde fust amis,
Le prierions qu'en sa pais sainte il t'ait,
Puis que tu as pitié de nous chetis.
 Et puis qu'oïr et parler il vous plait,
Vous parlerons et vous orrons ceans,
96 Tant que, com fait, li vens mauvais se tait.
 La cités est où je nasqui, seans
Sur la marine où li Pos jus descent
Por avoir pais as fleuves ses suivans.
 Amors, qui viste es cuers gentis s'esprent,
Esprist celui du gent cors je perdi ;
102 Encor me pese à remembrer coment.
 Amors, qui veut qu'amer ait sa merci,
Me fist en lui prendre plaisir si fort,
Que, com tu vois, encor ne me guerpi.
 Amors nous a menés à une mort ;
Caïne atent cel qui fist teus venjences. »
108 Ainsi parlerent cil dui las sans confort.

Dante a dit dans un sonnet de la *Vita nueva*, § 20 .
 Amor e cor gentil sono una cosa.
 107. *Caïne :* lieu où sont punis les fratricides, *Enfer*, XXXII.

CANTO V.

Da che io intesi quelle anime offense,
Chinai il viso, e tanto il tenni basso,
Finchè il poeta mi disse : « Che pense? »
  Quando risposi, cominciai : « O lasso!
Quanti dolci pensier', quanto disio
114 Menò costoro al doloroso passo! »
  Poi mi rivolsi a loro, e parla' io,
E cominciai : « Francesca, i tuoi martiri
A lagrimar mi fanno tristo e pio.
  Ma dimmi : al tempo de' dolci sospiri,
A che e come concedette amore
120 Che conosceste i dubbiosi desiri? »
  Ed ella a me : «Nessun maggior dolore
Che ricordarsi del tempo felice
Nella miseria; e ciò sa il tuo dottore.
  Ma se a conoscer la prima radice
Del nostro amor tu hai cotanto affetto,
126 Farò come colui che piange e dice.
  Noi leggevamo un giorno per diletto
Di Lancilotto, come amor lo strinse ;
Soli eravamo e senza alcun sospetto.
  Per più fiate gli occhi ci sospinse
Quella lettura, e scolorocci il viso ;
132 Ma solo un punto fu quel che ci vinse.
  Quando leggemmo il disiato riso
Esser baciato da cotanto amante,
Questi, che mai da me non fia diviso,

---

123. *Demande à ton doctor :* le docteur de Dante est Virgile. Il semblerait donc que le poëte latin ait dit quelque part ce que Françoise entend ; mais non, il n'en est rien. Elle fait allusion non à une sentence particulière de Virgile, mais à son expérience générale.

126. *Ferai com cil qui plore et dit tousdis :* sembla-

CHANT V.

Tost qu'entendi ces ames en sofrences,
Clinai le vis, et tant le tin je bas,
Que li poete dist à moi : « Tu, que penses ? »
    Ce que sonjoie vint en ces mos : « Hé las !
Quant douz penser, quant ardent desirier
114 Ces deus menerent au dolereus trespas ! »
    Puis me tornai vers eus sans detrier,
Et començai : « Françoise, tes sofrirs
Me fait piteus et triste à larmier.
    Mais di, di moi : au tems des douz souspirs,
Par quoi, coment vous otroia Amor
120 Que conussiés si les douteus desirs ? »
    Et ele à moi : « Il n'a douloir greignor
Que remembrer le bon tens de jadis
En la misere ; demande à ton doctor.
    Mais se conoistre la premiere raïs
De nostre amor tu as tel desirance,
126 Ferai com cil qui plore et dit tousdis.
    Un jor avint que lisions par plaisance
De Lancelot, come amors l'estreigni ;
Seul nous estions et sans nule doutance.
    Plus d'une fois, ce lisant, en oubli
Les ieus levames, et nous mua li vis ;
132 Mais sol uns poins fu cil qui nous vainqui.
    Quant nous leümes qu'uns desirés sousris
Se fist baiser par un si grànt amant,
Icil qui n'ert de moi jamais partis,

---

blement Ugolin, *Enfer*, XXXIII, 9, dit : *Parlare e lagrimar vedrai insieme.*

128. *Lancelot :* chevalier de la Table ronde, amant de la reine Genièvre. Les poëmes de la Table ronde et les chansons de geste étaient lus alors dans toute l'Europe ou en français ou en des traductions.

CANTO V.

La bocca mi baciò tutto tremante,
Galeotto fu il libro e chi lo scrisse.
138 Quel giorno più non vi leggemmo avante. »
Mentre che l'uno spirto questo disse,
L'altro piangeva sì, che di pietade
Io venni men così com' io morisse,
142 E caddi come corpo morto cade.

137. *Galeot:* il servait d'intermédiaire entre Lancelot et Genièvre.
142. *Et je cheï, come cil qui choit mort:* il faut savoir, pour mieux comprendre l'intérêt que Dante porte à Fran-

CHANT V.

À moi baisa la bouche tout tremblant.
Galeot fu li livre et qui l'escrit.
138 Nous n'i leümes en cel jor plus avant. »
Tant que l'espris disoit ainsi son dit,
Ploroit li autres ; et pitiés qui me mort
Si m'argua, que li cuers me faillit ;
142 Et je cheï, come cil qui choit mort.

çoise, que son dernier refuge fut auprès d'un neveu de la malheureuse femme, Guido Novello da Polenta, à Ravenne, où il mourut le 14 septembre 1321.

CHANT VI

TROISIÈME CERCLE ; LA PLUIE ÉTERNELLE ; LES GOURMANDS ; CER-
BÈRE ; CIACCO ; PLUTUS.

Les discordes de Florence et les luttes sanglantes entre les Noirs et les Blancs apparaissent dans ce chant. Le poëte met dans la bouche d'un personnage qui le reconnaît et qui l'arrête la prédiction de ce qui va arriver en cette ville troublée. C'est, bien entendu, une prédiction après l'événement. Dante ne flatte point sa patrie ; elle ne renferme que deux justes, et encore nul ne les écoute. L'orgueil, l'envie et l'avarice sont les trois étincelles qui embrasent tout.

Le personnage qui lui parle ainsi est Ciacco (pourceau), gratifié de ce surnom par les Florentins à cause de sa gourmandise. Cependant, au témoignage de Boccace, ce gourmand était d'ailleurs homme d'esprit, de bonnes mœurs, de bons sentiments et bien venu partout. Un homme moderne, émancipé du moyen âge, trouve dur que ce pauvre Ciacco soit condamné à un supplice éternel à cause d'un goût trop vif pour la bonne chère. Une peine moindre semblerait plus équitable ; mais ni l'esprit du temps ni l'esprit du poëte n'étaient indulgents et charitables.

CANTO VI

    Al tornar della mente, che si chiuse
Dinanzi alla pietà de' duo cognati,
Che di tristizia tutto mi confuse,
    Nuovi tormenti e nuovi tormentati
Mi veggio intorno, come ch' io mi mova
6 E ch' io mi volga, e come ch' io mi guati.
    Io sono al terzo cerchio della piova
Eterna, maladetta, fredda e grave;
Regola e qualità mai non l' è nova.
    Grandine grossa, e acqua tinta, e neve
Per l'aer tenebroso si riversa;
12 Pute la terra che questo riceve.
    Cerbero, fiera crudele e diversa,
Con tre gole caninamente latra
Sovra la gente che quivi è sommersa.
    Gli occhi ha vermigli, e la barba unta ed atra,
E il ventre largo, e unghiate le mani,
18 Graffia gli spirti, gli scuoia ed isquatra.
    Urlar gli fa la pioggia come cani;
Dall' un de' lati fanno all' altro schermo;
Volgonsi spesso i miseri profani.
    Quando ci scorse Cerbero, il gran vermo,

13. *Là est Cerbère :* le Cerbère mythologique est repris par Dante pour le tourment des damnés. On l'apaise, lui aussi, avec une poignée de terre qu'on lui jette dans

CHANT VI

    Au retorner du sens que por l'amor
Des deus parens me tolli la pitiés,
Me confondant tout entier de tristor,
    Novaus martires et novaus martiriés
Entor je vi, où que les ieus je guie,
6 Où que me vire, et que meuve les piés.
    Sui au tiers cercle, le cercle de la pluie
Froide, eternel, maleoite et pesant ;
Ne qualités ne regle n'en varie.
    Eves noirastres, neiges et gresles grant
Sempre s'espanchent par l'aure tenebreuse ;
12 Puït la terre qui ce reçoit cheant.
    Là est Cerbere, beste estrange et crueuse,
Qui, o trois gueules, com chiens de mautalent,
La gent aboie en ceste aire pluieuse.
    Ieus vermeus, barbe orde et come arrement,
Un ventre large, ongles agus es mains,
18 Il grife et mort les espris malement.
    Les fait la pluie uller com chiens vilains ;
D'un costé font à l'autre garison ;
Sovent se tornent, et lor torners est vains.
    Lorsque nous fumes veü du grant gaignon,

la gueule ; c'est le procédé de la Sibylle, voy. *l'Énéide*, VI, 419.

Le bocche aperse e mostrocci le sanne;
24 Non avea membro che tenesse fermo.
 E il duca mio distese le sue spanne,
Prese la terra, e con piene le pugna
La gittò dentro alle bramose canne.
 Qual è quel cane che abbaiando agugna,
E si racqueta poi che il pasto morde,
30 Chè solo a divorarlo intende e pugna;
 Cotai si fecer quelle facce lorde
Dello demonio Cerbero, che introna
L'anime sì ch'esser vorrebber sorde.
 Noi passavam su per l'ombre che adona
La greve pioggia, e ponevam le piante
36 Sopra lor vanità che par persona.
 Elle giacean per terra tutte quante,
Fuor ch'una che a seder si levò, ratto
Ch'ella ci vide passarsi davante.
 « O tu che se' per questo inferno tratto,
Mi disse, riconoscimi, se sai;
42 Tu fosti, prima ch'io disfatto, fatto. »
 Ed io a lei : « L'angoscia che tu hai
Forse ti tira fuor della mia mente,
Sì che non par ch'io ti vedessi mai.
 Ma dimmi chi tu se', che in sì dolente
Loco se' messa, ed a sì fatta pena,
48 Chè, s'altra è maggio, nulla è si spiacente. »
 Ed egli a me : « La tua città, ch'è piena
D'invidia sì che già trabocca il sacco,
Seco mi tenne en la vita serena.
 Voi cittadini mi chiamaste Ciacco ;

 42. *Tu fus au monde ainçois ma mort vivant :* Dante naquit en 1265, et Ciacco, dont il s'agit ici, mourut en 1286.
 52. *Vous, citcain, me clamastes porcel : Porcel* est la

CHANT VI

  Ovri les gueules, et les dens nous monstra;
24 Il n'avoit membre ne fremist à bandon.
  Et li miens duitres ses paumes desferma,
Il prist la terre, et o pleine paumée
Ens en les gueules erranment la jeta.
  Come est cil chiens qui abaie et qui bée,
Et se racoise, la pasture mordant
30 Qu'à devorer ne laissast pour rien née ;
  Si du grant chien font les gueules beant,
Qui tant les ames de son abai estone,
Que d'estre sordes sont sempre desirant.
  En sus les ombres que la pluie tangone,
Nous cheminions, foulant à pié hasté
36 Lor vanité qui semble une persone.
  Eles gisoient à terre de tout lé,
Fors une seule qui se mist en seant,
Tost que nous vi passer à son costé.
  « Tu qui es trais par cest enfer avant,
Reconois moi, me dist il, se tu peus :
42 Tu fus au monde ainçois ma mort vivant. »
  Et je à lui : « Tes semblans angoisseus
Te tire, espoir, fors de ma remembrance,
Si que t'avoir mais veü m'est douteus.
  Di moi qui es, tu mis sans esperance
En lieu si triste et à si faite peine
48 Que en greignor n'a tante desplaisance. »
  Et il à moi : « Ta cités, qui est pleine
D'envie à jus reverser le boissel,
M'eut o les siens en la vie sereine.
  Vous, citeain, me clamastes Porcel ;

traduction de *Ciacco*. Ciacco n'était pas riche ; et il aimait la bonne chère. Aussi fréquentait-il les gens nobles et riches, et surtout ceux qui avaient bonne table.

Per la dannosa colpa della gola,
54 Come tu vedi, alla pioggia mi fiacco.
Ed io anima trista non son sola;
Chè tutte queste a simil pena stanno
Per simil colpa. » E più non fe' parola.
Io gli risposi : « Ciacco, il tuo affanno
Mi pesa sì che a lagrimar m' invita.
60 Ma dimmi, se tu sai, a che verranno
Li cittadin' della città partita,
Se alcun v' è giusto; e dimmi la cagione
Perchè l'ha tanta discordia assalita. »
Ed egli a me : « Dopo lunga tenzone
Verranno al sangue, e la parte selvaggia
66 Caccerà l'altra con molta offensione.
Poi appresso convien che questa caggia
Infra tre soli, e che l' altra sormonti
Con la forza di tal che testè piaggia.
Alte terrà lungo tempo le fronti,
Tenendo l' altra sotto gravi pesi,
72 Come che di ciò pianga e che ne adonti.
Giusti son duo, ma non vi sono intesi;
Superbia, invidia ed avarizia sono
Le tre faville ch' hanno i cuori accesi. »

On l'invitait; et, quand on ne l'invitait pas, il s'invitait lui-même. Ce goût de la bonne chère l'avait rendu très-connu parmi les Florentins. Il avait la parole mordante; mais il était de bonnes mœurs, éloquent, affable, et de bons sentiments ; ce qui lui ouvrait les portes de beaucoup de gens. C'est ainsi que Boccace s'exprime sur Ciacco.

61. *La cit mi partie :* Florence en proie aux deux factions des Blancs et des Noirs.

65. *Au sanc viendront :* ce fut dans la soirée du 1ᵉʳ mai 1300 que le conflit sanglant éclata — *La partie sauvage:*

CHANT VI.

  Por le greveus peché de lecherie
54 Sur moi, tu vois, li pleuvoirs fait cembel.
  Et n'i sui seus, ame triste et faillie;
Por faute itel toutes cestes ci sont
À peine itel. » Et plus ne dit il mie.
  Et je : « T'angoisse en mon cuer au parfont
Me pese si que à plorer m'envie.
60 Mais, se tu sais, di moi à quoi viendront
  Li citeain de la cit mi partie,
S'est aucuns juste, et queus est la raisons
Por quoi l'ont donc tant discort assaillie. »
  Et il à moi : « Après longues tensons,
Au sanc viendront; la partie sauvage
66 Chassera l'autre o moult de marrisons.
  Puis il convient qu'el perde l'avantage
En çà trois ans, et que l'autre sormonte
Par icelui qui or entre deus nage.
  Sur le vaincu metant grans fais sans conte,
Long tens tiendra moult felenessement
72 Haute la teste, qui qu'en ait deuil ou honte.
  I a deus justes, et nus à eus n'entent.
Trois, li orgueils, l'avarice et l'envie
Sont estinceles qui embrasent la gent. »

le parti sauvage est le parti des Blancs, et Dante le nomme ainsi, parce que les Cerchi, qui en étaient les chefs, étaient des hommes sauvages et ingrats.

66. *Chassera l'autre* : les Blancs chassèrent les Noirs de Florence.

69. *Qui or entre deus nage*: Boniface VIII, qui flatte les deux partis.

73. *I a deus justes* : bien que Boccace dise qu'il serait difficile de deviner qui sont ces deux justes, beaucoup de commentateurs pensent que ce sont Dante lui-même et Dino Compagni.

CANTO VI.

Qui pose fine al lacrimabil suono.
Ed io a lui : « Ancor vo' che m'insegni,
78 E che di più parlar mi facci dono.
    Farinata e il Tegghiajo, che fur sì degni,
Jacopo Rusticucci, Arrigo e il Mosca
E gli altri che a ben far poser gl'ingegni,
    Dimmi ove sono, e fa ch'io li conosca ;
Chè gran desio mi stringe di sapere
84 Se il ciel gli addolcia, o lo inferno gli attosca. »
    E quegli : « Ei son tra le anime più nere ;
Diversa colpa giù li grava al fondo ;
Se tanto scendi, li potrai vedere.
    Ma quando tu sarai nel dolce mondo,
Pregoti che alla mente altrui mi rechi.
90 Più non ti dico e più non ti rispondo. »
    Gli diritti occhi torse allora in biechi,
Guardommi un poco, e poi chinò la testa ;
Cadde con essa a par degli altri ciechi.
    E il duca disse a me : « Più non si desta
Di qua dal suon dell'angelica tromba ;
96 Quando verrà la nimica podèsta,
    Ciascun ritroverà la trista tomba,
Ripiglierà sua carne e sua figura,
Udirà quel che in eterno rimbomba. »
    Sì trapassammo per sozza mistura
Dell' ombre e della pioggia a passi lenti,
102 Toccando un poco la vita futura.

    79. *Farinata ;* voy. *Enfer* X, 32 ; *Tegghiaio,* voy. *Enfer* XVI, 41 ; *Rusticucci,* voy. *Enfer* XVI, 44 ; *Henri,* selon les uns, Henri Giandonati ; selon les autres, Oderic Fifanti, un des meurtriers de Buondelmonte, Dante ne parle plus de lui ; *Mosca,* voy. *Enfer,* XXVIII, 106.
    93. *Et lez les autres :* le texte porte : lez les autres

CANTO VI.

    Ci fina il sa parole marrie.
    Et je à lui : « Enseigne moi encor,
78 Et fai moi don de parler autre fie.
    Farinata, Mosca, dignes d'honor,
Rusticucci, Tegghiaio, Henri,
Et tuit li autre au bien portant amor,
    Di moi où sont, fai jes conoisse aussi ;
Car grans desirs me presse de savoir
84 S'il ont l'enfer ou le ciel et merci. »
    Et il : « Il sont ens au lieu le plus noir ;
Diverse coulpe les plonge dans le font ;
Se tant descens, tu porras les veoir.
    Mais, quant seras dans le douz monde amont,
Rapele moi en l'autrui remembrance ;
90 Plus je ne di et plus ne te respont. »
    Il tort les ieus en louche sans parlance,
M'esgarde un peu, et puis la teste besse,
Et lez les autres s'estent sous la grevance.
    Et li dus dit à moi : « Plus ne se dresse
Qu'il n'ait oï la trompe solennel
96 Au jor terrible de l'ire vengeresse.
    Chascuns ira à son triste tombel,
Et reprendra sa chair et sa figure,
Et si orra la sentence eternel. »
    Nous trespassames par l'orde mesleüre
De pluie et d'ombres, cheminant d'un pas lent,
102 Et touchant auques de la vie future.

---

aveugles (*ciechi*). Les commentateurs entendent que ces damnés sont couchés à plat ventre, et qu'ayant la face dans la fange, ils sont aveugles. Si cela était, comment Ciacco aurait-il pu *voir* passer Dante (v. 39)? Il faut donc admettre que *ciechi* n'a ici qu'une signification métaphorique.

Perch'io dissi : « Maestro, esti tormenti
Cresceranno ei dopo la gran sentenza,
O fien minori, o saran si cocenti ? »
   Ed egli a me : « Ritorna a tua scienza.
Che vuol, quanto la cosa è più perfetta,
108 Più senta il bene, e cosi la doglienza.
   Tutto che questa gente maladetta
In vera perfezion giammai non vada,
Di là più che di quà essere aspetta. »
   Noi aggirammo a tondo quella strada,
Parlando più assai ch'io non ridico ;
Venimmo al punto dove si digrada ;
115 Quivi trovammo Pluto, il gran nemico.

106. *Retorne à la science :* la philosophie d'Aristote, qui était enseignée comme souverain savoir.
111. *Plus estre en là qu'en çà :* ils seront plus, puis-

Por quoi je di : « Mestre, auront cil torment
Tenor meïsme après la grant sentence,
Ou alejance, ou gref empirement ? »

Et il à moi : « Retorne à ta science,
Qui veut qu'autant la chose est plus parfete,
108 Li maus i soit com li biens plus intense.

Et encor que iceste gent desfete
Jamais n'ateigne voire perfection,
Plus estre en là qu'en çà les inquiete. »

Puis nous tornames ceste voie environ,
Disant ce que redire n'est mestier.

Là aus degrés qui font l'avalison,
115 Plutus trovames le mortel aversier.

qu'ils auront en plus leur corps, après la sentence générale.

114. *Et Plutus :* le Plutus mythologique, dieu de la richesse, devient, lui aussi, un démon.

CHANT VII

QUATRIÈME CERCLE : LES AVARES ET LES PRODIGUES; PLUTUS ; LA
FORTUNE ; CINQUIÈME CERCLE : LES COLÈRES ET LES MALVEILLANTS.

On remarquera que Dante met en enfer un grand nombre de clercs avides d'argent, mais qu'il refuse d'en reconnaître aucun.

Le morceau capital de ce chant est ce que j'appellerai son ode à la Fortune. Il s'est laissé inspirer par les anciens, et a su trouver de grandes images, de belles expressions et une harmonie en accord avec les expressions et les images.

CANTO VII

« Pape Satan, pape Satan aleppe, »
Cominciò Pluto con la voce chioccia.
E quel savio gentil, che tutto seppe,
   Disse per confortarmi : « Non ti noccia
La tua paura, chè, poder ch'egli abbia,
6 Non ti torrà lo scender questa roccia. »
   Poi si rivolse a quella enfiata labbia,
E disse : « Taci, maladetto lupo ;
Consuma dentro te con la tua rabbia.
   Non è senza cagion l'andare al cupo,
Vuolsi nell' alto là dove Michele
12 Fe la vendetta del superbo strupo. »
   Quali dal vento le gonfiate vele
Caggiono avvolte, poi che l' alber fiacca ;
Tal cadde a terra la fiera crudele.
   Così scendemmo nella quarta lacca,
Prendendo più della dolente ripa
18 Che il mal dell'universo tutto insacca.
   Ahi giustizia di Dio ! tante chi stipa
Nuove travaglie e pene quante io viddi?

---

1. *Satan aleppe....* : ces mots ont fait le désespoir des commentateurs; nul n'a pu en tirer un sens quelque peu acceptable. Rien ne prouve que Dante y ait attaché aucune signification. Il met de rechef une ligne ininteI-

CHANT VII

    Satan aleppe papé, Satan papé,
Cria Plutus d'une vois enrouée.
Cis gentis sage, qui tout sut par verté,
    Me conforta : « Que paors por rien née
À toi ne nuise ; il n'a tant seignorage,
6 Qu'à ceste roche il t'oste l'avalée. »
    Puis, regardant cele lipe sauvage,
Il dit à lui : « Tais, beste maleïe ;
En toi meïsme use ta vaine rage.
    N'est l'alers jus sans raison qui l'otrie ;
Ainsi se veut en haut, là où Michieus
12 Fist la vengeance de la grant felonie. »
    Come li voile qu'enfle uns vens perilleus
Choient en tas, puisque li mas se ront,
Ainsi à terre choit cis monstres crueus.
    Nous descendimes si ens au quart reont,
Nous avançant dans la rive dolente
18 Qui serre en soi le mal de tout le mont.
    Ah Dieu justice, qui, fors toi, tant presente
Noveles peines et tormens que je vi ?

---

ligible dans la bouche de Nembrod, *Enfer*, XXXI, V, 67.
  11. *Là où Michieus :* la bataille dans le ciel et la victoire de Michel sur le dragon sont prises de l'Apocalypse, XII, 7-9.

E perchè nostra colpa sì ne scipa?
　　Come fa l'onda là sovra Cariddi,
　　Che si frange con quella in cui s'intoppa;
24　Così convien che quì la gente riddi.
　　　Quì vid'io gente più che altrove troppa,
　　E d'una parte ed altra con grand'urli
　　Voltando pesi per forza di poppa.
　　　Percotevansi incontro, e poscia pur li
　　Si rivolgea ciascun, voltando a retro,
30　Gridando: « Perchè tieni? » e « Perchè burli? »
　　　Così tornavan per lo cerchio tetro,
　　Da ogni mano all'opposito punto,
　　Gridandosi anche loro ontoso metro.
　　　Poi si volgea ciascun, quando era giunto
　　Per lo suo mezzo cerchio, all'altra giostra.
36　Ed io che avea lo cor quasi compunto,
　　　Dissi: « Maestro mio, or mi dimostra
　　Che gente è questa, e se tutti fur cherci
　　Questi chercuti alla sinistra nostra. »
　　　Ed egli a me: « Tutti quanti fur guerci
　　Sì della mente in la vita primaja,
42　Che con misura nullo spendio ferci.
　　　Assai la voce lor chiaro l'abbaja,
　　Quando vengono ai duo punti del cerchio,
　　Ove colpa contraria li dispaja.
　　　Questi fur cherci, che non han coperchio
　　Piloso al capo, e papi, e cardinali,
48　In cui usa avarizia il suo soperchio. »
　　　Ed io: « Maestro, tra questi cotali
　　Dovr'io ben riconoscere alcuni
　　Che furo immondi di cotesti mali. »
　　　Ed egli a me: « Vano pensiero aduni;
　　La sconoscente vita che i' fe' sozzi,

CHANT VII.

Et por quoi si no coulpe nous gravente ?
Com l'onde fait sur Charibde et en mi
Se brise o cele qui revient l'encontrer,
24 Ainsi vont cil, et retornent ainsi.
Là estoit gent qu'on ne sauroit nombrer ;
De ci, de là, o greveus ullemens,
Il roeloient grans pois par moult pousser.
Il se frapoient en l'encontre ; à ce tens
Chascuns tornoit et s'en aloit arrier,
30 Criant, ci : « Tu retiens ? » là : « Tu despens ? »
Ainsi tornoient par le cercle aversier,
De chasque main vers le contraire point,
Se jetant si lor honteus reprouvier.
Quant il avoient lor mi cercle rejoint,
Por novel heurt chascuns tournoit soudain.
36 Je, qui avoie le cuer quasi compoint,
Di lors : « Fai moi conoistre, mestre, à plain
Queus gent est ceste, se tuit furent d'iglise
Cil tonsuré à la senestre main. »
Et il à moi : « L'ame fu si emprise
Sur terre à tous de convoitise amere,
42 Que en despendre n'orent mesure mise.
À le crier lor vois est assez clere,
Quant aus deus poins du cercle sont venu
Où les desjoint une coulpe contrere.
Cil furent clerc qui de cheveus ont nu
Le haut de teste, papes et cardinal,
48 Qui d'avarice furent sans fin tenu.
Et je di : « Mestre, parmi eus sont ital
Que reconoistre porroie à escient,
Que dans la vie souillerent si fait mal. »
Et il à moi : « Tu as vain pensement ;
Lor male vie, qui par les fist hideus,

54 Ad ogni conoscenza or li fa bruni.
   In eterno verranno agli duo cozzi;
Questi risurgeranno del sepulcro
Col pugno chiuso, e questi co' crin mozzi.
   Mal dare e mal tener lo mondo pulcro
Ha tolto loro, e posti a questa zuffa;
60 Qual ella sia, parole non ci appulcro.
   Or puoi, figliuol, veder la corta buffa
De' ben' che son commessi alla fortuna
Per che l'umana gente si rabuffa;
   Chè tutto l'oro ch'è sotto la luna
E che già fu, di queste anime stanche
66 Non poterebbe farne posar una. »
   « Maestro, diss'io lui, or mi di'anche:
Questa fortuna di che tu mi tocche,
Che è, che i ben del mondo ha sì tra branche? »
   E quegli a me : « O creature sciocche,
Quanta ignoranza è quella che vi offende!
72 O vo' che tu mia sentenza ne imbocche.
   Colui lo cui saver tutto trascende,
Fece li cieli, e diè lor chi conduce,
Sì che ogni parte ad ogni parte splende,
   Distribuendo ugualmente la luce;
Similemente agli splendor' mondani :
78 Ordinò general ministra e duce,
   Che permutasse a tempo li ben' vani
Di gente in gente ed uno in altro sangue,
Oltre la difension de' senni umani.
   Perchè una gente impera, e l'altra langue

---

57. *O rooignés cheveux :* c'est une allusion à un proverbe italien qui dit que les prodigues dépensent jusqu'à leurs cheveux.
68. *Ceste fortune, qu'est ce :* la déesse Fortune des

54 Or les fait noirs à tout conoissement.
　　Eternaument se heurteront andeus ;
　O le poing clos cil istront du tombel,
　Et cil istront o rooignés cheveus.
　　Por mal doner et mal tenir, du ciel
　Il sont forclos, et mis à ce jouster ;
60 N'est par paroles que je le fasse bel.
　　Or peus, mes fils, veoir le venvoler
　Des biens qui sont fié à la fortune,
　Dont li humain ont si grant destourber ;
　　Car tous li ors qui fu jà sous la lune,
　Faire poser auques ne porroit mie
66 En lor lasté ces ames, neïs une. »
　　Et je à lui : « Di, mestre, je te prie,
　Ceste fortune, qu'est ce, dont tu paroles,
　Qui a les biens du monde en sa baillie ? »
　　Et il à moi : « O creatures foles,
　Queus ignorance est là qui vous ofent !
72 Escoute, tu, en chastoi mes paroles !
　　Cil cui savoirs tout surpasse et emprent,
　Crea les cieus et dona qui les guie ;
　Si toute part à tout part resplent,
　　Et la lumiere est igaument partie.
　Semblablement, aus esplendors mondaines
78 Il mist menistre et dame seignorie,
　　Qui tost feïst changer les choses vaines
　De gent et sanc en autre sans respit,
　Quoi que veassent les volontés humaines.
　　Por ç'une gent comande, autre languit,

païens reparaît ici comme un être divin supérieur. Au reste, le morceau qui la décrit est fort beau, et rivalise avec les vers qu'Horace a consacrés à cette déesse, Od. I, 35.

Seguendo lo jiudizio di costei,
84 Che è occulto come in erba l'angue.
　Vostro saver non ha contrasto a lei;
Ella provvede, giudica e persegue
Suo regno, come il loro gli altri dei.
　Le sue permutazion non hanno triegue;
Necessità la fa esser veloce,
90 Sì spesso vien chi vicenda consegue.
　Quest' è colei ch' è tanto posta in croce
Pur da color' che le dovrian dar lode,
Dandole biasmo a torto e mala voce.
　Ma ella s'è beata, e ciò non ode;
Con l'altre prime creature lieta,
96 Volve sua spera, e beata si gode.
　Or discendiamo omai a maggior piéta.
Già ogni stella cade, che saliva
Quando mi mossi, e il troppo star si vieta. »
　Noi ricidemmo il cerchio all' altra riva
Sovra un fonte, che bolle e riversa
102 Per un fossato che da lei diriva.
　L'acqua era buja molto più che persa;
E noi, in compagnia dell' onde bige,
Entrammo giù per una via diversa.
　Una palude fa, che ha nome Stige,
Questo tristo ruscel, quando è disceso
108 Al piè delle maligne piagge grige.
　Ed io, che di mirar mi stava inteso,
Vidi genti fangose in quel pantano
Ignude tutte e con sembiante offeso.
　Questi si percotean non pur con mano

---

89. *Necessités la fait courre à randon*: imité d'Horace: Te semper anteit sæva necessitas, Od. I, 35.

CHANT VII.

Selon d'icele le soverain juïse.
84 Celé com guivre qui en l'erbe se git.
　　Tous vo savoirs est contre ele sans prise ;
El porvoit, juge, et, com li autre dieu
Tienent lor regne, tient le sien à sa guise.
　　Si change vont come l'eve en un rieu ;
Necessités la fait courre à randon,
90 Si que ne laist, sans muer, gent ne lieu.
　　C'est cele mise tant à maleïçon
Par qui devroit la loer bien et bel,
Lui donant blasme à tort et mesprison.
　　Mais ce n'ot ele en sa joie eternel ;
Et, o les autres creatures premieres,
96 Roule s'espere, et s'esjot en son ciel.
　　Or descendons à grevances plus fieres ;
Jà chasque estoile qui, quant je vin, montoit,
Est jus ; et ci ne loist manoir arieres. »
　　De là le cercle, en l'autre rive avoit
Une fontaine qui bout et qui se verse
102 Por un fluncel qui d'ele desrivoit.
　　L'eve en estoit moult plus noire que perse ;
Et nous aval en l'eve compagnie
Venimes jus ci à voie diverse.
　　Stix est li nons d'une palu haïe
Que fait cis rieus, quant au bas est venans
108 De ceste plage tant grise et maleïe.
　　À esgarder je qui ere entendans,
En ce pantain je vi gens embouées
O cors tout nus et empirés semblans.
　　Il se frapoient non pas sol o paumées,

106. *Stix est li nons :* la mythologie a fait connaître à tout le monde le vieux Styx de l'enfer païen. *Stygiamque paludem*, a dit Virgile, *Æn.* VI, 323.

Ma con la testa e col petto e co' piedi,
114 Troncandosi co' denti a brano a brano.
    Lo buon maestro disse : « Figlio, or vedi
L'anime di color cui vinse l'ira.
Ed anco vo' che tu per certo credi
    Che sotto l'acqua ha gente che sospira,
E fanno pullular quest' acqua al summo,
120 Come l'occhio ti dice u' che s'aggira.
    Fitti nel limo dicon : Tristi fummo
Nell'aer dolce che dal sol s'allegra,
Portando dentro accidioso fummo,
    Or ci attristiam nella belletta negra.
126 Quest' inno si gorgoglian nella strozza,
Chè dir nol posson con parola intégra.
    Cosi girammo della lorda pozza
Grand' arco tra la ripa secca e il mezzo,
Con gli occhi volti a chi del fango ingozza ;
130 Venimmo appiè d'una torre al dassezzo.

Mais o la teste, o les piés, o le pis,
114 Mordant l'un l'autre com bestes enragées.
..   Dit li bons mestre : « Or, o fils, tu choisis
L'ame de ceux en cui l'ire eut empire ;
Et si je voil encor tu soies fis
   Que a sous l'eve une gent qui souspire,
Et en ceste eve fait lever maint bouillon,
120 Come tu vois où que tes ieus se vire.
   Pesmes nous fumes, dient en lor limon,
Sus à l'air douz qu' esgaie li soleus,
Portant en nous cuer sauvage et felon.
   Or somes pesmes en ce putel hideus.
Tel à mi gorge il gargouillent ce lai ;
126 Car ne peut estre à plein mot dit par eus. »
   Ainsi tornames grant arc du sale tai,
Entre la rive à sec et le pantain,
Les ieus fichés sur ces gorgés de brai.
130 Au pié venimes d'une tour en derrain.

CHANT VIII

CINQUIÈME CERCLE : LES VIOLENTS ; PHLÉGIAS ; PHILIPPO ARGENTI ;
LA CITÉ DE DITÉ ; VIRGILE ET LES DÉMONS.

Il est des damnés dont Dante plaint la souffrance ; il en est d'autres qu'il s'applaudit de voir souffrir. Philippo Argenti, cavalier florentin, qu'il rencontre parmi les violents, est du nombre de ces derniers. Dante l'accable de sa réprobation ; et Virgile loue hautement cette colère. En comparant les passages où la compassion prévaut et ceux où la joie de la punition éclate, il n'est pas facile de discerner les motifs du poëte. Les commentateurs pensent que Dante est rigoureux à l'égard de ceux qui péchèrent contre Dieu ou le prochain, et miséricordieux pour les autres. C'est une pure conjecture ; car nulle part Dante n'a exposé ses motifs. Mais ici, en ce cas particulier, quand on sait que Philippo Argenti appartenait aux plus violents ennemis des Blancs et du poëte, on est porté à croire que nous avons là une simple explosion des haines de parti.

CANTO VIII

Io dico seguitando che assai prima
Che noi fussimo al piè dell' alta torre,
Gli occhi nostri n' andar suso alla cima
   Per due fiammette che i' vedemmo porre,
E un' altra da lungi render cenno,
6 Tanto che appena il potea l'occhio torre.
   Ed io mi volsi al mar di tutto il senno,
Dissi : « Questo che dice? e che risponde
Quell' altro foco? e chi son quei che il fenno? »
   Ed egli a me : « Su per le sucide onde
Già scorger puoi quello che s'aspetta,
12 Se il fummo del pantan nol ti nasconde. »
   Corda non pinse mai da sè saetta
Che si corresse via per l'aer snella
Com' io vidi una nave piccioletta
   Venir per l'acqua verso noi in quella,
Sotto il governo d'un sol galeoto,
18 Che gridava : « Or se' giunta, anima fella! »
   « Flegias, Flegias, tu gridi a voto,

4. *Por deus flametes* : le nombre des flammes ou lumières correspond au nombre des arrivants. Il y a deux tours : l'une en çà du Styx donnait à Phlégias le signal de toute arrivée ; l'autre de là le Styx répondait que le signal avait été aperçu.

13. *Corde d'un arc n'empeigni mais sajete :* c'est l'imi-

CHANT VIII

    Je di plus outre, que, grant espace avant
Que nous venimes au pié la haute tor,
Nostre œil alerent à la cime esgardant,
    Por deus flametes que nous veïmes or
I metre, et autre respondre loin au font
6 Si qu'à grant peine choisissions la luor.
    Et je au mestre de tout sens source et font :
« Cis feus que dit ? et icis autres feus
Que respont il ? Et qui sont cil quil font ? »
    Et il à moi : « Jà percevoir tu peus
En sus l'orde eve celui que l'on soushete,
12 Se la vapors ne le te cele as ieus. »
    Corde d'un arc n'empeigni mais sajete
Qui par les airs volast rade et isnele,
Come je vi une estroite bargete
    Venir vers nous par mi l'onde maurele
Sous la guiance de seul un notonier,
18 Criant : « Es or venue, ame rebele ? »
    « O Phlegias, Phlegias, tant crier,

tation du vers de Virgile : *Non secus ac nervo per nubem
impulsa sagitta*, Æn. XII, 854
    19. *O Phlegias* : Phl... ... mythologique,
était fils de Mars et r... ...n rocher le
menace éternellement ... ...our avoir mis
le feu au temple de De...

7

Disse lo mio signore, a questa volta;
Più non ci avrai che sol passando il loto. »
 Quale colui che grande inganno ascolta
Che gli sia fatto, e poi se ne rammarca,
24 Fecesi Flegias nell' ira accolta.
 Lo duca mio discese nella barca,
E poi mi fece entrare appresso lui,
E sol quand' io fui dentro, parve carca.
 Tosto che il duca ed io nel legno fui,
Secando se ne va l'antica prora
30 Dell' acqua più che non suol con altrui.
 Mentre noi correvam la morta gora,
Dinanzi mi si fece un pien di fango,
E disse : « Chi se' tu, che vieni anzi ora ? »
 Ed io a lui: « S'io vegno, non rimango.
Ma tu chi se', che si se' fatto brutto? »
36 Rispose: « Vedi che son un che piango. »
 Ed io a lui : « Con piangere e con lutto,
Spirito maladetto, ti rimani;
Ch'io ti conosco, ancor sia lordo tutto. »
 Allora stese al legno ambe le mani;
Per che il maestro accorto lo sospinse,
42 Dicendo : « Via costà con gli altri cani! »
 Lo collo poi con le braccia mi cinse,
Bacciommi il volto, e disse : « Alma sdegnosa,
Benedetta colei che in te s'incinse!
 Que' fu al mondo persona orgogliosa;
Bontà non è che sua memoria fregi,
48 Così s'è l'ombra sua qui furiosa.

32. *Es vous se dresse uns tout pleins de pantain:* Philippo Argenti dei Cavicciuli, cavalier si riche qu'il fit ferrer d'argent le cheval qu'il montait habituellement. Il

CHANT VIII.

Dit li miens sire, rien ne sert ceste fie;
Nous n'auras tu que por l'eve passer. »
    Et come cil qui entent grant boidie
Qui lui soit faite et s'en monstre dolent,
24 Si Phlegias fist en sa felonie.
    Lor li miens dus en la barque descent,
Et puis me fait entrer au près de lui ;
Et sol semble ele chargée o moi present.
    Tost que i fumes mi dus et je andui,
La barque antie se parti, enfoncée
30 En l'eve plus que ne seult od autrui.
    Tandis qu'alions en ceste mer betée,
Es vous se dresse uns tout pleins de pantain :
« Qui es, qui viens avant l'heure sonée ? »
    Et je à lui : « Se je vien, ne remain;
Mais tu, qui es, tu si ors à veoir ? »
36 « Je sui, dit il, uns qui lamente et plain. »
    Et je à lui : « En plaindre et en doloir,
Espris maudis, est ta pars ; ci remain ;
Car te conois encor que sale et noir. »
    Cil à la barque mist l'une et l'autre main.
Por ce li mestre à droit le rebouta,
42 Disant : « Va jus o ces chiens aparmain. »
    Puis de ses bras le col il me serra,
Et me baisant : « O ame despiteuse,
Soit beneoite cele qui te porta !
    Cis dans lë monde fut persone orgueilleuse ;
Ce n'est bontés aorner sa memoire ;
48 Pero est s'ame ici tant furieuse.

était grand, d'une force prodigieuse, et s'emportait pour la moindre cause.

  45. *Soit beneoite cele qui te porta* : C'est une imitation du passage de l'Évangile de saint Luc, XI, 27.

CANTO VIII.

Quanti si tengon or lassù gran regi,
Che qui staranno come porci in brago,
Di sè lasciando orribili dispregi ! »
    Ed io : « Maestro, molto sarei vago
Di vederlo attuffare in questa broda,
54 Prima che noi uscissimo del lago. »
    Ed egli a me : « Avanti che la proda
Ti si lasci veder, tu sarai sazio;
Di tal disío converrà che tu goda. »
    Dopo ciò poco vidi quello strazio
Far di costui alle fangose genti,
60 Che Dio ancora ne lodo e ne ringrazio.
    Tutti gridavano : « A Filippo Argenti ! »
E il fiorentino spirito bizzarro
In sè medesmo si volgea co' denti.
    Quivi il lasciammo, chè più non ne narro.
Ma negli orecchi mi percosse un duolo,
66 Perch' io avanti intento l'occhi sbarro.
    Lo buon maestro disse : « Omai, figliuolo,
S'appressa la città che ha nome Dite,
Co' gravi cittadin', col grande stuolo. »
    Ed io : « Maestro, già le sue meschite
Là entro certo nella valle scerno
72· Vermiglie, come se di foco uscite
    Fossero. » Ed ei mi disse : « Il foco eterno
Ch' entro l'affoca, le dimostra rosse,
Come tu vedi in questo basso inferno. »
    Noi pur giugnemmo dentro all' alte fosse

---

68. *La cit est proche qui a nom de Dité :* Dité représente ici Dis, ditis, un des noms latins du Pluton de l'antique mythologie. Ici la cité de Dité est munie de fossés, de murs et de tours ; elle forme le 6ᵉ cercle. C'est l'en-

CHANT VIII.

Moult sont sur terre grant roi en pleine gloire,
Qui ci seront come porc en putel,
Laissant de soi despris et male estoire! »
Et je à lui : « Le veoir me fust bel
Plongé au font de ceste bourbe espesse,
54 Premiers qu'issons de ce lac criminel. »
Et il à moi : « Avant qu'à toi se lesse
Veoir la rive, te sera acomplie
La desirance, et en auras liesse. »
Peu après ce, je vi si grant haschie
Faire de lui à la fangeuse gent,
60 Que Dieu j'en loe encore et en mercie.
Ensemble il crient tuit à Philipe Argent ;
Cis Florentins, com creature fole,
Sur soi meïsme à dens se torne et prent.
Là le laissames, et plus je n'en parole ;
Mais en l'oreille me feri uns lons plains ;
66 Por quoi je torne l'œil vers le son qui vole.
Et li bons mestre me dit : « O fils, orains
La cit est proche, qui a nom de Dité,
O son grant peuple, ses greveus citeains. »
« Jà les mosquées, di je, de la cité
Là dans le val je choisi vraiement,
72 Rouges com fer de fornaise tiré. »
Et il : « Li feus qui brusle eternaument
Ens au dedans rouges les fait paroir,
Au bas enfer com tu vois aparent. »
Aus grans fossés qui ceignent ce manoir,

trée dans le bas enfer où sont les pécheurs plus coupables.

75. *Au bas enfer*: Dante paraît diviser l'enfer en haut et bas; le haut est celui qui a été visité jusque ici; le bas commence en cet endroit.

CANTO VIII

    Che vallan quella terra sconsolata;
78 Le mura mi parean che ferro fosse.
    Non senza prima far grande aggirata
Venimmo in parte dove il nocchier forte ·
« Uscite, ci gridò, qui è l'entrata. »
    Io vidi più di mille in su le porte
Dal ciel piovuti, che stizzosamente
84 Dicean : « Chi è costui, che senza morte,
    Va per lo regno della morta gente? »
E il savio mio maestro fece segno
Di voler lor parlar segretamente.
    Allor chiusero un poco il gran disdegno,
E disser : « Vien tu solo, e quei sen vada,
90 Che sì ardito entrò per questo regno.
    Sol si ritorni per la folle strada;
Provi se sa ; chè tu qui rimarrai,
Che gli hai scorta sì buja contrada. »
    Pensa, lettor, se io mi sconfortai
Nel suon delle parole maladette;
96 Ch' io non credetti ritornarci mai.
    « O caro duca mio, che più di sette
Volte m' hai sicurtà renduta, e tratto
D'alto periglio che incontra mi stette,
    Non mi lasciar, diss' io, così disfatto !
E se il passar più oltre ci è negato,
102 Ritroviam l'orme nostre insieme ratto. »
    E quel signor che lì m' avea menato
Mi disse : « Non temer, chè il nostro passo
Non ci può torre alcun, da tal n'è dato.

---

97. *Mes dus, chers sire, tu qui plus de set fies*: quelques commentateurs ont compté les sept fois où ils pensent que Dante reçut le secours de Virgile ; mais la plu-

Enfin venimes, prison desconsolée,
78 La cui muraille sembloit de fer por voir.
　　Non sans premiers faire entor grant alée,
Nous arrivames où li nochers vaillans :
« Issez, cria, ce est ici l'entrée. »
　　Je sur les portes vi plus de mile estans,
Cheüs du ciel, qui moult iréement :
84 « Qui est, disoient, icil qui va ceans
　　Ainsi sans mort parmi la morte gent ? »
Mes sages mestres fist signe aus aversiers
De lor voloir parler secréement.
　　Lors s'amenri lor grans corous premiers.
« Vien seul, disoient, vien, et que cil s'en aut,
90 Qui ci entra par ses estous cuidiers.
　　Seus qu'il reprene son fol chemin en haut,
Monstrant s'il sait ; car tu remaindras ci,
Tu qui conduit l'as où lumiere faut. »
　　Pense, lecteur, queus desconfors seisi
M'ame en oiant ces langues maleïes ;
96 Et m'esperance de mais issir failli.
　　« Mes dus, chers sire, tu qui plus de set fies
M'as seürté rendue et qui m'as trait
Des haus perils qui m'ont fait envaïes,
　　Ne me laisser, di je, ci en dehait ;
Et se passer plus outre m'est veé,
102 Tost refaisons le chemin qu'avons fait. »
　　Et cil bons sire, qui là m'avoit mené :
« N'aie paor ; car tollir le trespas
Ne nous peut nuls ; teus est qui l'a donné.

---

part croient que *sept* représente ici un nombre indéterminé. *Sept* est plusieurs fois employé en cette façon dans la Bible.

Ma qui m' attendi, e lo spirito lasso
Conforta e ciba di speranza buona,
108 Ch' io non ti lascerò nel mondo basso. »
 Così s'en va, e quivi m'abbandona
Lo dolce padre, ed io rimango in forse ;
Chè il sì e il no nel capo mi tenzona.
 Udir non pote' quel che a lor si porse ;
Ma ei non stette là con essi guari,
114 Chè ciascun dentro a prova si ricorse.
 Chiuser le porte que' nostri avversari
Nel petto al mio signor, che fuor rimase,
E rivolsesi a me con passi rari.
 Gli occhi alla terra e le ciglia avea rase
D'ogni baldanza, e dicea ne' sospiri :
120 « Chi' m' ha negate le dolenti case? »
 Ed a me disse : « Tu, perch' io m'adiri,
Non sbigottir; ch' io vincerò la prova,
Qual ch' alla difension dentro s'aggiri.
 Questa lor tracotanza non è nuova ;
Chè già l'usaro a men segreta porta,
126 La qual senza serrame ancor si trova.
 Sovr' essa vedestù la scritta morta ;
E già di quà da lei discende l'erta,
Passando per li cerchi senza scorta,
130 Tal che per lui ne fia la terra aperta. »

125. *À porte moins secrée :* à la porte qui se voit à l'entrée de l'enfer. Suivant une antique tradition, les démons s'opposèrent à la descente du Christ dans les limbes,

CHANT VIII.

Mais ci m'atent, et l'esprit qui est las
Conforte et pais d'une esperance bone ;
108 Ne te lairrai ens en ce monde bas. »
Ainsi s'en va et ici m'abandone
Li pere dous ; et je remain douteus,
Car o et non la teste me tangone.
Je n'oï pas ses mos et ses conseus ;
Mais à parler il n'esteut moult lonc tens ;
114 Et ens as murs se gari chascuns d'eus.
Nostre aversier les portes au dedens
Clorent soudain en face mon seignor,
Qui, si forclos, s'en revint o pas lens.
Les ieus à terre, et de toute baudor
Le front demis, disoit en soupirant :
120 « Qui m'a veé les ostieus de dolor ? »
Et dit à moi : « Se je m'aïre tant,
Ne t'esmaier ; car je vaincrai l'espreuve,
Quoi que cil voillent faire en se defendant.
L'outrecuidance par mi eus n'est pas neuve ;
Ja en userent à porte moins secrée,
126 Sans serreüre qui encore se treuve ;
Tu i veïs l'escriture de mort.
Jà est en voie hastivement aval
Teus qui, les cercles passant seus sans esfort,
130 Nous ovrira la cité infernal. »

mais leurs efforts furent vains. Le Christ mit en pièces la porte, qui depuis ce temps demeura ouverte.
117. *Tu i veïs l'escriture de mort :* c'est l'inscription du 3ᵉ livre de l'*Enfer*.

CHANT IX

LA VILLE DE DITÉ ; ERICHTHON ; LES TROIS FURIES ; LE MESSAGER DU CIEL ; LE SIXIÈME CERCLE ; LES HÉRÉSIARQUES.

Ce chant contient trois vers singuliers : ce sont ceux (61-63) où le poëte, s'interrompant, s'adresse aux hommes d'intelligence saine et les engage à considérer la doctrine qui se cache sous l'étrange poésie. Les commentateurs n'ont pas réussi à donner le mot de l'énigme, si tant est qu'une énigme y soit renfermée. Je suis porté à croire que le poëte, étonné lui-même des créations que son imagination enfante, s'arrête pour rappeler le grand objet caché sous tout cela, à savoir la crainte de Dieu, dont la puissance se manifeste si terriblement. C'est ce que Dante exprime sous une autre forme, quand (*Enfer*, XXVIII, 48) Virgile dit qu'il le conduit par l'enfer pour lui donner expérience pleine.

Quelque jugement que l'on porte sur mon interprétation, chacun admirera ce qui suit immédiatement cet appel au lecteur : l'impétueuse arrivée du messager céleste, la description du vent de tempête qui balaye la campagne, et le suprême dédain du vainqueur de Dité. Tout est beau dans ce morceau. Je l'ai cité dans mon étude sur Dante [1], à côté des vers de son maître Virgile. Pour le traduire, j'ai demandé à notre vieille langue quelques accents qui n'en fussent pas trop indignes.

1. *Histoire de la langue française*, t. I, p. 402.

CANTO IX

    Quel color che viltà di fuor mi pinse,
Veggendo il duca mio tornare in volta,
Più tosto dentro il suo nuovo ristrinse.
    Attento si fermò com' uom che ascolta;
Chè l'occhio nol potea menare a lunga
6 Per l'aer nero e per la nebbia folta.
    « Pure a noi converà vincer la punga,
Cominciò ei; se non.. tal ne s'offerse...
O quanto tarda a me ch'altri qui giunga! »
    Io vidi ben sì com'ei ricoperse
Lo cominciar con l'altro che poi venne,
12 Che fur parole alle prime diverse.
    Ma nondimen paura il suo dir dienne,
Perch'io traeva la parola tronca
Forse a peggior sentenza ch'ei non tenne.
    « In questo fondo della trista conca
Discende mai alcun del primo grado,
18 Che sol per pena ha la speranza cionca? »
    Questa question fec'io. E quei: « Di rado
Incontra, mi rispose, che di nui
Faccia il cammino alcun per quale io vado.
    Vero è ch'altra fiata quaggiù fui
Congiurato da quella Eriton cruda

23. *Quant Erichton....* Erichton était une magicienne

CHANT IX

    Ceste palors dont viltés me teigni,
Quand je mon duc vi prendre arrier sa route,
Fist que plus tost la sue il restreigni.
    Il se ferma com li hom qui escoute ;
Car la veüe nel pooit loin mener,
6 Que li airs noirs et la niule avait route.
    « À nous por tant conviendra sormonter,
Comença il,... se non... teus s'i ofri....
Oh que ci tarde uns autre à se monstrer ! »
    Je bien conui si come il recovri
Son premier dire o son dire dernier ;
12 Car li derniers au premier n'assenti.
    Mais non pourquant j'en oi moult destorbier,
Traiant, espoir, la parole tronquée
À pior sens que n'eut en son cuidier.
    « En ceste combe parfonde et desfaée
Descendi nus du cercle premerain
18 Où sol por peine l'esperance est emblée ? »
    Si demandai, et il dit aparmain :
« Gueres ne fait nus de no compagnie,
La voie où je te guie par la main.
    Vrais est que fui çà jus une autre fie,
Quant Ericthon m'envocha, la doutée,

---

de Thessalie dont parlent Ovide, *Hér*. XV, 139, et Lucain

24 Che richiama l'ombre a' corpi sui.
    Di poco era di me la carne nuda,
Ch'ella mi fece entrar dentro a quel muro,
Per trarne un spirito del cerchio di Giuda.
    Quello è il più basso loco e il più oscuro,
E il più lontan dal ciel che tutto gira ;
30 Ben so il cammin; però ti fa securo.
    Questa palude che il gran puzzo spira
Cinge d'intorno la città dolente
U' non potemo entrare omai senz'ira. »
    Ed altro disse ; ma non l'ho a mente,
Però che l'occhio m'avea tutto tratto
36 Ver l'alta torre alla cima rovente,
    Dove in un punto furon dritte ratto
Tre furie infernal' di sangue tinte,
Che membra femminili aveano ed atto,
    E con idre verdissime eran cinte ;
Serpentelli e ceraste avean per crine,
42 Onde le fiere tempie erano avvinte.
    E quei che ben conobbe le meschine
Della regina dell'eterno pianto :
« Guarda, mi disse, le feroci Erine.
    Questa è Megera dal sinistro canto ;
Quella che piange dal destro è Aletto ;
48 Tesifone è nel mezzo ». E tacque a tanto.
    Con l'unghie si fendea ciascuna il petto,
Batteansi a palme, e gridavan sì alto
Ch'io mi strinsi al poeta per sospetto.

VI, 507, qui lui fit évoquer un mort pour prédire à Sextus Pompée le sort de la guerre. Mais la scène imaginée par Lucain est antérieure de trente ans à la mort de Virgile. Ce n'est donc pas de cette évocation qu'il s'agit ici.

    27. *Por traire une ame en Judas hostelée* : le cercle de

CHANT IX.

24 Qui rapeloit au cors l'ame partie.
    De longuement n'estoit la chars sevrée
De moi, qu'entrer me fist ele en ce mur,
Por traire une ame en Judas ostelée.
    Lieu n'a plus bas que Judas, plus oscur,
Ne plus lointain du ciel par cui tout vire;
30 Bien sai la voie; pero tien toi seür.
    Ceste palus qui la puor espire,
À l'environ ceint la cité dolente,
Où ne poons entrer ormais sans ire. »
    Et il dit el, mais il ne m'en ramente;
Car tout entiers j'estoie en esgarder
36 La haute tor à cime rouvelente,
    Où vi soudain les Fures se dresser,
Filles d'enfer, les trois, les de sang teintes,
O feminins membres et deporter.
    D'hidres très vers au cors erent estreintes,
O serpentaus et o guivres por crines,
42 Dont sempre estoient lor fieres tempes ceintes.
    Et cil, qui bien reconnu les mescines
De la reïne du plaindre pardurant :
« Garde, me dit, les crueuses Erines.
    Ceste est Megere à senestre; et plorant
Cele que vois à destre est Alecton;
48 Tisiphone entre. » E il se tu à tant.
    Chascune as ongles se chaploit le poitron,
Et se frapoit, et s'escrioit si haut
Que me serrai par crainte à mon guion.

Judas est décrit dans le chant XXXIV. Judas Ischariote mourut cinquante ans après Virgile; c'est donc par anticipation que Virgile se sert ici de ce nom.

  43. *La reïne du plaindre pardurant* : c'est Proserpine.

CANTO IX.

« Venga Medusa! sì 'l farem di smalto,
Dicevan tutte riguardando in giuso;
54 Mal non vengiammo in Teseo l'assalto. »
« Volgiti indietro, e tien lo viso chiuso;
Chè se il Gorgon si mostra, e tu il vedessi,
Nulla sarebbe del tornar mai suso. »
Così disse il maestro, ed egli stessi
Mi volse, e non si tenne alle mie mani,
60 Che con le sue ancor non mi chiudessi.
O voi, che avete gl'intelletti sani,
Mirate la dottrina che s'asconde
Sotto il velame degli versi strani!
E già venia su per le torbid'onde
Un fracasso d'un suon pien di spavento,
66 Per cui tremavano ambedue le sponde,
Non altrimenti fatto che d'un vento
Impetuoso per gli avversi ardori,
Che fier la selva, e senza alcun rattento
Li rami schianta, abbatte e porta fuori;
Dinanzi polveroso va superbo,
72 E fa fuggir le fiere e li pastori.
Gli occhi mi sciolse, e disse: « Or drizza il nerbo
Del viso su per quella schiuma antica,
Per indi ove quel fummo è più acerbo. »
Come le rane innanzi a la nimica
Biscia per l'acqua si dileguan tutte,
78 Fin che alla terra ciascuna s'abbica;
Vid'io più di mille anime distrutte
Fuggir così dinanzi ad un che al passo
Passava Stige con le piante asciutte.
Dal volto rimovea quell'aer grasso,
Menando la sinistra innanzi spesso,
84 E sol di quell'angoscia parea lasso.

CHANT IX.

« Vienne Meduse ; pierre en fasse ; que chaut ?
Ainsi disoient, esgardant toutes jus ;
54 Mal en Thesée venjames nous l'assaut. »

« Torne, et demore o les ieus clos tenus ;
Car, se Gorgone se monstre et tu la vois,
N'i a, dit il, de te remener sus ».

Puis il meïsme, douteus de son desfois,
Me torna fors de ces regars cuivers,
60 Et por me clore mist ses dois sur mes dois.

Vous qui avez les espris aovers,
Ore mirez la doctrine mucie,
Come en un voile, sous les estranges vers !

Jà venoit sus par l'onde maleïe
Fracas d'un son plein d'espouvantement ;
66 Par quoi la rive des deus costés fremie ;

Non autrement avenant que d'un vent
Deschaené por les males chalors,
Qui fiert la selve, et sans defendement

Abat les rains, brise et emporte hors ;
Avant il va en poussiere et orgueil,
72 Et fait fuïr et bestes et pastors.

Il me quita les ieus, et dit : « Acueil
Or ton regart par ceste escume antie,
Là où cis fums est plus poignans à l'ueil. »

Come devant la couleuvre enemie
Fuient par l'eve les raines à esploit,
78 Tant qu'à la terre chascune s'est mucie

Plus de mile ames si vi je ci en droit
Fuïr por un qui, venus au trespas,
Passoit le Stix et ses piés ne moilloit.

Il de son vis removoit cest air cras
O main senestre, qu'il menoit près à près
84 Et sembloit sol de ceste angoisse las.

8

Ben m' accorsi ch'egli era del ciel messo,
E volsimi al maestro; e quei fe' segno
Ch' io stessi cheto ed inchinassi ad esso.
    Ahi quanto mi parea pien di disdegno!
Venne alla porta, e con una verghetta
90 L' aperse, che non ebbe alcun ritegno.
    « O cacciati del ciel, gente dispetta,
Cominciò egli in su l' orribil soglia,
Ond' esta oltracotanza in voi si alletta?
    Perchè ricalcitrate a quella voglia
A cui non puote il fin mai esser mozzo,
96 E che più volte v' ha cresciuta doglia?
    Che giova nelle fata dar di cozzo?
Cerbero vostro, se ben vi ricorda,
Ne porta ancor pelato il mento e il gozzo.»
    Poi si rivolse per la strada lorda,
E non fe' motto a noi, ma fe' sembiante
102 D' uomo cui altra cura stringa e morda
    Che quella di colui che gli è davante.
E noi movemmo i piedi in ver la terra,
Securi appresso le parole sante.
    Dentro v' entrammo senza alcuna guerra;
Ed io ch' avea di riguardar disio
108 La condizion che tal fortezza serra,
    Com' io fui dentro, l' occhio intorno invio,
E veggio ad ogni man grande campagna
Piena di duolo e di tormento rio.
    Si come ad Arli, ove il Rodano stagna,

---

98. *Encore en porte pelés gorge et menton Vostre Cerbere*: d'après les commentateurs, cela se rapporte au récit mythologique suivant lequel Hercule jeta une chaîne au

CHANT IX.

Bien connoissans qu'ert uns celestes mès,
Tornai au mestre, qui me fist signe à plain,
Que coi j'estusse et l'enclinasse adès.

Ahi ! qu'empli me sembloit de desdain !
Vint à la porte, et o verge petite
90 Se l'aovri par pooir soverain.

« O vous du ciel trebuché, gent despite,
Comença il en sus l'orrible seuil,
D'ont vient en vous l'arrogance maudite ?

Que regimbez à l'encontre ce veuil
De cui la fins ne doit onques faillir,
96 Et qui vous crut plus d'une fois le deuil ?

Contre destin que sert de se ferir ?
Encore en porte pelés gorge et menton
Vostre Cerbere, s'en avez sovenir. »

Puis s'en torna par le chemin felon,
Et ne dit mot à nous, mais fist semblant
102 D'home esmeü por autre cuisançon

Que de celui qui là lui est devant.
Et nous les piés meümes vers la terre,
Seür après le haut et saint comant.

Nous i entrames sans debat ne sans guerre ;
Et je qui ere d'esgarder desireus
108 À l'ordenance que teus fertés enserre,

Quant je fui ens, portai entor les ieus,
Et de tous lés vi une grant champaigne
Pleine de deuil et de tormens crueus.

Si come à Arles, qui au Rone se baigne,

---

cou de Cerbère s'opposant à son entrée et le traîna hors de la porte de l'enfer.

111. *À Arles* : auprès de cette ville fut livrée une grande bataille, dans le viie siècle, entre les Sarrasins et les chrétiens.

Si come a Pola presso del Quarnaro,
114 Che Italia chiude e suoi termini bagna,
Fanno i sepolcri tutto il loco varo;
Così facevan quivi d'ogni parte,
Salvo che il modo v'era più amaro.

Chè tra gli avelli fiamme erano sparte,
Per le quali eran si del tutto accesi,
120 Che ferro più non chiede verun' arte.

Tutti gli lor coperchi eran sospesi;
E fuor n'uscivan si duri lamenti,
Che ben parean di miseri e d'offesi.

Ed io: « Maestro, quai son quelle genti
Che, seppellite dentro da quell' arche,
126 Si fan sentir con gli sospir dolenti? »

Ed egli a me: « Qui son gli eresiarche
Co' lor seguaci, d'ogni setta; e molto
Più che non credi son le tombe carche.

Simile qui con simile è sepolto,
E i monumenti son più e men caldi. »
132 E poi ch'alla man destra si fu volto,
Passammo tra i martìri e gli alti spaldi.

---

113. *À Pole* : près de Pola se voient beaucoup de tombes, disent les commentateurs. Le *Quarnaro*, aujourd'hui *Quarnero*, est le golfe qui baigne l'Istrie.

132. *Lors puis qu'à destre...* : les deux poëtes tournent

Si come à Pole, où Itaille a closture
114 Par le Quarnare emprès la terre estraigne,
Font li sepulcre bosses à desmesure,
Ainsi faisoient icil de toutes pars,
Fors qu'en estoit la guise moult plus dure ;
Qu'entre les tombes i avoit feus espars
Qui les tenoient si du tout eschaufées,
120 Que plus li fers ne quiert en aucuns ars.
À tous estoit li covercles levés ;
Et en issoit uns plains si dolereus,
Que bien sembloit de chetis et grevés.
Et je : « Qui, mestre, sont cil maleüreus,
Qui, seveli en ces tombes bruslans,
126 Se font oïr o les sospirs greveus ? »
« Eresiarques, me dit, a ci gisans
De toute secte et atout lor amis ;
Et moult plus sont que ne crois clos leans.
O semblable est semblables sevelis ;
Et plus ou moins est li tombaus ardens. »
132 Lors puisqu'à destre son chemin il ot pris,
Passames entre les murs et les tormens.

toujours à gauche, excepté ici et *Enfer*, XVII, 117. Pourquoi tournent-ils à droite? Les commentateurs n'en donnent aucune raison plausible.

CHANT X

SIXIÈME CERCLE ; LES HÉRÉTIQUES ; FARINATA DEGLI UBERTI ; CAVALCANTE CAVALCANTI ; FRÉDÉRIC II, EMPEREUR.

La figure de Farinata, si fièrement dessinée, donne un grand caractère à ce chant, qu'elle remplit presque tout entier. Le gibelin Farinata revoit en Dante le représentant de ses adversaires; et l'esprit de parti le domine encore tellement qu'il regrette plus la défaite et l'expulsion des siens que le supplice auquel il est condamné dans cet enfer. Il fallait qu'il eût laissé dans sa patrie une bien forte impression pour que Dante lui ait donné tant de grandeur.

CANTO X

Ora sen va per uno stretto calle
Tra il muro della terra e li martìri
Lo mio maestro, e io dopo le spalle.
   « O virtù somma, che per gli empi giri
Mi volvi, comminciai, come a te piace,
6 Parlami, e satisfammi a' miei desiri.
   La gente che per li sepolcri giace
Potrebbesi veder? già son levati
Tutti i coperchi, e nessun guardia face. »
   Ed egli a me : « Tutti saran serrati,
Quando di Josaffà qui torneranno
12 Coi corpi che lassù hanno lasciati.
   Suo cimitero da questa parte hanno
Con Epicuro tutti i suoi seguaci,
Che l'anima col corpo morta fanno.
   Però alla dimanda che mi faci,
Quinc' entro soddisfatto sarai tosto,
18 E al disio ancor che tu mi taci. »
   Ed io : « Buon duca, non tegno nascosto
A te mio cor, se non per dicer poco ;
E tu m' hai non pur mo a ciò disposto. »
   « O Tosco, che per la città del foco
Vivo ten vai così parlando onesto,
24 Piacciati di ristare in questo loco.
   La tua loquela ti fa manifesto

CHANT X

Ore s'en va par un estroit sentier,
Entre le mur et les tristes martires,
Mes sage mestre, et je le sui derrier.
   « Haute vertu, qui com te plaist me vires,
Je començai, par ces cercles felons,
6 Compli mon veuil ; et te plaise mes dires.
   Porroit la gent qui gist en ces prisons
Estre veüe ? desjà sont souslevé
Tuit li covercle ; et n'a defensions. »
   Et il à moi : « Tuit seront enserré,
Quant il ci bas de Josaphat viendront
12 Atout les cors qui sont là sus laissé.
   Lor cimetiere en ceste partie ont
O Epicure tuit si filh à un fais,
Qui l'ame humaine o le cors morte font.
   Mais le demant que tu ore me fais,
Tost tu auras ci dedans graanté
18 Et le desir encor que tu me tais. »
   Et je : « Cher mestre, jà ne tien je celé
À toi mon cuer, se non por dire peu ;
À dire peu jà m'as tu encliné. »
   « O tu Toscan, qui par la cit de feu
Vivant t'en vas o l'honeste parler,
24 De t'arester plaise toi en ce lieu.
   Ta parleüre tesmoigne sans douter

Di quella nobil patria natio
Alla qual forse fui troppo molesto. »
. Subitamente questo suono uscio
D' una dell' arche. Però m' accostai,
30 Temendo, un poco più al duca mio.
 Ed ei mi disse : « Volgiti ; che fai ?
Vedi là Farinata che s' è dritto ;
Dalla cintola in su tutto il vedrai. »
 I' aveva già il mio viso nel suo fitto ;
Ed ei s' ergea col petto e con la fronte,
36 Come avesse lo inferno in gran dispitto.
 E l' animose man del duca e pronte
Mi pinser tra le sepolture a lui,
Dicendo : « Le parole tue sien conte. »
 Com' io al piè della sua tomba fui,
Guardommi un poco, e poi quasi sdegnoso
42 Mi dimandò : « Chi fur gli maggior tui? »
 Io, ch' era d' ubbidir desideroso,
Non gliel celai, ma tutto gliel' apersi.
Ond' ei levò le ciglia un poco in soso,
 Poi disse ; « Fieramente furo avversi
A me e a' miei primi e a mia parte,
48 Sì che per due fiate gli dispersi. »
 « S' ei fur cacciati, ei tornar d' ogni parte,
Rispos' io lui, l' una e l' altra fiata ;
Ma i vostri non appreser ben quell' arte. »
 Allor surse alla vista scoperchiata
Un' ombra lungo questa infino al mento ;

---

32. *Farinata est là en son estant :* Farinata degli
Uberti, gibelin, homme considérable et vaillant, vainquit
les guelfes florentins qui l'avaient banni, à la bataille de
l'Arbia. Dante était du parti contraire à celui de Farinata.

CHANT X.   125

Que naïs es du païs soverain
Cui, peut cel estre, portai trop encombrer. »
    Li sons issi tant proisme et tant sodain
D'une des tombes, qu'à mon duc un peu mais
30 Tout en paor m'acostai aparmain.
    Et il à moi : « Retorne toi ; que fais?
Farinata est là en son estant ;
Du ceint en haut tout le verras huimais, »
    Mes ieus j'avoie fichés as siens atant ;
Il o le front et le pis se dressoit,
36 Come l'enfer en grant despit tenant.
    Et li poete, de main pronte et à droit,
Entre ces tombes devers lui m'adressa,
Disant : « Que cointe ci ta parole soit. »
    Tost que je fui au pié la tombe en là,
Il m'esgarda, et puis com desdaigneus :
42 « Qui ti major furent? » me demanda.
    Et je qui ere d'obeir desireus.
Ne lui celai, mais tout lui descovri ;
D'ont leva il un peu en haut les ieus.
    Puis dit : « Il furent fierement enemi
À moi, aus miens, mes peres et ma part,
48 Si que deus fois en fuie les verti. »
    « Se chassé furent, di je, de toute part
Il retornerent l'une et l'autre fiée ;
Mais bien apris li vostre n'ont cest art. »
    Alors lonc lui, fors la tombe qui bée,
Une persone paru jusqu'au menton ;

D'après Bocace, Farinata croyait que l'âme mourait avec le corps.

    48. *Si que deux fois en fuie les verti* : la première fois en février 1248, la seconde en 1260 à la bataille de l'Arbia, dite aussi de Montaperti.

CANTO X.

54 Credo che s'era in ginocchie levata.
    D'intorno mi guardò, come talento
Avesse di veder s'altri era meco;
Ma poi che il sospecciar fu tutto spento,
    Piangendo disse : « Se per questo cieco
Carcere vai per altezza d'ingegno,
60 Mio figlio ov'è? e perchè non è teco? »
    Ed io a lui : « Da me stesso non vegno ;
Colui che attende là per qui mi mena,
Forse cui Guido vostro ebbe a disdegno. »
    Le sue parole e il modo della pena
M'avevan di costui già letto il nome ;
66 Però fu la risposta così piena.
    Di subito drizzato gridò : « Come
Dicesti : *egli ebbe?* non viv'egli ancora?
Non fiere gli occhi suoi lo dolce lome? »
    Quando s'accorse d'alcuna dimora
Ch'io faceva dinanzi alla risposta,
72 Supin ricadde, e più non parve fuora.
    Ma quell'altro magnanimo, a cui posta
Restato m'era, non mutò aspetto,
Nè mosse collo, nè piegò sua costa.
    « E se, continuando al primo detto,
Egli han quell'arte, disse, male appresa,
78 Ciò mi tormenta più che questo letto.
    Ma non cinquanta volte fia raccesa

60. *Mes fis où est, et porquoi n'est o ti?* cette ombre est celle de Cavalcante dei Cavalcanti, guelfe, riche cavalier de Florence, et croyant lui aussi à la mortalité de l'âme, d'après Boccace, Il était père de Guido Cavalcanti, cavalier de Florence très-riche et très-renommé. qui, à ce qu'il paraît par ce passage de Dante, avait peu de goût pour Virgile.

CHANT X.   125

54 Je croi que s'ert à genoillons levée.
   Entor garda, come en entention
   De reconoistre s'uns autre estoit o mi ;
   Mais puisque fu fors de sa souspeçon :
   « S'en ceste chartre oscure vas ainsi,
   Dit il plorant, par hautor de savoir,
60 Mes fils où est, et porquoi n'est o ti ? »
   « Par moi ne sui ci ne par mon pooir ;
   Cil qui est là atendant, ci me mene,
   Que vo fils eut, espoir, en nonchaloir. »
   Ce qu'il me dit, la guise de la pene
   De lui m'avoient jà enseigné le non ;
66 La repartie por ce fu ainsi plene.
   Il, se dressant, cria : « En quel façon
   Dis tu *il eut ?* n'est il vivant encore ?
   Ne fiert ses ieus li dous jors à bandon ? »
   Quant se perçut que certaine demore
   Je si faisoie au respons esperé,
72 Sovin cheï, et ne parut desore.
   Mais cis vaillans au grant cuer, por cui gré
   M'ere arestés, ne chanja de visage,
   Ne mut le col, ou plia le costé.
   « S'il ont cest art mal apris par usage,
   Fist il, son dire comencé poursuivans,
78 Ce me tormente plus que cis lis sauvage.
   Cinquante fois la dame ci regnans

---

79. *Cinquante fois la dame ci regnans Jà ralumé n'aura son luminaire :* Proserpine, qui est aussi la lune. Cinquante mois font quatre ans et deux mois. La fiction du poëte est qu'il s'entretient avec Farinata en mars 1300. Dante fut la première fois banni de Florence en janvier 1302 ; et deux ans après cet exil, c'est-à-dire après les cinquante mois prédits par Farinata, il pouvait bien savoir combien *l'art de rentrer à Florence est pesant.*

La faccia della donna che qui regge,
Che tu saprai quanto quell' arte pesa.
   E se tu mai nel dolce mondo regge,
Dimmi perchè quel popolo è si empio
84 Incontro a' miei in ciascuna sua legge ? »
   Ond' io a lui : « Lo strazio e il grande scempio
Che fece l'Arbia colorata in rosso,
Tale orazion fa far nel nostro tempio. »
   Poi ch' hebbe sospirando il capo scosso :
« A ciò non fui io sol, disse, nè certo
90 Senza cagion con gli altri sarei mosso.
   Ma fu' io sol colà, dove sofferto
Fu per ciascun di torre via Fiorenza,
Colui che la difesi a viso aperto. »
   « Deh, se riposi mai vostra semenza,
Prega' io lui, solvetemi quel nodo
96 Che qui ha inviluppata mia sentenza.
   E' par che voi veggiate, se ben odo,
Dinanzi quel che il tempo seco adduce,
E nel presente tenete altro modo. »
   « Noi veggiam, come quei che ha mala luce,
Le cose, disse, che ne son lontano ;
102 Cotanto ancor ne splende il sommo duce.
   Quando s'appressano, o son, tutto è vano
Nostro intelletto ; e, s'altri non ci apporta,
Nulla sapem di vostro stato umano.
   Però comprender puoi che tutta morta
Fia nostra conoscenza da quel punto
108 Che del futuro fia chiusa la porta. »
   Allor, come di mia colpa compunto,

85. *Di moi porquoi cis peuple en chasque loi...* Villani raconte que les Uberti étaient exclus de tous les pardons accordés aux gibelins.

CHANT X.

Jà ralumé n'aura son luminaire,
Que tu sauras com cest art est pesans.
    Si prenes tu au douz monde repaire !
Di moi por quoi cis peuple en chasque loi
84 Se monstre aus miens si pesme et si contraire. »
    Et je : « Membrez l'occise et le desroi
Qui firent courre l'Arbia tout sanglant ;
Por ç'on vous met dans no temple à besloi. »
    Puis qu'eut crolé la teste en sospirant :
« Seus je ne fui à ce, ne sans raison
90 N'eüsse esté à itel covenant.
    Mais seus je fui, là où à l'ochoison
Chascuns sofri de destruire Florence,
Cil qui por ele en apert fis tenson. »
    « Si puist un jor reposer vo semence,
Priai je à lui, icest neu solvez moi,
96 D'ont je ne puis ravoir m'intelligence.
    À moi pert il que voiiez, se bien oi,
D'avance choses qu'o soi li tens amene,
Et au present vous tenez autre loi. »
    « Com l'hom, dit il, à veüe mal sene,
Nous choisissons les choses du lointain ;
102 Encor l'otroie li haus sire demene ;
    Quant el s'aprochent ou sont, tout se fait vain
Por nostre esprit ; et s'on ne nous l'aporte,
Rien ne savons de vostre vivre humain.
    Bien comprens tu que sera toute morte
No connaissance, dès que li derniers poins
108 À tout futur aura close la porte. »
    Et je atant, com de coulpe compoins :

---

87. *Dans no temple :* les réunions populaires se tenaient à Florence dans un temple, ordinairement l'église de Saint-Jean

Dissi : « Or direte dunque a quel caduto
Che il suo nato è co' vivi ancor congiunto.
  E s' io fui dianzi alla risposta muto,
Fat' ei saper che il fei perchè pensava
114 Già nell' error che m' avete soluto. »
  E già il maestro mio mi richiamava,
Perch' io pregai lo spirto più avaccio
Che mi dicesse chi con lui stava.
  Dissemi : « Qui con più di mille giaccio;
Quà dentro è lo secondo Federico,
120 E il cardinale, e degli altri mi taccio. »
  Indi s' ascose; ed io in ver l' antico
Poeta volsi i passi, ripensando
A quel parlar che mi parea nemico.
  Egli si mosse, e poi così andando
Mi disse : « Perchè sei tu si smarrito ? »
126 Ed io gli satisfeci al suo dimando.
  « La mente tua conservi quel che udito
Hai contra te, mi comandè quel saggio;
Ed ora attendi qui (e drizzò il dito) :
  Quando sarai dinanzi al dolce raggio
Di quella il cui bell' occhio tutto vede,
132 Da lei saprai di tua vita il viaggio. »
  Appresso volse a man sinistra il piede;
Lasciammo il muro, e gimmo in ver lo mezzo
Per un sentier che ad una valle fiede
136 Che in fin lassù facea spiacer suo lezzo.

119. *Le secont Ferri :* l'empereur Frédéric II.
120. *Le chardonal :* le cardinal Ottaviano degli Uberti;
il était gibelin, très-puissant à la cour de Rome ; il avança
beaucoup ses parents et les gibelins de Toscane, ayant

« Faites savoir à ce poure cheü
Qu'encor ses fis aus vivans est conjoins.
    Et s'au respons primes me tin je mu,
C'est que pensoie, dites lui ci à droit,
114 Au pressant doute que vous m'avez solu. »
    Et jà li mestre à soi me rapeloit;
Por quoi priai l'esprit tot à eslès,
Qu'il me deïst qui o lui ci estoit.
    « O plus de mil je gis en ces recès,
Dit il; ceans a le secont Ferri,
120 Le chardonal et autres dont me tes. »
    Puis s'esconsa; et au poete anti
Arrier mes pas je tornai, repensant
À ce parler qui sembloit enemi.
    Et il se mut, puis ainsi en alant
Me dit : « Por quoi es tu si esmarris? »
126 Et je sans plus contentai son demant.
    « Retien ce que tu contre toi oïs
En t'ame, dit cis sage, puis levant
Le doit : Moult sois ore ci ententis.
    Quant tu seras à la parfin devant
Cele au dou rai, au bel œil qui tout voit,
132 Tu sauras d'ele ton voiage vivant. »
    À main senestre il torna orendroit,
Laissant le mur por au milieu venir
Par un sentier qui en un val eschoit,
136 La cui puors sus faisoit desplaisir.

l'habitude de dire : « S'il y a une âme, je l'ai perdue pour les gibelins. » C'est cette parole qui le fait mettre par Dante dans ce lieu de son enfer.

131. *Cele au dou rai, au bel œil qui tout voit :* Béatrice.

CHANT XI

SIXIÈME CERCLE ; TOMBE DU PAPE ANASTASE ; COMPARTIMENTS DE LA CITÉ INFERNALE.

Ce chant est un des plus malheureux de tout le poëme. Il est rempli par la division en compartiments de ce qui reste à visiter, et par des distinctions laborieuses et subtiles sur les méfaits qui restent à punir. Dante a une tendance visible à tenter de donner une vraisemblance matérielle à sa vision ; comme si aucune vraisemblance pouvait jamais y être introduite ; ou plutôt comme si la véritable vraisemblance n'était pas dans la fantaisie qui seule est ici réelle et vivante. Quand il se laisse aller sur cette pente, une aridité toute scolastique s'empare de lui et de ses vers.

CANTO XI

    In su l'estremità d'un' alta ripa
Che facevan gran pietre rotte in cerchio
Venimmo sopra più crudele stipa.
    E quivi, per l'orribile soperchio
Del puzzo che il profondo abisso gitta,
6 Ci raccostamo dietro ad un coperchio
    D'un grande avello, ov'io vidi una scritta
Che diceva : Anastasio papa guardo,
Lo qual trasse Fotin della via dritta.
    « Lo nostro scender conviene esser tardo
Sì che s'ausi prima un poco il senso
12 Al triste fiato; e poi non fia riguardo. »
    Così il maestro. Ed io : « Alcun compenso
Dissi lui, trova, che il tempo non passi
Perduto. » Ed egli : « Vedi che a ciò penso.
    Figliuol mio, dentro da cotesti sassi,
Cominciò poi a dir, son tre cherchietti
18 Di grado in grado, come quei che lassi.
    Tutti son pien' di spiriti maladetti;

---

8. *Le pape Anastase je garde, Qui par Photin fu trais fors de droiture :* Anastase II fut élu pape le 24 novembre 496. Photin, évêque de Sirmium, entaché de sabellianisme, fut déposé en 351 et mourut en 376. Il y a plus de cent ans entre ces deux personnages, et Photin ne put exercer aucune influence sur Anastase II, pour le porter aux dé-

CHANT XI

En sus au bout d'une rive hautaine
Qui de grans pieres estoit faite en reont,
Nous ateignimes closture plus grevaine.
　　Et là issoit de l'abisme parfont
Une puors de si male nature,
6　Que nous alames en refui sous le front
　　D'un grand tombel, où vi une escriture
Disant : *Le pape Anastase je garde,*
Qui par Photin fu trais fors de droiture.
　　« Convient que ci no descente se tarde,
Si que premiers s'aüse auques li sens
12　Au triste soufle, et puis plus n'i esgarde. »
　　Ainsi li mestre ; et je : « Fais que li tens
Perdu ne passe sans estre repaiés. »
Et il à moi : « Ainsi l'ai en porpens.
　　Fils, en dedens de ces rocs entassés,
Comença il, a trois cercles petis
18　Tout par degré, come ceus qu'as laissés.
　　Raempli sont tuit d'espris maleïs ;

marches que celui-ci fit auprès de l'empereur Anastase en vue de mettre fin au schisme. Il est donc impossible de concilier les dires de Dante avec l'histoire. Dante n'a fait que suivre une tradition, reçue de son temps, qui, malgré la chronologie, établissait des rapports entre le pape Anastase et l'évêque Photin.

Ma perché poi ti basti pur la vista,
Intendi come e perchè son costretti.
    D'ogni malizia ch'odio in cielo acquista,
Ingiuria è il fine, ed ogni fin cotale
24 O con forza o con frode altrui contrista.
    Ma perchè frode è dell'uom proprio male,
Più spiace a Dio; e però stan di sutto
Gli frodolenti, e più dolor gli assale.
    De' violenti il primo cerchio è tutto;
Ma perchè si fa forza a tre persone,
30 In tre gironi è distinto e costrutto.
    A Dio, a sè, al prossimo si puone
Far forza; dico in sè ed in lor cose,
Come udirai con aperta ragione.
    Morte per forza e ferute dogliose
Nel prossimo si danno, e nel suo avere
36 Ruine, incendj e tollette damnose ;
    Onde omicide e ciascun che mal fiere,
Guastatori e predon', tutti tormenta
Lo giron primo per diverse schiere.
    Puote uomo avere in sè man violenta
E ne' suoi beni; e però nel secondo
42 Giron convien che senza pro si penta
    Qualunque priva sè del vostro mondo,
Biscazza e fonde la sua facultade,
E piange là dove esser dee giocondo.
    Puossi far forza nella deitade,
Col cor negando e bestemmiando quella,
48 E spregiando natura e sua bontade :
    E però lo minor giron suggella
Del segno suo e Sodomia e Caorsa,

50. *Et Sodome et Cahors :* dans le moyen âge on ac-

CHANT XI.

Mais, si que puis li veoirs te sufise,
Entent porquoi et come il sont porpris :
  De tout meschef qu'ire du ciel justise,
Injure est fins ; et toute fins itaus,
24 Soit force ou fraude, autrui contriste et brise.
  Mais come à l'home fraude est li propre maus,
Plus Dieu desplait ; et au plus bas sont mis
Li frauduleus, o plus greveus assaus.
  Aus violens li prims lieus est sortis ;
Mais come à trois se font force et nuisences,
30 En trois gerons est lor cercles partis.
  À Dieu, à soi, au prochain violences
Faire se peuvent, come orras clerement,
En eus meïsmes ou lor apartenences.
  Murdrir par force et navrer durement,
Ou l'avoir ardre, rober et essilier,
36 Tout ce se fait au prochain malement.
  D'ont cil qui tue et fiert por mehaignier,
Gastere et lerre, par diverse ordenence,
Sont tormenté dans le geron premier.
  Li hom sur soi peut faire violence,
Ou sur ses biens ; dans le secont cerclet
42 Convient pero sans preu faire penence
  Tel qui sur terre de sa main se desfet,
Ou l'avoir joue et font par foleté,
Et vit à mal où devroit vivre à het.
  Faire se peut force à la deité,
En la niant de cuer et blasphemant
48 Contre nature et devine bonté ;
  Li gerons moindre reçoit et marque atant
De son seel et Sodome et Cahors,

cusait les gens de Cahors de se livrer à l'usure ; et vulgairement on nommait les usuriers des caorsins.

E chi, spregiando Dio, col cor favella.
   La frode, ond' ogni coscienza è morsa,
Può l'uomo usare in quei che in lui fida
54 Ed in quei che fidanza non imborsa.
   Questo modo di retro par che uccida
Pur lo vincol d'amor che fa natura;
Onde nel cerchio secondo s'annida
   Ipocrisia, lusinghe e chi affatura,
Falsità, ladroneccio e simonia
60 Ruffian', baratti e simile lordura.
   Per l'altro modo quell'amor s'obblia
Che fa natura, e quel ch'è poi aggiunto,
Di che la fede spezial si cria:
   Onde nel cerchio minore, ov' è il punto
Dell' universo in su che Dite siede,
66 Qualunque trade in eterno è consunto. »
   Ed io: « Maestro, assai chiaro procede
La tua ragione, ed assai ben distingue
Questo baratro e il popol che il possiede.
   Ma dimmi, quei della palude pingue
Che mena il vento, e che batte la pioggia,
72 E che s'incontran con sì aspre lingue,
   Perchè non dentro della città roggia
Son ei puniti, se Dio gli ha in ira?
E se non gli ha, perchè sono a tal foggia? »
   Ed egli a me: « Perchè tanto delira,
Disse, lo ingegno tuo da quel che suole?
78 Ovver la mente dove altrove mira?
   Non ti rimembra di quelle parole
Con le quai la tua etica pertratta

Et teus qui parlent de cuer, Dieu desprisant.
  Fraude, par cui n'est qui ne soit remors,
Peut estre usée vers tel qui se confie,
54 Ou tel qui met confiance defors.
  Ceste en dernier ne desront à la fie
Que le lien d'amor que fait nature ;
Au second cercle partant hipocrisie,
  Male art, losange avalent en droiture,
Ainsi qu'embler, fausseté, simonie,
60 Guile, barat et pareille laidure.
  Par l'autre fraude trop malement s'oblie,
Oltre l'amor que nature establi,
L'amors estroite qu'engendre foi plevie.
  Au derrain cercle partant, qui est aussi
Centre du monde et siege de Dité,
66 Sont traïtor eternaument puni. »
  Et je à lui : « Mestre, o moult grant clarté
Va ta raisons, droit sevrement fesant
En ceste chartre et ce peuple enfermé.
  Mais, di moi, cil en la palu pullant,
Mené du vent, ou feru de la pluie,
72 Ou o paroles si aspres s'encontrant,
  Porquoi n'ont il, dans la cit qui flambie,
Et place et peine, se Dieus les a en ire?
Et s'il nes a, porquoi ont tel haschie ? »
  « Est ce qu'en toi li sens trop loin s'adire,
Me respont il, de ce qu'il estre seut,
78 Ou que l'espris vers autre part remire ?
  N'as tu memoire des paroles de preut
Par lesquieus traite t'Etique sans faillance

65. *Centre du monde et siege de Dité :* Dité, Lucifer ; voy. le dernier chant.

Le tre disposizion che il ciel non vuole,
Incontinenza, malizia e la matta
Bestialitade? e come incontinenza
84 Men Dio offende e men biasimo accata?
Se tu riguardi ben questa sentenza,
E rechiti alla mente chi son quelli
Che su di fuor sostengon penitenza,
Tu vedrai ben perchè da questi felli,
Sien dipartiti, e perchè men crucciata
90 La divina giustizia gli martelli. »

« O sol che sani ogni vista turbata,
Tu mi contenti sì, quando tu solvi,
Che, no men che saver, dubbiar m'aggrata.
Ancora un poco indietro ti rivolvi,
Diss' io, là dove di', che usura offende
96 La divina bontade, e il groppo solvi. »

« Filosofia, mi disse, a chi la intende,
Nota, non pure in una sola parte,
Come natura lo suo corso prende
Dal divino intelletto e da sua arte.
E se tu ben la tua fisica note,
102 Tu troverai, non dopo molte carte,
Che l'arte vostra quella, quanto puote,
Segue, come il maestro fa il discente,
Sì che vostr' arte a Dio quasi è nipote.
Da queste due, se tu ti rechi a mente
Lo Genesi dal principio, conviene
108 Prender sua vita, ed avanzar la gente.
E perchè l'usuriere altra via tiene,
Per sè natura e per la sua seguace

---

80. *Par lesquicus traite*: il s'agit de l'Éthique d'Aristote, VII, 1.

Des trois penchans que li haus cieus ne veut,
   Incontinence, et malice, et semblance
De beste brute, et que l'incontinence
Moins Dieu corouce et a menor grevance?
   Se tu regardes bien à ceste sentence
Et te remembres queus est l'ofensions
De ceus qui sus sostienent penitence,
   Bien tu verras porquoi de teus felons
Il sont sevré, et porquoi, moins irée,
90 La Dieu justice en prent moins vengeaisons. »
   « Soleus qui sanes la veüe empirée,
Tu me contentes si, quant tu m'esclarcis,
Que li douters com li savoirs m'agrée.
   Torne un peu, di je, en arriere où tu dis
Qu'usure encontre la Dieu bonté mesprent,
96 Et tire moi fors de ces neus soutis. »
   « Philosophie, dit il, à qui l'entent,
Tesmoigne, et non en une seule part,
Come nature prent son cours ensement
   De l'intellect devin et de son art.
Et se tu bien en ta Phisique lis,
02 Tu troveras, sans un moult lonc esgart,
   Que vostre art est, tant qu'il peut, entenfis
À suivre la, come deciples mestre,
Si qu'à Dieu est vostre art près petit fis.
   Voi la Genese; au commencer de l'estre,
Por maintenir la vie et l'avancier,
108 Convint ces deus guier la gent terrestre.
   Come autre voie tienent li usurier,
De la nature et qui de l'art la suit

---

101. *Et se tu bien en ta Phisique lis*: c'est la Physique
d'Aristote.

CANTO XI.

Dispregia, poi che in altro pon la spene,
  Ma seguimi oramai, chè il gir mi piace;
Chè i Pesci guizzan su per l'orizzonta,
  E il Carro tutto sovra il Coro giace,
115 E il balzo via là oltra si dismonta. »

Font mesprison ; qu'aillors ont lor mestier.
  Mais sui moi ore ; car cheminer me duit ;
Voi les Poissons sur l'horizon monter ;
Jà toute l'Orse à l'occident reluit,
Et por descendre convient moult loin aler.

CHANT XII

PREMIER GIRON DU SEPTIÈME CERCLE : LES VIOLENTS ; LES TYRANS ET LES HOMICIDES. — LE MINOTAURE, LES CENTAURES, NESSUS, CHIRON.— EZZELIN, OBIZZO, GUI DE MONTFORT.

Ce chant est moins aride que le précédent. Des personnages interviennent et l'animent. Je ne parle pas du Minotaure, des centaures, de Chiron, de Nessus, tous ces monstres de la Fable, que Dante se plaît à faire jouer un rôle dans la pénalité qu'il imagine; ceux-là restent toujours sans vie et sans intérêt, mais je parle de ces tyranneaux d'Italie qu'il met dans le fleuve de sang bouillant. Dante est rarement heureux quand il fait comparaître dans son enfer les hommes de l'antiquité. Je ne veux prendre la défense ni de l'Alexandre dont il parle, si c'est l'Alexandre de Phères, ni de Pyrrhus. Mais pourquoi traite-t-il si durement Sextus Pompée? Sans doute il fut un chef d'esclaves révoltés, de bandits de la mer, et battit longtemps les eaux de la Sicile avec une flotte redoutable ; sans doute il fut cruel et rapace. Mais, dans cet affreux temps du triumvirat, le fut-il plus qu'Antoine ou Octave ?

CANTO XII

    Era lo loco, ove a scender la riva
Venimmo, alpestro, e per quel ch' ivi er' anco
Tal ch' ogni vista ne sarebbe schiva.
    Qual è quella ruina che nel fianco
Di qua da Trento l'Adice percosse
6 O per tremuoto o per sostegno manco,
    Che da cima del monte, onde si mosse,
Al piano è sì la roccia discoscesa,
Ch' alcuna via darebbe a chi su fosse;
    Cotal di quel burrato era la scesa.
E in su la punta della rotta lacca
12 L'infamia di Creti era distesa,
    Che fu concetta nella falsa vacca.
E quando vide noi, sè stesso morse,
Sì come quei cui l'ira dentro fiacca.
    Lo savio mio inver lui gridò: « Forse
Tu credi che qui sia il duca d'Atene,
18 Che su nel mondo la morte ti porse?
    Pártiti, bestia; chè questi non viene
Ammaestrato dalla tua sorella,
Ma vassi per veder le vostre pene. »
    Qual è quel toro che si slaccia in quella

---

22. *Ainsi qu'on voit mal se desbatre un tor, Quant receü
a la plaie mortel*: imitation de Virgile: *Qualis mugitus,*

CHANT XII

En desrube ert li pendans de la rive ;
Et nous trovames au bas tel se vautrant,
Que n'est veüe qui n'en seroit esquive.
　Vous conoissés la ruine gisant
Qui de là Trente l'Adige en flanc frapa,
6 Par terremeute, ou par soutien mancant ;
　Là, du somet jusqu'au plain où rola,
La roche est route, si que la devalée
Fust aspre à tel qui jus iroit par là.
　Teus la descente ert de ceste valée.
La deshonors de Crete et male tache
12 En sus la pointe du desrube ert couchée,
　Il qui naissance prist en la fausse vache.
Il se mordi, quant vint à nous veoir,
Com cil à cui tout son sens l'ire sache.
　Ore mes sage vers lui cria : « Espoir,
Tu crois que soit li chetaine d'Athenes,
18 Cil qui t'ocist à force et à pooir ?
　Beste, part t'en ; car cil en tes domenes
Ne vient guiés par le fil ta seror,
Mais il i vient por esgarder vos penes. »
　Ainsi qu'on voit mal se desbatre un tor,

fugit cum saucius aram Taurus, et incertam excussit cervice securim, Æn. II, 253.

Che ha ricevuto già il colpo mortale,
24 Che gir non sa, ma quà e là saltella;
Vid' io lo Minotauro far cotale.
E quegli accorto gridò : « Corri al varco;
Mentre ch' è in furia, è buon che tu ti cale. »
Così prendemmo via giù per lo scarco
Di quelle pietre, che spesso moviensi
30 Sotto i miei piedi per lo nuovo carco.
Io gía pensando. E quei disse : « Tu pensi
Forse a questa rovina, che è guardata
Da quell' ira bestial ch' io ora spensi.
Or vo' che sappi che l' altra fiata
Ch' io discesi quaggiù nel basso inferno,
36 Questa roccia non era ancor cascata.
Ma certo poco pria, se ben discerno,
Che venisse Colui, che la gran preda
Levò a Dite del cerchio superno,
Da tutte parti l'alta valle feda
Tremò si, ch' io pensai che l' universo
42 Sentisse amor, per lo quale è chi creda
Più volte il mondo in caos converso.
Ed in quel punto questa vecchia roccia
Qui ed altrove tal fece riverso.
Ma ficca gli occhi a valle ; chè s' approccia
La riviera del sangue, in la qual bolle
48 Qual che per violenza in altrui noccia. »

34. *A l'autre fiée, Au font d'enfer quand jus je descendi*: voy. **Enfer**, IX, 22 : *Congiurato da quella Eriton cruda*.

38. *Des mains de Dité àu premier cercle* : Dité, Satan, roi de l'enfer ; le premier cercle, le cercle supérieur, ou limbes. C'est à la descente de Jésus-Christ aux enfers que Dante fait allusion.

CHANT XII.

Quant receü a la plaie mortel,
24 Aler ne sait, mais sautele or et or,
Le Minotaure vi je faire autretel.
Et cil à droit cria : « Cour au passage ;
Passer, pendant qu'il s'aïre, t'est bel. »
Si cheminames jus par le mal estage
De ces grans pieres qui aloient rolant
30 De sous mes piés por le novel usage.
Pensant j'aloie ; et il : « Tu vas pensant
À la ruine, espoir, qui est gardée
Par l'ire estoute que j'ai flatie atant.
Or voil tu saches que, à l'autre fiée,
Au font d'enfer quant jus je descendi,
36 Iceste roche n'ert encor devalée.
Mais peu avant, se bien voi ce lieu ci,
Que cil venist qui des mains de Dité
Au premier cercle la grant proie tolli,
L'orde valée trembla si de tout lé,
Que je cuidai le monde en ce moment
42 Sentir l'amor par cui teus a pensé
Qu'ens au chaos il recheïst sovent.
Et ce fu lores que ceste vieille roche
Ci et aillors fist son destruiement.
Mais fiche aval le regart ; car s'aproche
Li flums de sanc, où bout tous rouvelens
48 Quiconque autrui par violence atoche. »

42. *Sentir l'amor par cui teus a pensé Qu'ens au chaos il recheï sovent* : opinion d'Empédocle, qui pensait que, le monde ayant été formé par la discorde des éléments, la concorde ou amour y ramenait par intervalles le chaos.

45. *Ci et aillors* : ailleurs se rapporte à *Enfer*, XXI, 108 : *Tutto spezzato al fondo l'arco sesto.*

CANTO XII.

Oh cieca cupidigine, oh ira folle,
Che sì ci sproni nella vita corta,
E nell' eterna poi si mal c' immolle!
   Io vidi un' ampia fossa in arco torta,
Come quella che tutto il piano abbraccia,
54 Secondo ch' avea detto la mia scorta;
   E tra il piè della ripa ed essa in traccia
Correan Centauri armati di saette,
Come solean nel mondo andare a caccia.
   Vedendoci calar ciascun ristette,
E della schiera tre si dipartiro
60 Con archi e asticciuole prima elette.
   E l' un gridò di lungi: « A qual martiro
Venite voi che scendete la costa?
Ditel costinci; se non, l' arco tiro. »
   Lo mio maestro disse: « La risposta
Farem noi a Chiron costà di presso;
66 Mal fu la voglia tua sempre sì tosta. »
   Poi mi tentò, e disse: « Quegli è Nesso,
Che mori per la bella Dejanira,
E fe' di sè la vendetta egli stesso.
   E quel di mezzo, che al petto si mira,
È il gran Chirone, il qual nudrì Achille;
72 Quell' altro è Folo, che fù sì pien d' ira.
   D'intorno al fosso vanno a mille a mille,
Saettando quale anima si svelle
Del sangue più che sua colpa sortille. »
   Noi ci appressammo a quelle fiere snelle.
Chiron prese uno strale, e con la cocca
78 Fece la barba indietro alle mascelle.
   Quando s'ebbe scoperta la gran bocca,

CHANT XII.

Oh convoitise aveugle, oh ire ardens,
Qui, nous poignant en nostre corte vie,
En l'eternel nous met à teus tormens !
    Une ample fosse je vi en arc ploiie ;
Tout le porpris en cet arc ele embrasse,
54 Come avoit dit cil qui leans me guie.
    Entre la fosse et la rive, à la trace
Centaure aloient, de saetes armé,
Come soloient au monde courre en chasse.
    Il, nous veant, aresterent fermé.
Trois se partirent du tropel erranment,
60 Mais prime eslirent ars et bouzons à gré.
    Li uns cria de loin : « À quel torment
Venez vous ci, qui la coste avalés ?
Parlez d'ilecques, ou je trai malement. »
    « Nous donerons, dit mes mestres senés,
Nostre response à Chiron là en sus.
66 Mar sempre fu tes voloirs si hastés. »
    Puis me tocha et dit : « Cil est Nessus,
Qui fu murdris por bele Dejanire,
Et fist vengeance de soi par soi sans plus.
    Et cil d'enmi qui au pis se remire,
Li grans Chiron est qui norri Achile ;
72 Pholus est l'autre, si adetis à l'ire.
    Entor la fosse il vont à mile et mile,
Bersant aus ames qui plus qu'il loist à eles
Et à lor coulpe, issent du sanc par guile. »
    Près nous venimes à ces bestes isneles.
Un bouzon prist Chiron, et o la coche
78 Sa barbe mist ariere ses maisselles.
    Quant descoverte il eut si sa grant boche,

---

54. *Come avoit dit cil :* Virgile, *Enfer*, XI, 28.

Disse ai compagni : « Siete voi accorti,
Che quel di retro move ciò ch' ei tocca ?
    Cosi non soglion fare i piè de' morti. »
E il mio buon duca, che già gli era al petto,
84 Ove le due nature son consorti,
    Rispose : « Ben è vivo, e sì soletto
Mostrargli mi convien la valle buja ;
Necessità il c' induce, e non diletto.
    Tal si partì da cantare alleluja
Che ne commise quest' uficio nuovo ;
90 Non è ladron, nè io anima fuja.
    Ma per quella virtù per cui io muovo
Li passi miei per sì selvaggia strada,
Danne un de' tuoi, a cui noi siamo a pruovo
    Che ne dimostri là ove si guada,
E che porti costui in su la groppa ;
96 Chè non è spirto che per l' aer vada. »
    Chiron si volse in su la destra poppa,
E disse a Nesso : « Torna, e sì li guida,
E fa cansar, s' altra schiera v' intoppa. »
    Noi ci movemmo con la scorta fida
Lungo la proda del bollor vermiglio,
102 Ove i bolliti facean alte strida.
    Io vidi gente sotte infino al ciglio ;
E il gran centauro disse : « Ei son tiranni
Che dier nel sangue e' nell' aver di piglio.
    Quivi si piangon li spietati danni ;
Quivi è Alessandro, e Dionisio fero
108 Che fe' Cicilia aver dolorosi anni.
    E quella fronte che ha il pel così nero

---

88. *Teus se parti de chanter alleluie:* Béatrice, qui est dans le paradis, où elle chante alleluia.

CHANT XII. 151

Il dit aus siens : « Ne percevez vous pas
Que cil arriere meut tout ce qu'il atoche?
   Ainsi ne seulent li mort faire en lor pas. »
Et mes bons dus, qui jà lui ert au pis,
84 Où dui natures forment lor entrelas,
   Lui respondi : « Cil o moi bien est vis ;
Par ce val noir seulet si je le guie ;
Nécessités le veult, non li delis.
   Teus se parti de chanter alleluie,
Qui me fia si novele couvine ;
90 Ne je ne il ne soms de ta baillie.
   Par la vertu en cui nom je chemine
Ainsi parmi si sauvage contrée,
Done un des tiens qui voise en no traïne,
   Et qui nous monstre là où li flums se guée,
Et icelui porte en croupe seant ;
96 Car il n'est ame qui par l'air ait volée. »
   Lores Chiron, à destre se tornant,
Dit à Nessus : « Va od eus, si les guie ;
S'est qui contreste, fai voie et passe avant. »
   Ore meümes o feel compagnie,
Selon la rive du roge boillement,
102 Por cui haus cris jete la gent boillie.
   J'i vi plongée jusqu'aus cils une gent.
Li grans centaure nous dit : « Cil sont tirant,
Engrès de sanc et d'avoir malement.
   Ici se plorent lor outrage pesant :
Ci Alissandre, ci Denis li crueus,
108 Qui la Sicile greva lonc tens et tant.
   Cis frons qui par a si noirs les cheveus,

---

107. *Ci Alissandre, ci Denis li crueus:* Alexandre de Phères, petit tyran grec; Denis l'Ancien, tyran de Sicile.

CANTO XII.

È Azzolino; e quell'altro, ch'è biondo
È Obizzo da Esti, il qual per vero
 Fù spento dal figliastro su nel mondo. »
Allor mi volsi al poeta, e quei disse:
114 « Questi ti sia or primo, ed io secondo. »
 Poco più oltre il centauro s'affisse
Sovra una gente che infino alla gola
Parea che di quel bulicame uscisse.
 Mostrocci un'ombra dall'un canto sola,
Dicendo : « Colui fesse in grembo a Dio
120 Lo cor che in sul Tamigi ancor si cola. »
 Poi vidi gente che di fuor del rio
Tenea la testa ed ancor tutto il casso;
E di costoro assai riconnobb'io.
 Così a più a più si facea basso
Quel sangue, sì che copria pur li piedi;
126 E quivi fu del fosso il nostro passo.
 « Sì come tu da questa parte vedi
Lo bulicame che sempre si scema,
Disse il centauro, voglio che tu credi
 Che da quest'altra a più a più giù prema
Lo fondo suo, infin ch'ei si raggiunge
132 Ove la tirannia convien che gema.
 La divina giustizia di qua punge
Quell'Attila che fu flagello in terra,
E Pirro, e Sesto, ed in eterno munge

---

110. *Azzolin :* Azzolino da Romano, perfide tyran, de la famille des comtes d'Onara, gendre de Frédéric II, empereur; il naquit en 1194, et tyrannisa la Marche Trévisane et partie de la Lombardie de 1230 à 1260.

111. *Obizzo :* Obizzo ou Oppizzone II de Este, marquis de Ferrare et de la Marche d'Ancône. Après avoir exercé une domination tyrannique pendant vingt-huit ans, il mourut en 1293. On croit qu'il fut étranglé par son fils,

CHANT XII.

    Est Azzolin ; et cis autres li blons
    Est Obizzo que ses fils impiteus
      Là sus, por voir, mist à estranguillons. »
    Lors au poete tornai, qui si parla :
114 « Cil te soit mestre, ci ne sui que secons. »
      Un peu plus outre li centaure aresta
    Sur une gent qui fors l'onde boillant
    Paroit issir jusqu'à la gole en çà.
      Il nous monstra en un coin seul estant
    L'ombre celui qui meïsme au sein Dieu
120 Perça le cuer que Londre honore atant.
      Puis je vi gent qui tenoit fors du rieu,
    Outre la teste, le pis auque à solas ;
    Je reconui maint d'iceus en ce lieu.
      Ainsi li sans devenoit tant plus bas,
    Que à la gent covroit il seul le pié ;
126 Et de la fosse là fu nostre trespas.
      « Come tu vois en çà de ce costé
    Le flum de sanc qui sempres va mermant,
    Dit li centaure, sois tu asseürés
      Qu'il va, de l'autre, de plus en plus pressant
    Son font meïsme, tres qu'il le lieu rejoint
132 Où tiranie convient soit lamentant.
      Là la justice de Dieu sans treve point
    Cest Attila, qui fu fleaus en terre,
    Pirrus d'Epire et Sestus, et à point

Azzo III. C'est pour répondre à ce doute que Dante dit *per vero*.

119. *L'ombre celui qui meïsme au sein Dieu :* Gui de Montfort, qui, en 1270, à Viterbe, assassina Henri, fils du roi Richard d'Angleterre, dans une église, à la messe. Il voulait venger son père Simon de Montfort, mis à mort par le roi d'Angleterre.

135. *Pyrrhus*, le roi d'Épire ; *Sextus*, le fils de Pompée,

CANTO XII.

Le lagrime che col bollor disserra
A Rinier da Corneto, a Rinier Pazzo,
Che fecero alle strade tanta guerra. »
139 Poi si rivolse, e ripassossi il guazzo.

qui tint longtemps la mer avec une flotte; il fut vaincu par Agrippa.

137. *Rinier Fol :* Rinieri Pazzo fut un cavalier de la famille des Pazzi de Valdarno, entre Florence et Arezzo;

CHANT XII.

 Larmes cuisans eternaument desserre
À Rinier Fol et Rinier de Cornet,
 Qui aus chemins firent crueuse guerre. »
139 Puis s'en torna et repassa le guet.

il pilla les prélats de l'Église de Rome par le commandement de l'empereur Frédéric II, vers l'an 1228.
 137. *Rinier de Cornet:* fameux voleur du temps de Dante. Corneto est dans la Maremme.

CHANT XIII

SECOND GIRON DU SEPTIÈME CERCLE ; LES VIOLENTS CONTRE EUX-MÊMES ; LES HARPIES ; PIERRE DES VIGNES ; LANO DE SIENNE ; JACQUES DE SAINT-ANDRÉ.

Ce chant, étrange par la conception, est pourtant tout inspiré par un épisode du troisième livre de l'Énéide. Polydore, sur le tombeau de qui a crû une touffe d'arbrisseaux saignants et parlants quand on les rompt ou les arrache, a fourni les traits principaux des scènes tracées par Dante.

Quand Pierre des Vignes, se lamentant par la branche qui a été cassée et qui saigne, reproche aux deux visiteurs leur cruauté à son égard, il s'écrie qu'on ne devrait pas le traiter ainsi, lui et ses compagnons d'infortune, quand même ils seraient des âmes de serpents. Dante aurait dû se ressouvenir de cette exclamation. Plus loin, nous le verrons insulter, maltraiter en acte et en parole des coupables qu'il rencontre. Ce sont, il est vrai, des âmes de serpents ; mais leur supplice est assez rigoureux pour qu'un homme courtois et généreux ne veuille à aucun prix l'aggraver.

CANTO XIII

    Non era ancor di là Nesso arrivato,
Quando noi ci mettemmo per un bosco
Che da nessun sentiero era segnato.
    Non frondi verdi, ma di color fosco,
Non rami schietti, ma nodosi e involti,
6 Non pomi v' eran, ma stecchi con tosco.
    Non han si aspri sterpi nè sì folti
Quelle fiere selvagge che in odio hanno
Tra Cécina e Corneto; luoghi colti.
    Quivi le brutte Arpie lor nido fanno,
Che cacciar delle Strofade i Trojani
12 Con tristo annunzio di futuro danno.
    Ale hanno late, e colli e visi umani,
Piè con artigli, e pennuto il gran ventre;
Fanno lamenti in su gli alebri strani.
    E il buon maestro: « Prima che più entre,
Sappi che se' nel secondo girone,
18 Mi cominciò a dire, e sarai, mentre
    Che tu verrai nell' orribile sabbione.
Però riguarda bene, e sì vedrai

    8. *De Cornet à Cecine:* Corneto, petite ville entre les États du pape et la Toscane ; Cècina, fleuve qui traverse la province de Volterre et se jette dans la Méditerranée, à peu d'heures de Livourne, du côté de Rome. Les deux

CHANT XIII

    Nessus à peine traverser fenissoit,
Que nous venimes en un espais boscage,
Qu'aucuns sentiers droitement ne coupoit ;
    Sans feuilles vers, mais o noirçor sauvage,
Sans rains dressés, mais tors et plein de neus,
6 Sans fruis sur branche, mais venins à outrage.
    Recez n'a pas si fors et espineus
La sauvagine de Cornet à Cecine,
Qui het les chams cultivés et peupleus.
    Ci les Harpies font lor orde couvine,
Qui des Strophades chasserent les Troiains,
12 Lor anonçant de maus longue traïne.
    El ont grans ailes, et cols et vis humains,
Ongles aus piés, plumes à lor grans ventres,
Et sur les arbres estranges font lor plains.
    Et li bons mestre : « Premiers que plus tu entres,
Sache tu es dans le secont geron,
18 Comença il, e i seras dementres
    Que tu viendras en l'horrible sablon.
Por ce regarde : choses verras en vrai

fleuves Cécina et Marta, sur lequel Corneto est situé, forment les limites de la Maremme toscane, lieu insalubre où même aujourd'hui il n'y a que bois et maquis épais.
  12. *Lor anonçant de maus longue traïne :* Voy. Virg. *En.* III, 247 et suivants.

Cose che torrien fede al mio sermone. »
Io sentia da ogni parte traer guai,
E non vedea persona che il facesse;
24 Perch'io tutto smarrito mi arrestai.
Io credo ch' ei credette che io credesse
Che tante voci uscisser tra que' bronchi
Da gente che per noi si nascondesse.
Però disse il maestro : « Se tu tronchi
Qual che fraschetta d'una d'este piante,
30 Li pensier' che hai si faran tutti monchi. »
Allor porsi la mano un poco avante,
E colsi un ramuscel da un gran pruno;
E il tronco suo gridò : « Perché mi schiante? »
Da che fatto fu poi di sangue bruno,
Ricominciò a gridar : « Perchè mi scerpi ?
36 Non hai tu spirto di pietate alcuno ?
Uomini fummo, ed or sem fatti sterpi;
Ben dovrebb' esser la tua man più pia,
Se state fossim' anime di serpi. »
Come d'un stizzo verde, che arso sia
Dall' un de' capi, che dell' altro geme,
42 E cigola per vento che va via;
Si della scheggia rotta uscia insieme
Parole e sangue ; ond'io lasciai la cima
Cadere, e stetti come l'uom che teme,
« S'egli avesse potuto creder prima,
Rispose il savio mio, anima lesa,
48 Ciò che ha veduto, pur con la mia rima,
Non avrebbe in te la man distesa ;
Ma la cosa incredibile mi fece
Indurlo ad opra che a me stesso pesa.

CHANT XIII.

Qui osteroient croiance au mien sermon. »
Et jà j'oioie partout traire un lonc wai,
Sans veoir nul qui feïst tel desroi;
24 Tout esmarris partant je m'arestai.
Que je creïsse il creï, com je croi,
Cil bruis de vois venist, entre les rains,
De gens por nous se tenant en recoi.
Partant me dit li mestres : « Se tu frains
Quelque branchete d'aucun arbre en estant,
30 Se desfera ce que penses orains. »
Lores, portant la main un peu avant,
D'un prunelier un raincel je cueilli;
Li trons cria : « Que me vas dequassant? »
Puis que li sans qui couloit l'eut noirci,
Recomença : » Por quoi m'as deschiré?
36 Pitié aucune n'as tu donc en souci?
Homes nous fumes, or en arbres changé ;
Ta mains devroit bien estre plus piteuse,
Eüssions nous serpent sur terre esté. »
Une vers branche, s'ele art toute fumeuse
Par l'un des bous, jete un gemissement
42 Par l'autre, et sifle la vapors despiteuse;
Ainsi du rain issoit ensemblement
Parole et sans ; d'ont la branche aversiere
Laissai cheoir, come hom que paors prent.
« S'avoit peü à ma parole miere,
Lui respondi mes sage, ame offendue,
48 Avant veoir, doner croiance entiere,
Sur toi la main il n'auroit estendue.
Ne pooir croire m'a fait lui conseiller
Ce qui est peine à moi meïsme ague.

35. *Por quoi m'as deschiré :* imitation de Virgile, *En.* III, 41 : *Quid miserum, Ænea, laceras ?*

Ma dilli chi tu fosti, sì che, in vece
D'alcuna ammenda tua fama rinfreschi
54 Nel mondo su dove tornar gli lece. »
    E il tronco : « Sì con dolce dir m'adeschi,
Ch'io non posso tacere ; e voi non gravi
Perch' io un poco a ragionar m'inveschi.
    Io son colui che tenni ambo le chiavi
Del cor di Federico, e che le volsi
60 Serrando e disserrando sì soavi,
    Che dal segreto suo quasi ogni uom tolsi.
Fede portai al glorioso ufizio
Tanto ch' io ne perdei lo sonno e il polsi.
    La meretrice che mai dall' ospizio
Di Cesare non torse gli occhi putti,
66 Morte comune e delle corti vizio,
    Infiammò contra me gli animi tutti;
E gl' infiammati infiammar sì Augusto,
Che i lieti onor tornaro in tristi lutti.
    L'animo mio per disdegnoso gusto,
Credendo col morir fuggir disdegno,
72 Ingiusto fece me contra me giusto,
    Per le nuove radici d'esto legno
Vi giuro che giammai non ruppi fede
Al mio signor, che fu d'onor sì degno.
    E se di voi alcun nel mondo riede,
Conforti la memoria mia, che giace
78 Ancor del colpo che invidia le diede. »
    Un poco attese, e poi : « Da ch' ei si tace,
Disse il poeta a me, non perder l'ora,
Ma parla e chiedi a lui se più ti piace. »

58. *Je sui icil...* Pierre des Vignes, chancelier de

CHANT XIII.

  Mais di qui fus, si qu'il, por amender
Auques le mal, rasfraichisse ton non
54 Sus dans le monde, où lui loist retorner. »
  « J'aim, dit li trons, si ta douce raison
Que ne tairai ; et ne vous soit greveus,
S'auques me laisse aler à mon sermon.
  Je suis icil qui tint les cles andeus
Du Ferri cuer, et tous tems les tornai,
60 Cloant, ouvrant, d'un tor si gracieus
  Que près tout home de son secret ostai ;
Foi je portai au glorieus ofice,
Si que de nuit, de jor, m'en travaillai.
  La pute envie, qui son œil de malice
Onc du palais de Cesar ne torna,
66 Des cours des princes commune peste et vice,
  Les cuers de tous contre moi enflama ;
Flame enflamant Auguste si forment,
Qu'en triste deuil ma liée honors chanja.
  M'ame sorprise de desdaigneus talent,
Cuidant fuïr desdain dans le tombel,
72 Me fist coupable envers moi inocent.
  Par les raïz de cest arbre novel,
Onques, vous jure, je n'oi ma foi mentie
Vers mon seignor, qu'honorer me fu bel.
  Et s'uns de vous vient au monde autre fie,
Qu'il reconforte ma memoire en dehait
78 Sous le mal cop que lui porta envie. »
  Après un peu d'atente : « Or il se tait,
Dit li poete ; sans perdre tems et hore,
Parle et demande à lui, se plus te plait. »

Frédéric II. Il se tua en 1249 en se brisant la tête contre les murs de sa prison.

Ond' io a lui : « Dimandal tu ancora
Di quel che credi che a me soddisfaccia;
84 Ch' io non potrei; tanta pietà m'accora.»
Perciò ricominciò : « Se l' uom ti faccia
Liberamente ciò che il tuo dir prega,
Spirito incarcerato, ancor ti piaccia
Di dirne come l'anima si lega
In questi nocchi; e dinne, se tu puoi,
90 Se alcuna mai da tai membra si spiega. »
Allor soffiò lo tronco forte, e poi
Si convertì quel vento in cotal voce:
« Brevemente sarà riposto a voi.
Quando si parte l'anima feroce
Dal corpo, ond' ella stessa s'è divelta,
96 Minos la manda alla settima foce.
Cade in la selva, e non le è parte scelta;
Ma la dove fortuna la balestra,
Quivi germoglia come gran di spelta.
Surge in vermena ed in pianta silvestra;
Le arpie, pascendo poi delle sue foglie,
102 Fanno dolore e al dolor finestra.
Come l'altre, verrem per nostre spoglie,
Ma non però che alcuna sen rivesta;
Chè non è giusto aver ciò che uom si toglie.
Qui le trascineremo, e per la mesta
Selva saranno i nostri corpi appesi,
108 Ciascuno al prun dell' ombra sua molesta.»
Noi eravamo ancora al tronco attesi,
Credendo che altro ne volesse dire,
Quando noi fummo d'un romor sorpresi
Similimente a colui che venire
Sente il porco e la caccia alla sua posta,
114 Che ode le bestie e le frasche stormire.

Et je au mestre : « Demande, tu, encore
Quanque tu crois estre à mon gré assés ;
84 Je ne porroie, trop grans pitiés m'acore. »
« Se cil, redit lores li mestre senés,
Fait librement ce que tes dires prie,
Encor te plaise, espris emprisonés,
De dire à nous coment l'ame se lie
Ens en ces neus ; et, se peus, di manois
90 Se de teus membres aucune se deslie. »
Alors sofla li trons, et en tel vois
Se converti li sofle ainsi poussés :
« Briement aurez le respons, que c'est drois.
Quant part du cors li espris forsenés
Qui fist meïsme la pesme desevrance,
96 Au setme goufre par Minos est mandés,
Choit en la selve au lieu où la cheance,
Et non li chois, le jete por estage ;
Et là il germe comme grains de semence,
Et en jetons sourt et plante sauvage.
Puis les harpies, paissant raincel et feuille,
102 Dolor i font et à dolor passage.
Nous irons querre, nous aussi, no despucille,
Sans i rentrer, com fait autre pechere ;
N'est drois qu'on ait ce dont on se despueille.
Ci la trairons, et par la selve amere
Demorera nostre cors de dolor
108 Pendus chascuns à son fust deputere. »
Nous ententif nous escoutions encor,
Cuidant qu'eüst de plus parler desir,
Lorsque nous fumes sorpris d'une romor,
Si come cil qui, à l'affust, venir
Oit le sangler par la chasse poussé ;
114 Dont il entent bestes et rains tentir.

CANTO XIII.

Ed ecco duo della sinistra costa,
Nudi e graffiati, fuggendo sì forte
Che della selva rompièno ogni rosta.
 Quel dinanzi: « Ora accorri, accorri, morte!»
E l'altro, a cui pareva tardar troppo,
120 Gridava: « Lano, sì non furo accorte
Le gambe tue alle giostre del Toppo. »,
E poi che forse gli fallia la lena,
Di sè e d'un cespuglio fece un groppo.
 Diretro a loro era la selva piena
Di nere cagne bramose e correnti.
126 Come veltri che uscisser di catena.
 In quel che s'appiattò miser li denti,
E quel dilaceraro a brano a brano,
Poi sen portar quelle membra dolenti.
 Presemi allor la mia scorta per mano,
E menommi al cespuglio che piangea
132 Per le rotture sanguinenti invano.
 « O Jacomo, dicea, da Sant' Andrea,
Che t' è giovato di me fare schermo?
Che colpa ho io della tua vita rea? »
 Quando il maestro fu sovr' esso fermo,
Disse : « Chi fusti, che per tante punte
138 Soffi con sangue doloroso sermo? »
 E quegli a noi: « O anime che giunte
Siete a veder lo strazio disonesto.
Che ha le mie frondi sì da me disgiunte,

---

115. *Et vez ci deus:* Jacomo de S. Andrea et Lano. Lano ou Ercolano de Sienne, homme très-riche, mangea toute sa fortune. S'étant trouvé à la défaite que les Aretins infligèrent aux Siennois près la Pieve del Toppo, il préféra, pouvant se sauver par la fuite, se précipiter parmi les ennemis et s'y faire tuer.

CHANT XIII.

Et vezci dui du senestre costé,
Esgratigné, nu, si forment fuiant
Que tout rompoient parmi le gaut ramé.
« Vien, o mort, vien » crioit cil en avant.
L'autre, cuidant la fuie peu hastée,
120 Disoit : « Lano, à Toppo si corant
Ti pié ne furent dans la fiere meslée. »
Et puis qu'espoir lui defailloit l'halene,
Fist d'un buisson et de soi assemblée.
Tout deriere eus estoit la selve plene
De chienes noires fameilleuses, ardens
126 Si come veltre issant de la chaene.
À cel qui ert flatis mirent les dens,
Le despiecerent si com par male fain,
Puis enporterent tous ces membres dolens.
Lores me prist li miens guis par la main,
Et me mena au buisson tout brisé,
132 Qui o son sanc jetoit plaintes en vain.
« Oh, disoit il, Jacques de Saint-André,
De t'abrier de moi que t'a servi ?
Et quel coulpe ai au vivre qu'as mené ? »
Quand fu li mestre aresté près de li :
« Qui fus, dit-il, qui, par tantes ferues,
138 O le sanc sofles sermon si esmarri ? »
Et il à nous : « O ames, qui venues
Estes tantost à tel desfacion
Qui si de moi a mes branches tolues,

---

133. *Oh, disoit il, Jacques de Saint-André :* Jacomo de S. Andrea, fils d'Odorico de Monselice et de Speronella Delesmanini, dame très-riche qui eut six maris. Il fut célèbre par ses prodigalités. Les commentateurs croient qu'il fut mis à mort par Ezzelin en 1239. Si cela était, pourquoi Dante le placerait-il parmi les suicidés?

CANTO XIII.

Raccoglietele al piè del tristo cesto.
Io fui della città che nel Batista
144 Mutò il primo padrone; ond' ei per questo
Sempre con l'arte sua la farà trista.
E se non fosse che in sul passo d'Arno
Rimane ancor di lui alcuna vista,
Quei cittadin' che poi la rifondarno
Sovra il cener che d'Attila rimase,
Avrebber fatto lavorare indarno.
151 Io fei giubbetto a me delle mie case. »

143. *De la cité fui:* les commentateurs ne sont pas d'accord sur ce personnage. Les uns pensent que ce fut un juge de la famille des Agli qui, ayant donné un mauvais conseil, prit si à cœur les reproches qu'on lui fit qu'il se pendit. Les autres y voient un certain Rocco de Mozzi, qui, très-riche et s'étant ruiné, se pendit dans sa maison.

144. *Por le Baptiste guerpi son vieil patron:* Florence païenne avait Mars pour patron; devenue chrétienne,

Aünez les au pié ce mal buisson.
De la cité fui qui, d'ancesserie,
144 Por le Baptiste guerpi son vieil patron,
Qui ne lairra de la faire marrie ;
Et se ne fust qu'encores en voit on
Au pont d'Arno quelque image taillie,
Cil qui, après Attila, sur l'arson
Florence emprirent à bastir de novel,
Lor peine auroient emploiée en pardon.
151 Je me pendi de ma main à l'ostel. »

elle se mit sous la protection de saint Jean-Baptiste. Mais Mars n'aurait pas laissé de la faire périr par la guerre, si une statue de ce dieu païen n'avait été conservée et placée sur le pont de l'Arno. Singulière superstition retenue par Dante. Il n'est pas vrai qu'Attila ait passé sur Florence. Dante suit ici des traditions qui n'ont rien d'historique.

CHANT XIV

TROISIÈME GIRON DU SEPTIÈME CERCLE : LES VIOLENTS CONTRE DIEU ; CAPANÉE ; LE VIEILLARD DE CRÈTE ; LES FLEUVES INFERNAUX.

Nous rencontrons encore ici les personnages de la mythologie. Il est singulier de voir Dante prendre fait et cause pour Jupiter ; évidemment, il regarde l'impiété contre les dieux du polythéisme comme une impiété générale qui se serait aussi bien révoltée contre le Dieu des chrétiens.

Mais ce qui est étrange, c'est le vieillard de Crète, statue faite d'or, d'argent, de cuivre, de fer et d'argile (en un pied du moins), debout sur une montagne de l'île, ayant le dos tourné vers Damiète et le regard vers Rome, et recevant dans les fissures qui la sillonnent les larmes qui vont former en enfer les fleuves infernaux. Cette conception est manifestement tirée du songe de Nabuchodonosor dans le livre de Daniel. Dante l'entend autrement que l'écrivain hébreu. Mais comment l'entend-il ? Les commentateurs pensent que ce vieillard est l'image de l'histoire universelle, dont le cours est d'Orient en Occident, et que, Rome étant la seule espérance de la monarchie, c'est pour cela que le vieillard la regarde comme son miroir. On sait que l'idéal de Dante était la monarchie impériale associée à l'Église. Voyez dans les notes une interprétation plausible de M. Ratisbonne.

CANTO XIV

Poi che la carità del natio loco
Mi strinse, raunai le fronde sparte,
E rende' le a colui ch' era già fioco.
 Indi venimmo al fine, ove si parte
Lo secondo giron dal terzo, e dove
6 Si vede di giustizia orribil arte.
 A ben manifestar le cose nuove,
Dico che arrivammo ad una landa
Che dal suo letto ogni pianta rimuove.
 La dolorosa selva le è ghirlanda
Intorno, come il fosso tristo ad essa.
12 Quivi fermammo a randa a randa.
 Lo spazzo era un' arena arida e spessa,
Non d'altra foggia fatta che colei
Che fu da' piè di Caton già soppressa.
 Oh vendetta di Dio, quanto tu déi
Esser temuta da ciascun che legge
18 Ciò che fu manifesto agli occhi miei!
 D'anime nude vidi molte gregge,
Che piangean tutte assai miseramente,
E parea posta lor diversa legge.
 Supin giaceva in terra alcuna gente,
Alcuna si sedea tutta raccolta,

---

22. *Sovine... Autre... autre...*: *Sovine:* **les violents**

CHANT XIV

    La charités du lieu naïf m'esmu
Si qu'aünai tout ce raincel espart,
Et le rendi à celui déjà mu.
    De là venimes où li secons se part
Du tiers geron, et où l'on peut veoir
6 Combien justice est terrible en son art.
    Noveles choses por bien faire aparoir,
Nous parvenimes, je di, en une lande
Qui toute plante chasse de son terroir.
    Li gaus peineus lui fait une guirlande,
Com fait au gaut la fosse desfaée ;
12 Là nous esteumes rez à rez de la brande.
    C'ert une arene espaisse et desechée,
Toute semblable à cele qu'en Libye
Jà de ses piés Caton avoit pressée.
    Oh Dieu vengeance, combien en ceste vie
Estre cremue tu dois par tel qui lit
18 Ce qui paru à mes ieus ceste fie !
    Je d'ames nues vi tropaus sur ce lit,
Qui se plaignoient moult dolerosement ;
Chascun tropel par loi diverse aflit.
    Sovine à terre gisoit aucune gent ;
Autre seoit tote en soi ramassée ;

contre Dieu ; *autre :* les usuriers ; *autre :* les sodomites.

CANTO XIV.

24 Ed altra andava continuamente.
    Quella che giva intorno era più molta,
E quella men che giaceva al tormento,
Ma più al duolo avea la lingua sciolta.
    Sovra tutto il sabbion d'un cader lento
Piovean di fuoco dilatate falde,
30 Come di neve in alpe senza vento.
    Quali Alessandro in quelle parti calde
D'India vide sopro lo suo stolo
Fiamme cadere infino a terra salde;
    Perch' ei provvide a scalpitar lo suolo
Con le sue schiere, per ciò che il vapore
36 Me' si stingueva mentre ch' era solo;
    Tale scendeva l'eternale ardore;
Onde l'arena s'accendea com' esca
Sotto focile, a doppiar lo dolore.
    Senza riposo mai era la tresca
Delle misere mani, or quindi or quinci
42 Iscotendo da sè l'ardura fresca.
    Io cominciai : « Maestro, tu che vinci
Tutte le cose, fuor che i demon' duri
Che all' entrar della porta incontro uscinci,
    Chi è quel grande che non par che curi
L'incendio, e giace dispettoso e torto
48 Si che la pioggia non par che il maturi? »
    E quel medesmo che si fue accorto
Ch' io dimandava il mio duca di lui,
Gridò : Qual io fui vivo, tal son morto.
    Se Giove stanchi il suo fabbro, di cui

---

31. *Tel que dans l'Inde, en la chaude partie :* Ceci n'a rien d'historique, étant emprunté à la prétendue lettre d'Alexandre à Aristote. Dante, par inadvertance, a confondu deux dires de cette lettre ; de la neige tomba, et

24 Autre aloit sempre et sans reposement.
　　Plus ert de cele alant à randonée,
Moins des gisans ou seans à torment;
Mais lor langue ert à greignor plaint livrée.
　　Sor tot le sable et d'un cheoir molt lent
Apleuvoit feus en flocons par mestrie,
30 Come de neige dans les Alpes sans vent.
　　Tel que dans l'Inde, en la chaude partie,
Vi Alixandres cheoir jusques à terre
Flocons de flames sor sa grant ost banie;
Par tant as piés les fouler et conquerre
Comanda il, por ce qu'un si grans chaus,
36 Sempres esteins, lor faisoit moins de guerre;
　　Si descendoit ceste arsure eternaus;
Dont s'alumoit, com fait l'esche aprestée,
La pesme arene, qui si dobloit les maus.
　　Sans repos ert ormais la demenée
Des poures mains, se travaillant d'oster
42 De ci de là l'arson renovelée.
　　Je commençai : « Tu qui peus sormonter
O mestre, tout, fors que ces maleïs
Qui fors issirent por nous contralier,
　　Qui est cis grans qui l'arsure en mespris
Semble tenir, et gist tous despiteus,
48 Si qu'on diroit qu'il n'en est pas aflis ? »
　　Et cil meïsme qui ne fu pereceus
D'oïr l'enqueste que fesoie de lui,
Cria : « Queus fui vivans, mors sui je teus.
　　Se Jupins lasse le sien fevre, de cui

Alexandre la fit fouler aux pieds, pour qu'elle n'encombrât pas le camp ; des flammes tombèrent, et les soldats y opposèrent leurs vêtements
52. *Le sien fevre :* Vulcain.

CANTO XIV.

<pre>
     Crucciato prese la folgore acuta
54 Onde l'ultimo dì percosso fui;
     O s'egli stanchi gli altri a muta a muta
  In Mongibello alla fucina negra,
  Chiamando : Buon Vulcano, ajuta, ajuta!
     Sì com' ei fece alla pugna di Flegra,
  E me saetti di tutta sua forza,
60 Non ne potrebbe aver vendetta allegra. »
     Allora il duca mio parlò di forza
  Tanto ch' io non l'avea sì forte udito :
  « O Capaneo, in ciò che non s'ammorza
     La tua superbia, se' tu più punito.
  Nullo martirio, fuor che la tua rabbia,
66 Sarebbe al tuo furor dolor compito. »
     Poi si rivolse a me con miglior labbia,
  Dicendo : « Quel fu l'un de' sette regi
  Che assiser Tebe; ed ebbe, e par ch' egli habbia
     Dio in disdegno, e poco par che il pregi;
  Ma, come io dissi lui, li suoi dispetti
72 Sono al suo petto assai debiti fregi.
     Or mi vien' dietro, e guarda che non metti
  Ancor li piedi nell' arena arsiccia,
  Ma sempre al bosco li ritieni stretti. »
     Tacendo divenimmo là ove spiccia
  Fuor della selva un picciol fiumicello,
78 Lo cui rossore ancor mi raccapriccia.
     Quale del Bulicame esce ruscello
  Che parton poi tra lor le peccatrici,
</pre>

56. *En Montgibel* : nom moderne de l'Etna.
58. *Phlegre* : vallée de Thessalie où Jupiter foudroya les géants.
77. *Uns flunciaus* : le Phlégéthon.
79. *Du Boulicame* : nom d'une source qui, à deux

CHANT XIV.

    Prist courroucés la foudre tant ague
54 Dont trespercés le derrain jor je fui;
    Et se les autres il lasse à recreüe
En Montgibel, dans la fornaise noire,
Criant : Aïue, o bon Vulcain, aïue,
    Si come à Phlegre il fist selon l'histoire,
Et traie à moi de toute sa puissance,
60 N'aura de moi une aliegre victoire. »
    Lores mes dus parla o demonstrance
Si grant, que tel ne l'avoie onque oï :
« O Capanée, tant maire est la vengeance,
    Que tes orguils du tout ne s'amorti;
Nessuns martire, fors que ta grant furor,
66 Ne fust grevance igaus à ton reni. »
    Puis se torna o visage meillor
Vers moi, et dist : « Cil fu uns des set rois
Qui Thebe assirent ; il eut et a encor
    Dieu en despit, ce semble, et en bufois ;
Mais, come à lui je l'ai dit, si mespris
72 À son corage bien sont deü orfrois.
    Or vien derriere ; que tes piés ne soit mis
Aucune fois en l'arene bruslant,
Mais tiens toi sempre près du gaut des chetis. »
    Taisant venimes ilecques où s'espant
Fors de la selve uns moult petis flunciaus,
78 La cui rojors encor me fait tremblant.
    Du Boulicame come sourt li ruissiaus
Que pecheresses se despartent meshui,

milles de Viterbe, forme un ruisseau d'eaux bouillantes et minérales. Ce Bulicame était très-fréquenté du temps de Dante ; et les *pécheresses*, c'est-à-dire les courtisanes y accouraient en grand nombre.

12

Tal per l'arena giù sen giva quello.
  Lo fondo suo ed ambo le pendici
Fatte eran pietra, e i margini da lato;
84 Perch' io m'accorsi che il passo era lici.
  « Tra tutto l'altro ch'io t'ho dimostrato,
Poscia che noi entrammo per la porta
Lo cui sogliare a nesuno è negato,
  Cosa non fu dagli occhi tuoi scorta
Notabile, com' è il presente rio,
90 Che sopra sè tutte fiammelle ammorta. »
  Queste parole fur del duca mio:
Perche il pregai che mi largisse il pasto
Di cui largito m'aveva il disio.
  « In mezzo mar siede un paese guasto,
Diss' egli allora, che s'appella Creta,
96 Sotto il cui rege fu già il mondo casto.
  Una montagna v'è, che già fu lieta
D'acque e di frondi, che si chiamò Ida ;
Ora è diserta come cosa vieta.
  Rea la scelse già per cuna fida
Del suo figliuolo, e, per celarlo meglio,
102 Quando piangea, vi facea far le grida.
  Dentro dal monte sta dritto un gran veglio
Che tien volte le spalle inver Damiata,
  E Roma guarda sì come suo speglio.
  La sua testa è di fin' oro formata,
E puro argento son le braccia e il petto,

103. *Uns grans vieillars:* le temps où l'humanité tourne le dos à Damiette, c'est-à-dire à l'Orient, au parti idolâtre et païen ; son visage est tourné vers Rome, c'est-à-dire vers l'Occident, vers le présent chrétien. Son corps est composé de quatre métaux, symboles des premiers âges ; il s'appuie sur un pied d'argile qui présage

Teus s'en aloit cil par ces sables chaus.
Li fons d'icel et li.pendant andui
Fait erent pierre, et les rives de lé ;
84 Si le passage estre là je conui.
« Entre tout el que je t'ai demonstré,
Puisque passames par mi l'huis aovert,
De cui le sueil nus ne treuve veé,
Riens si notable ne te fu en apert,
Come est cis rieus qui esteint droitement
90 Toutes les flames en son sein et conquert. »
Ainsi parla mes mestre à escient.
Lors m'otroier le past lui fis priere,
Dont il m'avoit fait naistre le talent.
« Il est une isle, gaste en male maniere,
Dit il à tant, qui est Crete nomée,
96 Sous le cui roi fu la gent droituriere.
Une montagne i est, jadis parée
(Ida a nom) d'eve et de foilles vers ;
Ore est deserte, com chose desfaée.
Rhea l'esli à seürté com bers
De son enfant ; et, por le celer mieus,
102 Quant il plaignoit, on faisoit bruis divers.
Uns grans vieillars, debout en ces haus lieus,
Torne le dos à Damiete en droiture,
Et a sur Rome, com son miroir, les ieus.
Sa teste est faite de fin or par mesure ;
De pur argent sont li bras et li pis ;

---

la fin prochaine du monde. Par les fissures de ces métaux coulent les pleurs du vieillard. L'or seul ne leur livre aucun passage ; car l'âge d'or n'a connu ni le crime ni les larmes. Quelle touchante mélancolie dans cette idée des fleuves de l'enfer, nés des larmes de tous les hommes !
(Ratisbonne.)

108 Poi è di rame infino alla forcata;
   Da indi in giuso è tutto ferro eletto,
   Salvo che il destro piede è terra cotta,
   E sta in su quel, più che in su l'altro, eretto.
   Ciascuna parte, fuor che l'oro, è rotta
   D'una fessura che lagrime goccia,
114 Le quali accolte foran quella grotta.
   Lor corso in questa valle si diroccia;
   Fanno Acheronte, Stige e Flegetonta,
   Poi sen van giù per questa stretta doccia
   Infin là ove più non si dismonta;
   Fanno Cocito; e qual sia quello stagno,
120 Tu il vederai; però qui non si conta. »
   Ed io a lui : « Se il presente rigagno
   Si deriva così dal nostro mondo,
   Perchè ci appar pure a questo vivagno ? »
   Ed egli a me : « Tu sai che il luogo è tondo;
   E, tutto che tu sii venuto molto
126 Pur a sinistra giù calando al fondo,
   Non se' ancor per tutto il cerchio volto;
   Perchè, se cosa n'apparisce nuova,
   Non dee addur maraviglia al tuo volto. »
   Ed io ancor : « Maestro, ove si trova
   Flegetonte et Letè? chè dell' un taci,
132 E l'altro di' che si fa d'esta piova. »
   « In tutte tue question certo mi piaci,
   Rispose; ma il bollor dell' acqua rossa
   Dovea ben solver l'una che tu faci,
   Letè vedrai, ma fuor di questa fossa,
   Là ove vanno l'anime a lavarsi,
138 Quando la colpa pentuta è rimossa. »

121. *La presens riviere :* le petit fleuve du vers 77.
132. *Ceste pleuve :* cette pluie, les larmes du vieillard.

108 Puis est de cuivre jusqu'à la forcheüre ;
De là en bas il est tous fers eslis,
Fors le pié destre en argile formé ;
Et plus s'i tient que sur l'autre à devis.
En chasque part, fors que l'or esmeré,
Est une fente les larmes recevant,
114 Qui, amassées, ont ce crot pertuisé.
Lor course va en ce val descendant ;
Eles font Stix, Acheron, Phlegethon ;
Puis s'acheminent par ce chanel atant
Jusqu'au plus bas de l'infernal donjon ;
Là font Cocite ; queus en est la maniere
120 Tost tu verras, ci je n'en fais sermon. »
Et je à lui : « Se la presens riviere
Ainsi ça jus provient de nostre mont,
Porquoi n'apert fors sol à ceste oriere ? »
Et il : « Tu sais le lieu estre reont ;
Et combien qu'aies ja grantment cheminé,
126 Sol à senestre descendant jus au font,
N'as tout le cercle encore avironé ;
Se tu vois donc chose qui te soit neuve,
Ne dois monstrer un vis esmerveillé. »
Et je encore : « Phlegethon où se treuve,
Mestre, et Lethé ? De l'un tu ci te tais,
132 Et dis de l'autre qu'est fais de ceste pleuve. »
« Il n'est demande en cui tu ne me plais,
Dit il : mais jà la roge eve boillant
Bien devoit soudre l'une que tu me fais.
Lethé verras, mais fors ce trou beant,
Là où les ames vont se purefier
138 Après la colpe, à loi de peneant. »

134. *La roge eve boillant* : c'est le Phlégéthon.

Poi disse : « Omai è tempo da scostarsi
Dal bosco ; fa che di retro a me vegne.
Li margini fan via; che non son arsi,
142 E sopra loro ogni vapor si spegne. »

Puis dit : « Tems est du gaut nous esloignier;
Gart que me suives par derriere en droiture ;
N'estant bruslé, li bort nous font sentier,
142 Et desus eus s'amorti tote arsure. »

CHANT XV

TROISIÈME GIRON DU SEPTIÈME CERCLE : LES VIOLENTS CONTRE NATURE ; BRUNETTO LATINI, FRANÇOIS D'ACCURSE, ANDRÉ DE MOZZI.

Le morceau capital de ce chant est la rencontre de Dante avec Brunetto Latini. Le poëte exprime à son ancien maître un profond respect et une vive amitié, sans que le vice honteux pour lequel il le damne diminue en rien ces témoignages. Il le tient à la fois pour un homme entaché et un maître vénéré. Cela est singulier ; et il n'est pas facile de se faire une idée de l'état moral de Dante à l'égard de celui qui enseigna, suivant sa belle expression, comment l'homme s'éternise.

Mais Brunetto Latini mérite-t-il l'inculpation que Dante a attachée à son nom ? Dante, on n'en peut guère douter, a recueilli un bruit qui courait et l'a cru vrai. Mais quelle preuve en donne-t-il ? aucune. Aussi écrivais-je il y a quelques années dans le *Journal des Savants*, janvier 1865, p. 8 : « M. Chabaille[1] n'accepte pas l'arrêt prononcé contre l'auteur dont il a publié le texte ; et, pour l'infirmer, il se réfère aux blâmes infligés par Brunetto au vice dont Dante l'entache : *Chasteé, dit-il, est bele chose, por ce que elle se delite es convenables choses, au tens, au leu, à la quantité et à la guise qu'il convient ; mais li deliz dou siecle deseurez de nature est desmesuréement blasmable plus que avoltire* (p. 300).... *Deliz par male nature est gesir avec les maales, et tels autres deshonorables choses* (p. 306)... *De luxure viennent avuglelé de cuer, non fermeté, amor de soi meisme, haine de Dieu, volonté de cest siecle et despit de l'autre, fornicacion, avoutire, et pechié contre nature* (p. 464). »

Il n'avait pas parlé autrement dans son *Tesoretto* :

« Deh ! come son periti

1. L'éditeur du *Trésor* de Brunetto Latini.

CHANT XV. 185

Quei che contro natura
Brigan con tal lussuria ! »

A qui ajouter foi, à Dante qui l'accuse, ou à lui qui flétrit un péché immonde? Faut-il le ranger parmi ceux.

Qui Curios simulant et bacchanalia vivunt,

contrairement à Ausone, qui disait pour se justifier de vers licencieux :

Lasciva est nobis pagina, vita proba ?

Ou faut-il le considérer comme la victime de la calomnie? Ce parait bien du moins être une calomnie que cette imputation d'un commentateur de la *Divine Comédie* qui assure que Brunetto fut exilé pour crime de faux. « *Comment concilier*, dit M. Chabaille, *cette condamnation infamante avec les hautes et honorables fonctions dont il fut revêtu depuis son retour de France jusqu'à la fin de sa vie?* » Les haines politiques vont loin en fait de calomnie. Brunetto était Guelfe ; et peut-être ne faut-il pas recevoir, contre ses propres dires, les accusations d'un Gibelin, ce Gibelin fût-il Dante lui-même. »

Depuis mes doutes se sont augmentés en voyant avec quelle légèreté il inflige à Priscien une semblable flétrissure. Priscien appartient à l'antiquité classique. Dante ne savait sur le compte de ce grammairien rien de plus que ce que nous en savons. Or, les anciens ne nous ont transmis ni mal ni bien sur les mœurs de Priscien ; et c'est du fait de sa pure imagination que Dante le met en la compagnie des violents contre nature.

CANTO XV

    Ora cen porta l'un de' duri margini,
E il fummo del ruscel di sopra aduggia
Sì che dal fuoco salva l'acqua e li argini.
    Quale i Fiamminghi tra Guizzante e Brugia,
Temendo il fiotto che ver lor s'avventa,
6 Fanno lo schermo perchè il mar si fuggia;
    E quale i Padovan' lungo la Brenta,
Per difender lor ville e lor castelli,
Anzi che Chiarentana il caldo senta;
    A tale imagine eran fatti quelli,
Tutto che nè si alti nè si grossi,
12 Qual che si fosse, lo maestro felli.
    Già eravam dalla selva rimossi
Tanto ch' io non avrei visto dov'era,
Perch'io indietro rivolto mi fossi,
    Quando incontrammo d'anime une schiera
Che venia lungo l'argine; e ciascuna
18 Ci riguardava, come suol da sera
    Guardar l'un l'altro sotto nuova luna;
E si ver noi aguzzavan le ciglia
Come il vecchio sartor fa nella cruna.
    Così adocchiato da cotal famiglia,
Fui conosciuto da un, che mi prese

    9. *Chiarentane*: c'est une montagne du Trentin entre

CHANT XV

    Ore nous somes par l'un des bors porté ;
Li fums du rieu en vapors s'i espant,
Si qu'eve et bort sont de l'arson sauvé.
    Come entre Bruges et Wissant li Flamant,
Doutant le flot poussé par la tormente,
6 Contre la mer font defense à garant,
    Ou com Padoue, que menace la Brente,
Tense contre ele à esfors sa riviere,
Ainz que le chaut Chiarentane ne sente,
    Cil bort estoient en semblable maniere,
Fors que li mestre, queus qu'il fust, qui ovra,
12 Nes fist si haus ne de si fort matiere.
    Tant estions nous loin de la selve jà,
Que je n'auroie peü l'apercevoir,
Se resgardé j'eüsse arriere en là,
    Quant nous veïmes une route paroir
D'ames venant lonc la rive ; et chascune
18 Nous esgardoit, com s'esgarder le soir
    On seult l'un l'autre sous la novele lune,
Et come esgarde le chas li vieus taillere ;
Et si fesoient nous mirant une à une.
    Par ceste gent requis en tel maniere,
Uns me conut, qui le pan me tira,

Valvignola et Valfronte, à l'est du lac de Levico.

CANTO XV.

24 Per lo lembo, e gridò : « Qual maraviglia ! »
Ed io, quando il suo braccio a me distese,
Ficcai gli occhi per lo cotto aspetto,
Si che il viso abbruciato non difese
La conoscenza sua al mio intelletto ;
E, chinando la mano alla sua faccia,
30 Risposi : « Siete voi qui, ser Brunetto ? »
E quegli : « O figliuol mio, non ti dispiaccia
Se Brunetto Latini un poco teco
Ritorna indietro, e lascia andar la traccia. »
Io dissi a lui : « Quanto posso ven' preco,
E se volete che con voi m'asseggia,
36 Faròl, se piace a costui ; chè vo seco. »
« O figliuol, disse, qual di questa greggia
S'arresta punto, giace poi cent' anni
Senza arrostarsi quando il fuoco il feggia.
. Però va oltre ; io ti verrò a' panni ;
E poi rigiugnerò la mia masnada,
42 Che va piangendo i suoi eterni danni. »
Io non osava scender della strada
Per andar par di lui ; ma il capo chino
Tenea, come uom che riverente vada.
Ei cominciò : « Qual fortuna o destino
Anzi l'ultimo dì quaggiù ti mena ?
48 E chi è questi che mostra il cammino ? »
« Lassù di sopra in la vita serena,
Rispos' io lui, mi smarri' in una valle,
Avanti che l'età mia fosse piena.
Pur ier mattina le volsi le spalle ;

---

30. *Sire Brunet, lui di je, estes vous ci?* Brunetto Latini, né d'une illustre famille de Florence vers 1220, mort en 1294 ; auteur d'un livre intitulé *le Trésor* et écrit en français. Il composa aussi le *Tesoretto* en vers de sept

CHANT XV.

24 En s'escriant : « Oh merveille pleniere ! »
　　Et quant son bras vers moi il esleva,
　Fichai les ieus sur son vis tout bruï,
　Si que du tout l'arsure ne vea
　　À ma memoire conoissance de li ;
　Et enclinant ma main à son viaire :
30 « Sire Brunet, lui di je, estes vous ci ?
　　Et cil : « O fils, ne te fasse à desplaire
　S'un peu o toi, laissant sa compagnie,
　Brunet Latin torne arriere en ceste aire. »
　　Et je à lui : « Granment je vous en prie ;
　Et s'il vous plait nous seoir un moment,
36 Je le ferai, sel veut cil qui me guie. »
　　« O fils, dit il, cil qui de ceste gent
　S'areste point, cent ans gist puis sous l'ire
　Du feu qui choit, sans aucun movement.
　　Va, te suivrai à ton pan une tire ;
　Puis rejoindrai ma route de dolor,
42 Qui va plaignant son eternel martire. »
　　Guerpir l'estrée n'osoie par paor,
　N'aler lez lui ; mais je le chef enclin
　Sempre tenoie, com cil qui fait honor.
　　« Par quel fortune, fist il, ou quel destin
　Viens tu avant le dernier jor çà jus ?
48 Et qui est cil qui monstre le chemin ? »
　　Et je à lui : « Au tems seri, là sus,
　Une valée trovai où m'esgarai,
　Ains qu'à son plein mes aés fust venus.
　　Sol hier au main le dos je lui tornai ;

syllabes rimées deux à deux, et le *Tavolello*, espèce de
lettre dirigée à ser Rustico di Filippo, poëte florentin.
Voy. Littré, *Journ. des Savants*, janvier 1865.

Questi m'apparve, tornand' io in quella,
54 E riducemi a ca per questo calle. »
Ed egli a me : « Se tu segui tua stella,
Non puoi fallire a glorioso porto,
Se ben m'accorsi nella vita bella.
E s'io non fossi sì per tempo morto,
Veggendo il cielo a te così benigno,
60 Dato t'avrei all' opera conforto.
Ma quel ingrato popolo maligno
Che discese di Fiesole ab antico,
E tiene amor del monte e del macigno,
Ti si farà, per tuo ben far, nimico.
Ed è ragion; chè tra li lazzi sorbi
66 Si disconvien fruttare al dolce fico.
Vecchia fama nel mondo li chiama orbi,
Gente avara, invidiosa e superba;
Da' lor costumi fa che tu ti forbi.
La tua fortuna tanto onor ti serba,
Che l'una parte e l'altra avranno fame
72 Di te; ma lungi fia dal becco l'erba.
Faccian le bestie Fiesolane strame
Di lor medesme, e non tocchin la pianta,
Se alcuna surge ancor nel lor letame,
In cui riviva la sementa santa
Di quei Roman, che vi rimaser, quando

61. *Mais cis fel pople... Qui de Fiesole vint jus d'ancesserie :* suivant la légende florentine, Fiesole est la plus ancienne ville du monde, ou du moins la plus ancienne ville bâtie en Europe. Elle fut détruite par Jules César. Puis les Romains construisirent une nouvelle cité, c'est-à-dire Florence, qu'ils peuplèrent par moitié de gens de Fiesole et de Romains.

63. *Et tient encore du mont et de la piere :* Fiesole était bâtie sur un coteau.

CHANT XV.

Cil m'aparu, quand j'erroie à desroi,
54 Et me ramene par ci au lieu verai. »
　　Et il me dit : « Fils, s'en t'estoile as foi,
Ne peus faillir à un glorieus port,
Es jors de vie s'ai bien jugé de toi.
　　Et se ne fusse cheüs ains en la mort,
Puis que de grace t'est li cieus si bailliere,
60 Doné t'auroie à l'ovre reconfort.
　　Mais cis fel pople, pleins de male maniere,
Qui de Fiesole vint jus d'ancesserie,
Et tient encore du mont et de la piere,
　　T'aura en ire por ta grant preudomie ;
Et est bien droit ; car ne doit estre es chans
66 Aus aspres cormes jointe la douce fie.
　　Vieus bruis du monde les nome non veans ;
Gent d'avarice, de superbe et d'envie ;
Fai que tu soies purs de mœurs si pullans.
　　Si grant honor ta fortune t'otrie,
Que d'ambes pars de toi on aura fain ;
72 Mais loin du bec est l'herbe qui verdie.
　　Fassent les bestes de Fiesoles estrain
De soi meïsme, mais ne tochent le plant,
S'aucuns s'esleve en lor femier vilain,
　　Plant qui nous rende la semence vivant
De ces Romains qui i remesrent quant

---

67. *Vieus bruis du monde les nome non veans :* On ignore l'origine de ce dicton populaire, qui encore aujourd'hui est en usage.

72. *Mais loin du bec est l'herbe qui verdie :* ce dicton exprime que Dante ne se rendra pas aux vœux de ceux qui le désireront.

73. *Mais ne tochent le plant :* le plant ce sont les Florentins issus des Romains, et Dante s'attribuait cette qualité.

78 Fu fatto il nido di malizia tanta. »
« Se fosse tutto pieno il mio dimando,
Risposi lui, voi non sareste ancora
Dell' umana natura posto in bando.
Chè in la mente m'è fitta ed or mi accora
La cara e buona imagine paterna
84 Di voi, quando nel mondo ad ora ad ora
M'insegnavate come l'uom s'eterna,
E quant' io l'habbia in grado, mentre io vivo,
Convien che nella mia lingua si scerna.
Ciò che narrate di mio corso scrivo,
E serbolo a chiosar con altro testo
90 A donna che saprà, se a lei arrivo.
Tanto vogl' io che vi sia manifesto,
Pur che mia coscienza non mi garra.
Che alla fortuna, come vuol, son presto.
Non è nuova agli orecchi miei tale arra.
Però giri fortuna la sua rota
96 Come le piace, e il villan la sua marra. »
Lo mio maestro allora in su la gota
Destra si volse indietro, e riguardommi;
Poi disse : « Bene ascolta chi la nota. »
Nè per tanto di men parlando vommi
Con ser Brunetto, e domando chi sono
102 Li suoi compagni più noti e più sommi.
Ed egli a me : « Saper d'alcuno è buono;
Degli altri fia laudabile tacerci,
Chè il tempo saria corto a tanto suono.
In somma sappi che tutti fur cherci
E letterati grandi e di gran fama,
108 D'un medesmo peccato al mondo lerci.
Priscian sen va con quella turba grama,

109. *Priscicns:* Priscien était de Césarée en Cappa-

78 Fu fais li nis de malice si grant. »
 « Se toz mes voils fust accomplis atant,
Redi je à lui, vous n'eüssiez encore
Esté ostés du siecle trespassant ;
 Car est fichée en m'ame et or m'acore
La chere et bone image paternaus
84 De vous au monde, m'enseignant ore et ore
Coment li hom i devient eternaus ;
Et bien convient ma langue, en mon vivant,
Quel gré j'en ai soit à dire loiaus.
 Ce que contez de ma course en avant,
O autre texte je garde por gloser,
90 Se là j'arive, à dame bien sachant.
 Mais solement je voil vous tesmoigner,
Mais que me laisse en pais ma conscience,
Sui prest, com veult, la fortune à porter.
 N'est à m'oreille novele teus sentence ;
Qu'ainsi fortune vire et vire sa roe,
96 Com li vilains sa marre, à sa plaisence. »
 Or se torna devers la destre joe
Mes mestre arriere, et m'esgarda à tant,
Puis dit : « Bien oit qui note ce qu'on loe. »
 Et je por tant ne m'en vais moins parlant
O dam Brunet, et de ses compagnons
102 J'enquier quel sont plus famé et plus grant.
 Et il à moi : « Savoir d'aucuns est bons:
Taire des autres plus loable sera,
Car li tens fust trop cours à tans sermons.
 Tuit furent clerc, c'en est la some jà,
Et grant letré et nom g'orieus ;
108 Pechés meïsmes au monde les soilla.
 Prisciens est de ces maleüreus,

doce, et vécut dans le vi^e siècle de l'ère chrétienne. Les

E Francesco d'Accorso anco; e vedervi,
Se avessi avuto di tal tigna brama,
   Colui potéi che dal servo de' servi
   Fu trasmutato d'Arno in Bacchiglione,
114 Ove lasciò li mal protesi nervi.
   Di più direi; ma il venir e il sermone
Più lungo esser non può, però ch'io veggio
Là surger nuovo fummo dal sabbione.
   Gente vien con la quale esser non deggio.
Siati racommandato il mio Tesoro,
120 Nel quale io vivo ancora; e più non cheggio. »
   Poi si rivolse, e parve di coloro
Che corrono a Verona il drappo verde
Per la campagna, e parve di costoro
124 Quegli che vince e non colui che perde.

anciens ne parlent pas de ses mœurs, et l'on ne voit pas pourquoi Dante le loge ici.

110. *François d'Accurse :* il fut jurisconsulte à Florence et fils du célèbre Accurse, commentateur du droit romain.

112. *Celui que transmua à droit Li apostoles d'Arno au*

François d'Accurse aussi ; et te loiroit,
De tel vermine se fusses curieus,
  Veoir celui que transmua à droit
Li apostoles d'Arno au Bacchiglion,
114 Où se parti de son cors maleoit.
  De plus diroie ; mais tenir plus sermon
Et venir outre je ne puis ; car je voi
Là s'eslever fum novel du sablon.
  Une gent vient o cui estre ne doi :
Je mon Tresor, où je revi au mieus,
120 Te recomande, et plus ne quier de toi.
  Puis, se tornant, sembla estre de ceus
Qui à Verone corent por le drap vert
Par la campagne, et paru estre entre eus
124 Icil qui vaint, et non icil qui pert.

Bacchiglion: il s'agit d'Andrea de' Mozzi, qui fut transféré de l'évêché de Florence (l'Arno) à celui de Vicence, dans le voisinage de laquelle passe le fleuve du Bacchiglione.

122. *Qui à Verone corent par le drap vert :* fête qui se donnait à Vérone pour célébrer la victoire remportée en 1207 sur les comtes de San-Bonifaccio et de Montecchi ; c'était une course à cheval où le vainqueur gagnait un drap vert.

CHANT XVI

TROISIÈME GIRON DU SEPTIÈME CERCLE : LES VIOLENTS CONTRE NATURE ; GUIDO GUERRA, TEGGHIAJO ALDOBRANDI ET JACQUES RUSTICUCCI ; GUILLAUME BORSIERE ; CATARACTE DU FLEUVE ; GÉRYON.

Ce qui donne de la vie au poëme de Dante, c'est la rencontre de personnages qu'il a connus sur la terre ou qui ont eu quelque rôle et quelque aventure en son Italie pendant leur existence. Ces rencontres sont autant de petits drames qu'il trace de main de maître, où la passion pénètre et où il nous fait partager ses émotions. Les trois illustres Florentins qu'il trouve sur son passage lui demandent des nouvelles de la patrie commune. Malheureusement ces nouvelles ne sont pas bonnes. Il se contriste et les contriste en les donnant.

Ici, comme dans le chant précédent, je suis frappé de la profonde discordance entre la damnation qui frappe ces hommes et la vénération dont il les entoure. Rien ne peut surpasser l'honneur et l'amour qu'il leur porte ; et néanmoins ils sont soumis à une horrible peine, juste puisqu'elle vient de Dieu. Comment se fait-il que leurs services et leurs qualités ne leur aient pas valu un atténuation de la part de la main divine ? Ou, puisque aucune atténuation n'a été apportée à leur sort, comment se fait-il que Dante conserve de si respectueux sentiments pour ces réprouvés ?

A la fin du chant apparaît Géryon, qui, suivant la Fable, fut un géant à trois corps, fils de Chrysaor et de Callirrhoée, et vaincu par Hercule. Dante lui ôte ses trois corps et en fait le représentant de la fraude. Il lui est sans doute permis de faire ce qu'il veut de ces êtres mythologiques ; mais le rôle qu'il leur assigne est un médiocre ornement pour son œuvre.

CANTO XVI

    Già era in loco ove s'udia il rimbombo
Dell' acqua che cadea nell' altro giro,
Simile a quel che l'arnie fanno rombo,
    Quando tre ombre insieme si partiro,
Correndo, d'una torma che passava
6 Sotto la pioggia dell' aspro martiro.
    Venian ver noi, e ciascuna gridava:
« Sostati tu, che all' abito ne sembri
Essere alcun di nostra terra prava. »
    Aimè, che piaghe vidi ne' lor membri
Recenti e vecchie dalle fiamme incese!
12 Ancor men' duol, pur ch'io me ne rimembri.
    Alle lor grida il mio dottor s'attese,
Volse il viso ver me, e: « Ora aspetta,
Disse; a costor si vuole esser cortese.
    E se non fosse il foco che saetta
La natura del loco, io dicerei
18 Che meglio stesse a te che a lor la fretta. »
    Ricominciar, come noi ristemmo, ci
L'antico verso; e, quando a noi fur giunti,
Fenno una ruota di sè tutti e trei.
    Qual sogliono i campion' far nudi ed unti,
Avvisando lor presa e lor vantaggio,
24 Prima che sien tra lor battuti e punti;
    Così, rotando, ciascuna il visaggio

CHANT XVI

Jà j'ere au cercle en cui li retentirs
S'oioit de l'eve qui en l'autre cheoit,
Come est des ruches bordonans li bondirs,
   Quant d'une route qui devant nous passoit
Sous le martire du pleuvoir asproiant,
6 Se departirent trois ames à esploit.
   Vers nous venoient, chascune s'escriant :
« Areste ci, tu qui tote aparance
As d'estre aucuns de no cit mescheant. »
   Hé mi! com plaies je vi en lor semblance
Vieilles et neuves par ces feus maleois !
12 Encor m'en doil, quant j'en ai remembrance.
   Et li miens mestres se ferma à lor vois,
Torna le vis à moi, et : « Ore atent,
Dit il; vers ceus convient estre cortois.
   Et se ne fust li feus qui si esprent
Ce pesme lieu, je diroie estre mieus
18 À toi qu'à eus le haster avenent. »
   Com nous fermames, cil lor plaint dolereus
Recomencerent, et, quant furent venu,
Il une roue firent à trois entre eus.
   Com champion seulent faire oint et nu,
En avisant lor prise et avantage,
24 Avant qu'il soient entre eus embateü,
   Ainsi, roant, chascuns le sien visage

Drizzava a me, sì che in contrario il collo
Faceva a' piè continuo viaggio.
  « E, se miseria d'esto loco sollo
Rende in dispetto noi e nostri preghi,
50 Cominciò l'uno, e il tinto aspetto e brollo,
  La fama nostra il tuo animo pieghi
A dirne chi tu se', che i vivi piedi
Così securo per lo inferno freghi.
  Questi, l'orme di cui pestar mi vedi,
Tutto che nudo e dipelato vada,
36 Fu di grado maggior che tu non credi.
  Nepote fu della buona Gualdrada;
Guido Guerra ebbe nome, ed in sua vita
Fece col senno assai e con la spada.
  L'altro che appresso a me l'arena trita
È Tegghiajo Aldobrandi, la cui voce
42 Nel mondo su dovria esser gradita.
  Ed io che posto son con loro in croce;
Jacopo Rusticucci fui; e certo
La fiera moglie più che altro mi nuoce. »
  Se io fussi stato dal foco coverto,
Gittato mi sarei tra lor di sotto,
48 E credo che il dottor l'avria sofferto.

37. *Il fu li niés Gualdrade la vaillant:* Gualdrada fut fille de messire Bellincione Berti de Ravignani, honorable citoyen de Florence et femme du comte Guido le vieux ou Guido Guerra II. Le Guido Guerra dont il s'agit ici était le petit-fils de cette Gualdrada. Il commanda avec beaucoup d'honneur l'armée guelfe de Florence et fut un capitaine très-renommé.

41. *Tegghiajo Aldobrandi:* ce fut un cavalier sage, de grande prouesse et de grande autorité. Il était de la famille des Adimari, famille ennemie de Dante.

44. *Rusticucci je fui:* Jacopo Rusticucci n'appartenait

CHANT XVI.

Dressoit vers moi, si que li cols tornés
Contraire aus piës faisoit sempre voiage.
 « Se la misere de ces lieus desfaés
Met en mespris nous et nostre priere,
30 Et no semblans, dit l'uns, pers et pelés,
 Qu'à no renom doint t'ame droituriere
De dire à nous queus tu es, qui, vivant,
Par l'enfer vas à seürté pleniere.
 Cil la cui trace tu me vois defolant,
Bien que tos nus et sans poil avenant,
36 Eut digneté plus que ne cuides grant :
 Il fu li niés Gualdrade la vaillant;
Guido Guerra eut nom, et en sa vie
Il o le sens fist moult et o le brant.
 Cil qui me suit sur l'arene enemie
Est Tegghiaie Aldobrant, la cui vois
42 Au monde encor devroit bien estre oïe.
 Et je qui ci od eus sui mis en crois,
Rusticucci je fui; et je te jure,
La fiere oissors m'a mis où tu me vois. »
 S'eüsse esté à covert de l'arsure,
Jeté me fusse au dessous parmi eus,
48 Non sans le gré mon mestre en l'aventure.

---

pas à la grande noblesse. Il fut homme vaillant, habile
politique, riche, prudent, et se sut faire aimer. Il aurait
été heureux, disent les commentateurs, s'il n'eût été marié à une femme acariâtre qui ne lui laissait aucune
paix intérieure. C'est pour cela qu'il s'adonna aux amours
contre nature. On voit ici que Dante est l'écho des bruits,
ou, si l'on veut, des notoriétés populaires. Il paraît bien
que ce bruit avait raison à l'égard de Rusticucci. Mais
rien ne garantit qu'il en fût de même à l'égard de Guido
Guerra et de Tegghiajo Aldobrandi, dont les chroniqueurs
du temps ne disent rien quant aux mœurs.

CANTO XVI.

Ma, perch' io mi sarei bruciato e cotto.
Vinse paura la mia buona voglia
Che di loro abbraciar mi facea ghiotto.
 Poi cominciai : « Non dispetto, ma doglia
La vostra condizion dentro mi fisse
54 Tanto che tardi tutta si dispoglia,
 Tosto che questo mio signor mi disse.
Parole, per le quali io mi pensai,
Che qual voi siete, tal gente venisse.
 Di vostra terra sono, e sempre mai
L'ovra di voi e gli onorati nomi
60 Con affezion ritrassi ed ascoltai.
 Lascio lo fele, e vo per dolci pomi
Promessi a me per lo verace duca;
Ma fino al centro pria convien ch' io tomi. »
 « Se lungamente l'anima conduca
Le membra tue, rispose quegli allora,
66 E se la fama tua dopo te luca,
 Cortesia e valor dì, se dimora
Nella nostra città si come suole,
O se del tutto se n'è gita fuora;
 Chè Guglielmo Borsiere, il qual si duole
Con noi per poco e va là coi compagni,
72 Assai ne cruccia con le sue parole. »
 « La gente nuova e i subiti guadagni
Orgoglio e dismisura han generata,
Fiorenza, in te, si chè tu già ten piagni. »
 Così gridai con la faccia levata;

---

61. *Je lais le fiel et aus fruis savorés Je vais..* : le fiel c'est l'amertume du monde ; les fruits savoureux c'est la béatitude. Pour ces fruits, comp. *Purg.* XXVI, 115, et XXXIII, 74.

63. *Mais ains au centre aler m'est comandés :* Dante

CHANT XVI.   203

 Mais com me fusse bruslé par mi ces feus,
Ceste paors sormonta le voloir
De les estreindre en mes bras amoreus.
 Je començai : « Non mespris, mais doloir
Ai je en mon cuer receü de vo pene
54 (Et ne porra qu'à tart s'en removoir),
 Tost que me dit li sire qui me mene
Paroles teus par cui je me pensai
Qu'à moi venist, come estes, gent demene.
 Sui de vo terre, et o esgart verai
L'ovre de vous et vos nons honorés
60 Je remembrai tosjors et escoltai.
 Je lais le fiel, et aus fruis savorés
Je vais, que m'a li guis feels pramis ;
Mais ains au centre aler m'est comandés. »
 « Que longuement governe à son devis
T'ame tes membres, respondi cil à l'ore,
66 Et puis toi luise tes renons seignoris !
 Di se vaillance en no cité demore
Et cortoisie, ainsi come estre seut,
Ou se du tout se partirent desore ;
 Car cis Guillaume Borsiere qui se deut
O nous n'a gueres et est nostre compains,
72 Par ses paroles ire assez nous aqueut. »
 « La gent novele et li gaains soudains
Ont desmesure et superbe engendrée,
Florence, en toi, si que jà tu t'en plains. »
 Ainsi criai o la face levée ;

doit auparavant descendre jusqu'au centre de la terre,
qui est le fond de l'enfer.

70. *Guillaume Borsiere*, gentilhomme florentin, qui
mourut très-vieux vers l'an 1300. Il était arrivé depuis
peu en enfer, au moment où Dante y passait.

CANTO XVI.

E i tre, che ciò inteser per risposta,
78 Guatar l'un l'altro, come al ver si guata.
 « Se l'altre volte sì poco ti costa,
Risposer tutti, il satisfare altrui,
Felice te, che sì parli a tua posta !
 Però, se campi d'esti lochi bui
E torni a riveder le belle stelle,
84 Quando ti gioverà dicere : Io fui,
 Fa che di noi alla gente favelle. »
Indi rupper la ruota, ed a fuggirsi
Ale sembiaron le lor gambe snelle.
 Un ammen non saria potuto dirsi
Tosto così, com' ei furon spariti;
90 Perchè al maestro parve di partirsi.
 Io lo seguiva, e poco eravam iti,
Che il suon dell' acqua n'era sì vicino
Che per parlar saremmo appena uditi.
 Come quel fiume che ha proprio cammino
Prima da monte Veso in ver Levante
96 Dalla sinistra costa d'Apennino,
 Che si chiama Acquacheta suso, avante
Che si divalli giù nel basso letto,
E a Forlì di quel nome è vacante;
 Rimbomba la sovra San Benedetto
Dell' alpe, per cadere ad una scesa,
102 Ove dovria per mille esser ricetto ;
 Così giù d'una ripa discoscesa

---

78. *Come à verté se bée :* comme on s'étonne d'un fait inattendu, fâcheux, mais vrai, et dont on ne peut douter.

94. *Come cis fluns :* Acquacheta est un cours d'eau qui prend sa source au mont Veso. C'est une des branches du Montone. Du temps de Dante, Acquacheta ou Montone avait *son propre chemin* à la mer. Aujourd'hui, la confi-

CHANT XVI.

  Li trois, qui ce oïrent por respons,
78 S'entrebeerent, come à verté se bée.
  « Se ainsi peu te couste par sermons,
Redirent tuit, li complaire à autrui,
Beneürés tu qui si t'ame espons !
  Pero, se tu de ces lieus noirs aucui
À reveoir vas les estoiles beles,
84 Quant te plaira de dire : Je i fui,
  Fai que de nous à la gent tu faveles. »
Sur ce rompirent la roe ; et à fuïr
Ailes semblerent lor jambes tant isneles.
  Tost ne porroit fors de la boche issir
Amen, com cil furent esvanoï ;
90 Por quoi au mestre fu avis se partir.
  Peu loin encore je l'avoie suivi,
Quant uns bruis d'eve s'entendi si voisin
Que por parler fussions à peine oï.
  Come cis fluns qui son propre chemin
Primes emprent du Veso vers levant
96 Au flanc senestre du hautain Apennin,
  A nom en som Acquacheta, avant
Que jus devale au lit qui le reçoit,
Et ne l'a plus de Forli en avant ;
  Là, parvenus sore saint Beneoit,
Où bien devroit por mille avoir ostel,
102 Au desrubant o grant fracas il choit ;
  Ainsi trovames un pendant autretel,

---

guration des lieux a changé, et il n'y a plus que le Lamone qui aille directement à la mer. A la chute de l'Acquacheta était située une grande abbaye de Saint-Benoît.

  104. *Ceste eve teinte :* l'eau rouge du petit fleuve ou Phlégéthon.

Trovammo risonar quell' acqua tinta,
Sì che in poc' ora avria l'orecchia offesa.
  Io avea una corda intorno cinta,
E con essa pensai alcuna volta
108 Prender la lonza alla pelle dipinta.
  Poscia che l'ebbi tutta da me sciolta,
Sì come il duca m'avea comandato,
Porsila a lui aggroppata e ravvolta.
  Ond' ei si volse in ver lo destro lato,
E alquanto di lungi dalla sponda
114 La gittò giuso in quell' alto burrato.
  « E pur convien che novità risponda,
Dicea fra me medesmo, al nuovo cenno
Che il maestro con l'occhio sì seconda. »
  Ahi quanto cauti gli uomini esser denno
Presso a color che non veggon pur l'opra,
120 Ma per entro i pensier miran col senno!
  Ei disse a me : « Tosto verrà di sopra
Ciò ch' io attendo ; e che il tuo pensier sogna
Tosto convien che al tuo viso si scopra. »
  Sempre a quel ver che ha faccia di menzogna
De' l'uom chiuder le labbra quant' ei puote,
126 Però che senza colpa fa vergogna.
  Ma qui tacer nol posso, e per le note
Di questa Commedia, lettor, ti giuro,
S'elle non sien di lunga grazia vote,

---

106. *Entor du cors m'ert une corde ceinte :* cette corde, dont Dante n'avait pas parlé jusque là et dont il ne parle plus ensuite, a excité l'imagination des commentateurs. Il est bien possible que le poëte n'ait attaché aucun sens particulier ou mystique à cet objet; toutefois il paraît que Dante, dans sa jeunesse, avait pris l'habit de cordelier, et qu'il sortit de cet ordre avant d'avoir achevé son noviciat,

CHANT XVI. 207

  Où retentit forment ceste eve teinte,
Si qu'à l'oreille tost fist pesme cembel.
  Entor du cors m'ert une corde ceinte,
O cui j'avoie pensé à la fiée
108 Prendre jà l'once à la gaie pel peinte.
  Puis que je l'oi d'entor de moi ostée,
Si com mes mestres me l'avoit comandé,
La lui baillai toute en soi roelée.
  Dont se torna devers le destre lé,
Et de l'esponde assez loin en avant
114 Il la jeta dans ce font desfaé.
  Je me disoie : « Quelque merveille atant
Tost au signal fera response à droit
Qu'ainsi de l'œil est li mestre suivant. »
  Ah ! com li hom avoir cautele doit
Près de celui qui ne voit sol le faire,
120 Mais le penser par son sens aussi voit !
  Il dit à moi : « Tost viendra sans contraire
Ce que j'atent ; et ce que t'ame songe
Tost tu verras à tes ieus se retraire. »
  Sempre à ce vrai qui face a de mensonge
Doit on les levres clore, si que par lie
126 À qui n'a coulpe laidange ne se donge ;
  Mais nel puis taire ; et par ma Comedie,
Tu qui la lis en present, je te jure,
Lui soit ta grace, se je ment, defaillie,

---

et quelques-uns pensent qu'il a voulu rappeler ce souvenir par la corde dont il se trouve muni à point ; car, d'après le contexte, il est évident que c'est bien une corde réelle et non une corde métaphorique.

 108. *Prendre jà l'once :* l'once, 1, 32-43, est la luxure, contre laquelle Dante avait pris, pour se mortifier, l'habit de cordelier.

Ch' io vidi per quell' aer grosso e scuro
Venir notando una figura in suso,
152 Meravigliosa ad ogni cor sicuro,
Si come torna colui che va giuso
Talora a solver ancora che aggrappa
O scoglio od altro che nel mare è chiuso
156 Che in su si stende, e da piè si rattrappa.

Je vi du font de ceste combe oscure
  Venir noant une figure en sus,
132 Moult merveilleuse à toute ame asseüre ;
  Com fait li hom qui va sous l'eve jus
  Por destacher une ancre embarassée
  À quelque roche, puis, les bras estendus
136 Et les piés joins, revient l'œuvre achevée.

CHANT XVII

TROISIÈME GIRON DU SEPTIÈME CERCLE : GÉRYON, SYMBOLE DE LA FRAUDE; LES USURIERS ; LES GIANFIGLIAZZI ; LES UBRIACHI ; VITALIAN ; BUIAMONTE ; DESCENTE DANS LE HUITIÈME CERCLE.

Ce chant est dévolu aux usuriers et à Géryon.

Les usuriers sont représentés avec un sachet suspendu au col, sachet dont leur regard semble se repaître. Leurs mains sont incessamment occupées à les soulager des brûlures que leur infligent la flamme qui tombe et le sol ardent. Ces usuriers ne sont pas de misérables prêteurs d'argent à la petite semaine ; ils appartiennent à de grandes familles de Florence et de Padoue.

Géryon, ce symbole de la fraude, à la description duquel Dante apporte beaucoup de soin, ne paraît pourtant servir qu'à procurer aux deux voyageurs la descente du septième cercle au huitième. Du moins le poëte ne dit nulle part que le monstre ait aucun rôle à jouer, par exemple qu'il vienne jamais sur la terre tenter les hommes, ou qu'il serve, comme d'autres démons, à tourmenter les damnés. Dante dit bien que c'est la beste qui fait tomber les murailles et les armes, et qui corrompt tout ; mais cela est l'œuvre de la fraude pratiquée par les hommes et non de Géryon. Peut-être Géryon, s'il n'est pas un pur symbole, remplit-il l'office de gardien du giron des usuriers.

CANTO XVII

« Ecco la fiera con la coda aguzza,
Che passa i monti, e rompe i muri e l'armi ;
Ecco colei che tutto il mondo appuzza. »
Si cominciò lo duca mio a parlarmi,
Ed accennolle che venisse a proda
6 Vicino al fin de' passeggiati marmi.
E quella sozza imagine di froda,
Sen venne, ed arrivò la testa e il busto,
Ma in su la riva non trasse la coda.
La faccia sua era faccia d'uom giusto,
Tanto benigna avea di fuor la pelle,
12 E d'un serpente tutto l'altro fusto.
Due branche avea pilose infin l'ascelle ;
Lo dosso e il petto ed ambedue le coste
Dipinte avea di nodi e di rotelle.
Con più color sommesse e soprapposte
Non fer' ma' in drappo Tartari nè Turchi,
18 Nè fur tai tele per Aragne imposte.
Come tal volta stanno a riva i burchi,
Che parte sono in acqua e parte in terra,

---

1. *Es vous la beste ove la queue ague* : on ne comprendrait pas comment, du Géryon mythologique, ce formidable géant à trois corps, Dante a pu faire le symbole de la fraude, si l'on ne connaissait le travestissement que le moyen âge avait fait subir au récit de la fable. Suivant

CHANT XVII

« Es vous la beste ove la queue ague,
Qui les mons passe, et murailles met jus ;
Es vous la beste qui tout corront et tue. »
   Si m'adressa ces paroles mes dus,
Et à la beste fist signe qu'à l'estage,
6 Là près du bout des pierres, venist sus.
   Or de la fraude ceste pullens image
S'en vint au bort, et i mist teste et bus,
Mais sans la queue porter sur le rivage.
   Sa face ert face qu'a uns hom drois et jus
Tant sa semblance estoit benigne et bele ;
12 D'un serpent ert li cors de çà en jus.
   Uns grifs velus issoit de chaque aissele ;
Au dos, au pis et andeus aus costés
Avoit mains nœus peins et mainte roele.
   Turcs ne Tartares ne fist mais dras ovrés,
Trame et chaene, o plus vives colors ;
18 Ne toiles teus n'ordi onque Arachnés.
   Come batel sont à la rive estors,
Partie en l'eve et partie en la terre,

une tradition rapportée par Boccace, *Geneal. deorum*, I, 21, Géryon était un roi des îles Baléares qui, accueillant les étrangers avec un visage bénin, des paroles flatteuses et grande compagnie, les mettait à mort après avoir ainsi endormi leur défiance.

E come là tra li Tedeschi lurchi
  Lo bevero s'assetta a far sua guerra;
Così la fiera pessima si stava
24 Su l'orlo che, di pietra, il sabbion serra.
  Nel vano tutta sua coda guizzava,
Torcendo in su la venenosa forca
Che a guisa di scorpion la punta armava.
  Lo duca disse: « Or convien che si torca
La nostra via un poco infino a quella
30 Bestia malvagia che colà si corca. »
  Però scendemmo alla destra mammella,
E dieci passi femmo in su lo stremo,
Per ben cessar l'arena e la fiammella.
  E quando noi a lei venuti semo,
Poco più oltre veggio in su l'arena
36 Gente seder propinqua al loco scemo.
  Quivi il maestro: « Acciò che tutta piena
Esperienza d'esto giron porti,
Mi disse, va e vedi la lor mena.
  Li tuoi ragionamenti sian là corti.
Mentre che torni, parlerò con questa,
42 Che ne conceda i suoi omeri forti. »
  Così ancor su per la strema testa
Di quel settimo cerchio tutto solo
Andai ove sedea la gente mesta.
  Per gli occhi fuori scoppiava lor duolo,
Di quà di là soccorrien con le mani,
48 Quando a' vapori, e quando al caldo suolo.
  Non altrimenti fan di state i cani
Or col ceffo, or col piè, quando son morsi
O da pulci o da mosche o da tafani.
  Poi che nel viso a certi gli occhi porsi,
Ne' quali il doloroso foco casca,

CHANT XVII. 215

Ou com, parmi les Tiois lecheors,
S'assiet li bievres à porsuivre sa guerre,
La beste pesme ainsi au bort estoit,
24 Qui l'ardent sable o ses pieres enserre.
Tote sa queue dans l'air ele dardoit,
Tordant en sus la forche venimeuse
D'escorpion qui la pointe en armoit.
Li dus me dit : « Vers la beste crueuse
Convient un peu no chemin destorner,
30 La beste là qui s'estent par uiseuse. »
Pero presimes à destre à devaler;
Et sur le bort nous feïmes dis pas,
Por bien le sable et la flame esquiver.
Quant à la beste fumes venu en bas,
Un peu plus oultre je vi sus en l'arene
36 Sise une gent voisine du maupas.
Ici li mestre : « Por ce que tote plene
De ce geron aies la conoissance,
Va et voi come ceste gent se demene.
Que corte soit avec eus ta parlance;
Querrai d'iceste, atendant ton retor,
42 Que de s'espaule nous preste la puissance. »
Ainsi tos seus je m'en alai encor
Du setme cercle suivant le bort estroit,
Là où la gent sise estoit en tristor.
L aspre dolors par les ieus lor sailloit,
De çà de là o mains assoajant
48 Le sol qui art et la flame qui choit.
Non autrement, durant l'esté bruslant,
O dens ou pates font li chien tormenté
Par puce, ou mouche, ou par taon mordant.
Puis que j'oi l'ueil sur aucuns adressé,
En cui la flame dolereuse cheoit,

54 Non ne conobbi alcun ; ma io m'accorsi
Che dal collo a ciascun pendea una tasca
Che avea certo colore e certo segno,
E quindi par che il loro occhio si pasca.
E com'io riguardando tra lor vegno,
In una borsa gialla vidi azzurro,
60 Che d'un leone avea faccia e contegno.
Poi, procedendo di mio sguardo il curro,
Vidine un'altra come sangue rossa
Mostrare un'oca bianca più che burro.
Ed un che d'una scrofa azzurra e grossa
Segnato avea lo suo sachetto biancho,
66 Mi disse : « Che fai tu in questa fossa?
Or te ne va ; e perchè se' vivo anco,
Sederà che il mio vicin Vitaliano
Sappi qui dal mio sinistro fianco.
Con questi Fiorentin' son Padovano ;
Spesse fiate m'intronan gli orecchi
72 Gridando : Vegna il cavalier sovrano
Che recherà la tasca con tre becchi ! »
Qui distorse la bocca, e di fuor trasse
La lingua, come bue che il naso lecchi.
Ed io, temendo no 'l più stare cruciasse
Lui che di poco star m'avea monito,

54. *Mais je vi ataché Au col chascun un sachet...* : d'après les commentateurs, le sachet ou bourse désigne les usuriers.

59. *En sachet jaune je choisi un azur :* ce sont les armes des Gianfigliazzi, de Florence, grands usuriers. Ils étaient guelfes.

63. *Une oue blanche :* une oie blanche, armes des Ubriachi nobles florentins, grands usuriers. Ils étaient gibelins.

64. *Uns qui avoit truie azure à porter :* armes des Scrovegni de Padoue. On croit qu'il s'agit de Reginald Scro-

CHANT XVII.

54 Ne les conui, mais je vi ataché
　Au col chascun un sachet qui avoit
　Un certain signe et certaine color ;
　Et lor regars s'i repaistre sembloit.
　　Quant fui entre eus, remirant à sejor,
　En sachet jaune je choisi un azur
60 Qui d'un lion avoit face et honor.
　　Puis, pormenant l'œil en cet air oscur,
　J'en vi un autre, rouge com sanc, monstrer
　Une oue blanche plus que beurre à seür.
　　Uns qui avoit truie azure à porter
　Grosse et marquée en mi son sachet blanc,
66 Me dit : « Que viens en ce bas font chercher?
　　Ore t'en va, et puis qu'as vie et sanc,
　Vitalians, sache le, mes voisins
　Aura son sié à mon senestre flanc.
　　Je Padouans sui o ces Florentins ;
　Par maintes fois il m'estonent l'oïe,
72 Criant : Ci vienne li rois des caorsins,
　　Cil à la bouge de trois boucs parfornie. »
　Tordi la boche, tirant la langue fors,
　Come li bues son nez leche à la fie.
　　Craignant qu'au mestre pesast plus lons sejors,
　De peu remaindre qui m'avoit averti,

---

vegni, mort avant 1300, redouté comme le plus terrible usurier de son temps.

68. *Vitalians, sache le, mes voisins :* Vitaliano di Jacopo Vitaliani, très-grand usurier ; il habitait à Padoue, près des maisons des Scrovegni.

72. *Li rois des caorsins :* ser Giovanni Buiamonte, Florentin, qui surpassa tous les usuriers de son temps, et que pour cela les usuriers nommaient le grand chef. Ses armes étaient trois boucs placés l'un au-dessus de l'autre.

78 Torna' mi indietro dall'anime lasse.
　　Trovai lo duca mio ch'era salito
Già su la groppa del fiero animale,
　　E disse a me: « Or sie forte ed ardito
Omai si scende per sì fatte scale;
Monta dinanzi; ch'io voglio esser mezzo,
84 Sì che la coda non possa far male. »
　　Quale colui che ha sì presso il riprezzo
Della quartana, che ha già l'unghie smorte,
E trema tutto pur guardando il rezzo;
　　Tal divenn'io alle parole porte;
Ma vergogna mi fer le sue minacce,
90 Che innanzi a buon signor fa servo forte.
　　Io m'assetai in su quelle spallacce,
Sì volli dir, ma la voce non venne
Com' io credetti: « Fa che tu m'abbracce »
　　Ma esso che altra volta mi sovvenne
Ad altro forte, tosto ch'io montai
96 Con le braccia m'avvinse e mi sostenne.
　　E disse: « Gerion, muoviti omai.
Le ruote larghe e lo scender sia poco;
Pensa la nuova soma che tu hai. »
　　Come la navicella esce del loco
In dietro in dietro, sì quindi si tolse;
102 E poi che al tutto si sentì a giuoco,
　　La ov' era il petto, la coda rivolse,
E quella tesa come anguilla mosse,
E con le branche l'aere a sè raccolse.
　　Maggior paura non credo che fosse
Quando Fetonte abandonò li freni,
108 Per che il ciel, come pare ancor, si cosse;

108. *Bruslant le ciel, come est or aparans:* Dante

78 Laissai arriere ces ames de dolors.
Je le mien duc retrovai ja sailli
En sus la croupe de ce monstre mesfait;
Et il me dit : « Fai toi ferme et hardi.
Ici s'avale par escaillon si fait;
Monte en avant; je voil en mi seoir,
84 Si que la queue ne te navre entresait. »
Cil que frissons de quarte en son pooir
Tient si que jà il a les ongles mors,
Est tous tremblans, sol por l'ombre veoir;
Teus à ces mos devin je par defors;
Mais par son dire me prist vergogne teus
90 Qui fait sergens preus devant bons seignors.
Lors je me sis sur ce dos perilleus :
« Embrace moi, » vou je dire ; mais mie
Ne vint la vois, com je fui desireus.
Mais mes aidere en mainte autre haschie,
Tost que montai, me prist entre ses bras,
96 Et tout le tems me soustint sans faillie.
Il dit: « Or va, Gerion, eslepas;
Fai larges tors, et descent peu à peu;
Au fais novel pense qu'ore tu as. »
Com par arriere la barge laist le lieu
Où sise estoit, il si de là s'osta ;
102 Puis que du tout se senti en plein jeu,
Où li pis ert, la queue il retorna,
Et il la mut come anguille noans,
Et o ses poes l'air à soi ramena.
Je ne croi pas que fust paors plus grans
En Phaethon, quant il lascha les freins,
108 Bruslant le ciel, come est or aparans,

fait probablement ici allusion à une opinion qui considé-

Nè quando Icaro misero le reni
Sentì spennar per la scaldata cera,
Gridando il padre a lui: « Mala via tieni! »
   Che fu la mia, quando vidi ch'io era
Nell'aer d'ogni parte, e vidi spenta
114 Ogni veduta, fuor che della fiera.
   Ella sen va nuotando lenta lenta,
Ruota e discende, ma non me n'accorgo,
Se non che al viso e di sotto mi venta.
   Io sentia già dalla man destra il gorgo
Far sotto noi un'orribile stroscio,
120 Per che con gli occhi in giù la testa sporgo.
   Allor fu' io più timido scoscio;
Però ch'io vidi fochi e sentii pianti,
Ond'io tremando tutto mi raccoscio.
   E vidi poi, chè nol vedea davanti,
Lo scendere e il girar per li gran mali
126 Che s'appressavan da diversi canti.
   Come il falcon ch'è stato assai sull'ali,
Che, senza veder logoro o uccello,
Fa dire al falconiere: « Oimè tu cali! »
   Discende lasso onde si mosse snello
Per cento ruote, e da lungi si pone
132 Dal suo maestro disdegnoso e fello;
   Così ne pose al fondo Gerione
A piede a piè della stragliata rocca,
E, discarcate le nostre persone,
136 Si dileguò come da corda cocca.

rait la voie lactée comme une marque de l'incendie partiel

N'en poure Icare, quant il senti ses reins
Perdre lor plumes por la cire eschaufée,
Criant li pere : « Mar si haut tu t'empeins, »
    Que ma paors, quant dans l'air à volée
De toute part me vi, sans rien choisir
114 Fors que la beste en la noire contrée.
    Ele s'en va noant tout à loisir,
Torne et descent, de quoi ne m'aperçoi
Fors que je sent vent d'en sous me venir.
    Et jà j'ooie à main destre sous moi
Le fleuve faire un horible fracas ;
120 D'ont penchai teste et œil jus un poi.
    Ore fui plus paoreus au maupas,
Quant vi les feus et quant j'oï les plains ;
D'ont me serrai tous tremblans et tous mas.
    Et puis je vi ce qui n'aparoit ains,
Que je aloie devalant et tornant
126 À travers maus de plus en plus prochains.
    Come li faus depuis lonc tens volant,
Qui, ne veant ne leure ne oisel,
Fait dire au mestre : Hé mi, es descendant !
    Lassé vient jus d'où se parti isnel,
Faisant cent roues, et loin du fauconier
132 Va se poser par desdaigneus et fel ;
    Si Gerion nous mist sans delaier
Debout au pié de la roche taillée,
Et, deschargé de son fais singulier,
136 Il s'esloigna com saete empenée.

du ciel causé par des déplacements irréguliers du soleil).

CHANT XVIII

HUITIÈME CERCLE ; PREMIER BOUGE : LES ENTREMETTEURS ET LES SÉDUCTEURS, VENEDICO CACCIANIMICCO ; JASON. — SECOND BOUGE : LES FLATTEURS ; ALESSIO INTERMINEI ; THAIS.

Ce chant n'offre rien de particulier, mais il se termine d'une façon fort désagréable. Dante a imaginé de plonger les séducteurs et les femmes galantes dans un amas d'excréments humains qui les souillent de la tête aux pieds. Les admirateurs quand même disent que tout est pur aux purs; moi, je dis que cela est sale pour tout le monde et dégoûtant.

CANTO XVIII

    Loco è in inferno detto Malebolge,
Tutto di pietra e di color ferrigno,
Come la cerchia che d'intorno il volge.
    Nel dritto mezzo del campo maligno
Vaneggia un pozzo assai largo e profondo,
6 Di cui suo loco dicerò l'ordigno.
    Quel cinghio che rimane adunque è tondo
Tra il pozzo e il piè dell'alta ripa dura,
Ed ha distinto in dieci valli il fondo.
    Quale, dove per guardia delle mura
Più e più fossi cingon li castelli,
12 La parte dov'ei son rende figura;
    Tale imagine quivi facean quelli;
E come a tai fortezze dai lor sogli
Alla ripa di fuor son ponticelli;
    Così da imo della roccia scogli
Movién, che ricidean gli argini e fossi
18 Infino al pozzo che i tronca e raccogli.
    In questo loco, dalla schiena scossi
Di Gerion, trovammoci; e il poeta

---

1. *Les Malebouges:* les *Malebouges* contiennent dix *bouges:* 1re bouge, les séducteurs, chant XVIII; 2e bouge, les flatteurs, même chant; 3e bouge, les simoniaques, chant XIX; 4e bouge, les devins, chant XX; 5e bouge, les barattiers, chant XXI et XXII; 6e bouge, les hypocrites,

CHANT XVIII

    Les Malebouges sont uns lieus en enfer,
Qui, com li cercles qui les serre à l'entor,
Est tous de piere et de color de fer.
    Droit au milieu de ce champ de tristor
S'aovre uns puis moult large et moult parfons,
6 La cui maniere je dirai en son tor.
    Li remanans de l'enceinte est reons
Entre le puit et le bort haut taillé ;
Et en dis vaus en est partis li fons.
    Come est la forme en une grant ferté,
Quant, por la garde de ses murs, li chastel
12 Sont ceint chascuns par maint et maint fossé ;
    Cis lieus monstroit une semblance tel.
Et come là por entrer droitement
Ou por issir sont basti maint poncel,
    Ainsi passoient roc en arches granment
Par sus les vaus jusqu'au puit sis en mi,
18 Qui est lor terme et lor nœus ensement
    C'est là qu'andeus Gerions nous guerpi,
Nous jetant bas de son dos ; li poete

chant XXIII ; 7ᵉ bouge, les larrons, chant XXIV et XXV ;
8ᵉ bouge, les mauvais conseillers, chant XXVI et XXVII ;
9ᵉ bouge, les semeurs de scandales, chant XXVIII et
XXIX ; 10ᵉ bouge, les faussaires, chant XXIX et XXX.

CANTO XVIII.

Tenne a sinistra, ed io retro mi mossi.
Alla man destra vidi nuova piéta,
Nuovi tormenti e nuovi frustatori,
24 Di che la prima bolgia era repleta.
Nel fondo erano ignudi i peccatori;
Dal mezzo in quà ci venian verso il volto,
Di là con noi, ma con passi maggiori.
Come i Roman', per l'esercito molto,
L'anno del giubbileo su per lo ponte
30 Hanno a passar la gente modo colto,
Che dall' un lato tutti hanno la fronte
Verso il castello e vanno a Santo Pietro,
Dall' altra sponda vanno verso il monte.
Di quà, di là, su per lo sasso tetro
Vidi dimon' cornuti con gran ferze
36 Che li battean crudelmente di retro.
Ahi come facean lor levar le berze
Alle prime percosse! già nessuno
Le seconde aspettava nè le terze.
Mentr' io andava, gli occhi miei in uno
Furo scontrati; ed io sì tosto dissi:
42 « Di già veder costui non son digiuno. »
Perciò a figurarlo i piedi affissi;
E il dolce duca meco si ristette,
Ed assentì che alquanto indietro gissi.
E quel frustato celar si credette
Bassando il viso; ma poco gli valse,
48 Ch' io dissi: « Tu che l'occhio a terra gette,
Se le fazion' che porti non son false,

---

26. *Venant en çà:* ceux qui viennent en çà sont les entremetteurs; ceux qui viennent en là sont les séducteurs.

CHANT XVIII.

    Tint à senestre, et ses pas je suivi.
      Je à main destre vi novele desfete,
    Novaus tormens, novaus flaeleors ;
24 De teus estoit la prime bouge fete.
      Au font grant presse ert de nus pecheors,
    Venant en ça le vis vers nous torné,
    En là o nous, mais à pas moult greignors.
      Com li Romain, en grant nombre assemblé
    Au jubilé, por passer sur le pont
30 Un si grant peuple, ont le devis trové
      Que d'un costé tuit adressent le front
    Vers le chastel, et il vont à Saint Pierre,
    Mais il par l'autre cheminent vers le mont.
      De çà, de là, sus par la bise pierre,
    Demons cornus je vi o verges grans,
36 Qui les feroient cruelment par derriere.
      Qu'il lor fesoient tost les jambes corans
    Aus premiers cops! et nessuns le secont,
    Nessuns le tiers n'estoit jà atendans.
      Tandis qu'aloie, je choisi dans ce font
    Un le cui œil j'encontrai, et je di :
42 « Cestui veü j'ai dans le monde amont. »
      Je me fermai l'esgardant tout de fi ;
    Et li miens mestres bonement s'aresta,
    Et à m'alée auque arriere assenti.
      Cil flaelés or se celer cuida,
    Clinant le vis ; mais nient ne lui vaut,
48 Si que je di : « Tu qui l'œil baisses là,
      Se li semblans que portes ne me faut,

---

28. *Com li Romain* : il s'agit du jubilé de l'an 1300. — *Le pont* : le pont du château Saint-Ange. — *Le chastel* : le château Saint-Ange. — *Le mont* : selon les uns, le Janicule, selon les autres le mont Giordano.

Venedico se' tu Caccianimico;
Ma che ti mena a si pungenti salse ? »
   Ed egli a me : « Mal volentier tel dico;
Ma sforzami tua chiara favella
54 Che mi fa sovvenir del mondo antico.
   Io fui colui che la Ghisola bella
Condussi a far la voglia del marchese,
Come che suoni la sconcia novella.
   E non pur io qui piango Bolognese,
Anzi n'è questo loco tanto pieno
60 Che tante lingue non son ora apprese
   A dicer *sipa* tra Savena e Reno ;
E se di ciò vuoi fede o testimonio,
Recati a mente il nostro avaro seno. »
   Così parlando il percosse un demonio
Della sua scuriada, e disse : « Via,
66 Ruffian! qui non son femmine da conio. »
   Io mi raggiunsi con la scorta mia;
Poscia con pochi passi divenimmo
Là ove un scoglio della ripa uscia.
   Assai leggeramente quel salimmo,
E volti a destra su per la sua scheggia,
72 Da quelle cerchia eterne ci partimmo.
   Quando noi fummo là dov' ei vaneggia
Di sotto per dar passo agli sferzati,
Lo duca disse : « Attienti, e fa che feggia

49. *Venedico:* Venedico Caccianimico, de la puissante famille guelfe des Caccianimici, de Bologne. Les commentateurs disent qu'il livra sa sœur, la belle Ghisola, au marquis d'Este, seigneur de Ferrare.

58. *Com faussement que la gent en favele:* il y avait d'autres récits sur l'affaire de Venedico et de Ghisola; mais Dante affirme la culpabilité de celui-ci, les uns di-

Venedico tu es Chassenemi ;
Mais qui te mene à si poignant assaut ? »
    Et il à moi : « Mal volentiers le di,
Mais me constraint t'agreable favele,
54 Qui remembrer me fait le monde anti.
    Je suis icil qui Guizole la bele
Menai à faire le voloir du marquis,
Com faussement que la gent en favele.
    Et de Bologne ci ne sui seus aflis ;
Ains ceste place en est si forment plene,
60 Que n'ont orains tantes langues apris
    À *sipa* dire entre Rene et Savene ;
Et se tu veus t'en acerter de fi,
Songe à no cuer qu'avarice demene. »
    Ainsi parlant, uns demons le feri
De l'escourgée, et s'escria : « Va t'ent ;
66 Femes à vendre, rufien, ne sont ci. »
    Je rejoigni mon guion en present ;
En peu de pas ambedui nous venimes
Où uns rochers en arche issoit grantment.
    À moult grant aise le rocher nous saillimes,
Et, sur sa creste à destre main tornant,
72 Hors de ces cercles eternaus nous partimes.
    Quant au vuit fumes par lequel, en estant,
Li rochers done passage aus flaelés,
Li dus me dit : « Ferme toi, et à tant

---

sant parce qu'il était mieux informé, les autres parce qu'il haïssait les Guelfes d'Este.

61. *A Sipa dire: sipa* représente en bolonais l'italien *sia*, soit. La Savene est un torrent qui vient des Apennins ; le Reno, une rivière qui prend sa source en Toscane.

CANTO XVIII.

Lo viso in te di questi altri mal nati,
Ai quali ancor non vedesti la faccia,
78 Però che son con noi insieme andati. »
    Dal vecchio ponte guardavam la traccia
Che venìa verso noi dall' altra banda,
E che la sferza similmente scaccia.
    Il buon maestro senza mia dimanda
Mi disse: « Guarda quel grande che viene.
84 E per dolor non par lagrima spanda.
    Quanto aspetto reale ancor ritiene!
Quelli è Jason chez per core e per senno
Li Colchi del monton privati fene.
    Egli passò per l'isola di Lenno,
Poi che le ardite femmine spietate
90 Tutti li maschi loro a morte dienno.
    Ivi con segni e con parole ornate
Isifile ingannò, la giovinetta
Che prima avea tutte l'altre ingannate.
    Lasciolla quivi gravida e soletta;
Tal colpa a tal martiro lui condanna,
96 Ed anche di Medea si fa vendetta.
    Con lui sen va chi dal parte inganna.
E questo basti della prima valle
Sapere, e di color che in sè assanna. »
    Già eravam dove lo stretto calle
Con l'argine secondo s'incrocicchia
102 E fa di quello ad un altro arco spalle.
    Quindi sentimmo gente che si nicchia
Nell' altra bolgia e che col muso sbuffa,
E sè medesma con le palme picchia.
    Le ripe eran grommate d'una muffa
Per l'alito di giù che vi si appasta,
108 Che con gli occhi e col naso facea zuffa.

CHANT XVIII.

Dresse tes ieus vers ces autres mal nés,
De cui encore tu n'as veü la face ;
78 Car il et nous nous alions lés à lés. »
    Du pont anti esgardions à la trace
Par devers nous venir une autre gent,
Que l'escourgée semblablement porchasse.
    Et li bons mestre, qui mon demant n'atent,
Me dit : « Remire ce grant qui ci vient or,
84 Et par dolor n'espant plor aparent.
    Come il retient semblant de roi encor !
Cil est Jason qui, par sens et corage,
À la Colchide embla la toison d'or.
    Il par Lemnos, en tornant, prist passage,
L'isle où avoient les femes conjurées
90 Murdri les hommes par impiteuse rage.
    Là, par semblant et raisons aornées,
Il engeigna Ipsifile jeunete,
Qui prime avoit les autres engeignées.
    Il la laissa là enceinte et seulete.
À tel martire teus coupe damne à droit,
96 Et de Medée vengeance aussi est fete.
    O lui s'en va qui si femes deçoit ;
Et ce sufise de la prime valée
Et de la gent que ses enclos reçoit. »
    Jà nous estions là où l'estroite alée
Au secont bort se joint en croisement,
102 Et d'arche à autre est en guise d'estrée.
    Là nous oïmes une dolente gent
En l'autre bouge, qui sofle par boufées,
Et o les mains se travaille asprement.
    Les rives erent d'une croste embouées
Por la vapor qui s'i ert acueillie ;
108 Et en sont œil et narilles blessées.

CANTO XVIII.

Lo fondo è cupo sì, che non ci basta
Loco a veder senza montare al dosso
Dell' arco, ove lo scoglio più sovrasta.
    Quivi venimmo, e quindi giù nel fosso
Vidi gente attuffata in uno sterco
114 Che dagli uman' privati parea mosso.
    E mentre ch'io là giù con l'occhio cerco,
Vidi un col capo sì di merda lordo
Che non parea s'era laico o cherco.
    Quei mi sgridò : « Perchè se' tu sì ingordo
Di riguardar più me che gli altri brutti? »
120 Ed io a lui : « Perchè, se ben ricordo,
    Già t'ho veduto coi capelli asciutti,
E se' Alessio Interminei da Lucca;
Però t'adocchio più che gli altri tutti. »
    Ed egli allor, battendosi la zucca :
« Quaggiù m'hanno sommerso le lusinghe
126 Ond'io non ebbi mai la lingua stucca. »
    Appresso ciò lo duca : « Fa che pinghe,
Mi disse, un poco il viso più avante,
Sì che la faccia ben con gli occhi attinghe
    Di quella sozza e scapigliata fante
Che là si graffia con l'unghie merdose,
132 Ed or s'accoscia, ed ora è in piede stante.
    Taide è, la puttana che ripose

---

122. *Tu es de Luque :* Alessio Interminei est dit par les anciens avoir été séducteur de femmes et flatteur, mais, en dehors de Dante et de ses commentateurs, aucun document de Luque ne met quoi que ce soit à sa charge.

133. *Ce est Thaïs :* la Thaïs dont il s'agit ici est la Thaïs de l'*Eunuque* de Térence, III, 1. Thrason, son amant,

CHANT XVIII. 233

Li fons est bas si que ne se peut mie
I veoir ens, sans sur l'arche monter
Là où el fait par son dos plus saillie.

Ci parvenu, je de là formier
Vi une gent en putel si punais,
114 Qu'une latrine i sembloit le verser.

Et, esgardant en ce lieu tant mauvais,
Je en vi un o le chef margoillié,
À ne savoir s'il estoit clers ou lais.

Cil m'escria : « Por quoi as l'œil fiché
À m'esgarder plus des autres breneus ? »
120 « Je t'ai veü, di je à ce desfaé,

Se bien remembre, sans ordure aus cheveus ;
Tu es de Luque, Alesse Interminie,
Por ce sur toi avant tous j'ai les ieus. »

Il, se ferant or la teste ordoïe :
« Ici en bas m'ont plongé les losenges
126 Dont je jamais n'oi ma langue assovie. »

Puis ce li dus me dit : « Fai que tu renges
Un peu plus loin ton regard en avant,
Et qu'o tes ieus la face tu porprenges

De la mescine descoifée et pullant
Qui o ses ongles si se grife breneuse,
132 Or s'acropit et or est en estant :

Ce est Thaïs, ceste pute amoreuse,

---

lui ayant envoyé une esclave, et Gnathon lui disant que le don a été bien reçu, Thrason demande: *Magnas vero agere gratias Thais mihi?* — Gnathon: *Ingentes.* — Thrason: *Ain' tu læta est?* — Gnathon: *Non tam ipso quidem dono, quam abs te datum esse.*

Al drudo suo, quando disse : Ho io grazie
Grandi appo te? Anzi meravigliose.
136 E quindi sien le nostre viste sazie. »

Qui dit au dru rovant : *ai, bele amie,*
Vers toi grant grace? — l'as vers moi merveilleuse.
156 Et par ce soit no veüe assovie. »

CHANT XIX

HUITIÈME CERCLE ; TROISIÈME BOUGE : LES SIMONIAQUES ; LE PAPE NICOLAS III.

Dans ce chant, Dante a repris de la vigueur et de beaux vers pour stigmatiser la simonie et l'avarice des papes de son temps, Nicolas III, Boniface VIII et Clément V. On ne prend que peu d'intérêt, moi du moins (sauf le cas de Françoise de Rimini et d'Ugolin), aux descriptions élaborées des supplices raffinés qu'il inflige à ses damnés. Mais on en prend beaucoup à la vue de personnages que connaît l'histoire apparaissant devant sa sévère figure. Certes l'effet est tragique, quand, Dante s'adressant à Nicolas III qui ne peut le voir, celui-ci s'écrie : « Est-ce donc déjà toi, ô Boniface, venu ici avant le temps? » Boniface VIII n'est pas encore mort ; mais Nicolas est si sûr de la perdition de l'âme de ce pape qu'il s'apprête aussitôt à lui faire place dans l'ordre de leur commun supplice.

CANTO XIX

O Simon mago, o miseri seguaci,
Che le cose di Dio, che di bontate
Deono essere spose, voi rapaci
   Per oro e per argento adulterate;
Or convien che per voi suoni la tromba,
6 Però che nella terza bolgia state.
   Già eravamo alla seguente tomba
Montati, dello scoglio in quella parte
Che appunto sovra mezzo il fosso piomba.
   O somma sapienza, quanta è l'arte
Che mostri in cielo, in terra e nel mal mondo,
12 E quanto giusto tua virtù comparte!
   Io vidi per le coste e per lo fondo
Piena la pietra livida di fori
D'un largo tutti, e ciascuno era tondo.
   Non mi parean meno ampj nè maggiori
Che quei che son nel mio bel San Giovanni
18 Fatti per loco de' battezzatori,
   L'un degli quali, ancor non è molt' anni,
Rupp' io per un che dentro vi annegava,

---

17. *Dans mon bel Saint-Jehan:* église de Florence. La chapelle était une des plus belles chapelles du monde. Le baptistère dont parle Dante fut démoli en 1576.
   18. *L'un de ces fons... Rompi je...* Un enfant tombé

CHANT XIX

    O Simon mage, et vous tuit si suivant,
Qui, convoiteus, les choses du Dieu bon,
Oissors promises en pris au mieus faisant,
    Fraudez por or et argent à bandon,
Ore convient por vous le glas soner ;
6 La tierce bouge vous avez à maison.
    Dejà monté estions nous au rocher
Sis sur la bouge qui suit en cele part,
Droit au milieu du pont por esgarder.
    Ahi! sagesse emperiere, quel art
En ciel tu monstres, en terre et au mal monde!
12 Com justement ta vertus tout depart!
    Je vi au font et en toute l'esponde
La pierre bise pertuisée de creus ;
Tuit igal erent et de forme reonde.
    Je les jujoie tout faitement pareus
À cels qui sont dans mon bel Saint-Jehan
18 Fait por doner le batesme eüreus.
    L'un de ces fons, encor ne sont molt an,
Je debrisai por un qui s'i noioit :

dans un ces fonts s'y noyait ; on ne pouvait le retirer. Dante, présent, prit une hache et brisa le font.
  21. *Qu'en soit tesmoins mes dires :* Dante inscrit ce fait pour qu'on ne l'interprète pas mal, l'attribuant à impiété.

E questo fia suggel che ogni uomo sganni.
  Fuor della bocca a ciascun soperchiava
D'un peccator li piedi e delle gambe
24 Infino al grosso; et l'altro dentro stava.
  Le piante erano a tutti accese intrambe;
Perchè sì forte guizzavan le giunte
Che spezzate averían ritorte e strambe.
  Qual suol lo fiammeggiar delle cose unte
Muoversi pur su per l'estrema bucia,
30 Tal era lì da' calcagni alle punte.
  « Chi è colui, maestro, che si cruccia,
Guizzando più che gli altri consorti,
Diss' io, e cui più rossa fiamma succia? »
  Ed egli a me : « Se tu vuoi ch' io ti porti
Laggiù per quella ripa che più giace,
36 Da lui saprai di sè e de' suoi torti. »
  Ed io : « Tanto m'è bel quanto a te piace;
Tu se' signore, e sai ch' io non mi parto
Dal tuo volere, e sai quel che si tace. »
  Allor venimmo in su l'argine quarto;
Volgemmo, e discendemmo a mano stanca
42 Laggiù nel fondo foracchiato ed arto.
  E il buon maestro ancor dalla sua anca
Non mi dipose, sì mi giunse al rotto
Di quei che si piangea con la zanca.
  « O qual che se' che il di sù tien di sotto,
Anima trista, come pal commessa,
48 Comincia' io a dir, se puoi, fa motto. »
  Io stava come il frate che confessa
Lo perfido assassin che, poi ch' è fitto,
Richiama lui, per che la morte cessa.
  Ed ei gridò : « Se' tu già costì ritto,

52. *Et il cria:* c'est le pape Nicolas III, de la maison des

CHANT XIX.

Qu'en soit tesmoins mes dires mesouan.
  Chasque overture piés et jambes monstroit
D'un pecheor ; li remanans du cors
24 Dedans le trou, la teste en bas, gisoit.
  À tous ardoient andui li pié defors ;
Icil croloient lor miserables jointes,
À depiecer reortes les plus fors.
  Com li flammers seult sur les choses ointes
Porprendre seule la deforene part,
30 Ainsi lor ert des talons jusqu'aus pointes.
  « Qui est cil, mestre, qui fait si le musart,
Crolant molt plus que si autre consort ?
Lui di je lores ; flame plus rouge i art. »
  Et il : « Se veus que là jus je te port
Par ceste rive qui plus basse se fait,
36 De lui sauras queus est, quel sont si tort. »
  Et je à lui : « M'est bel quanque te plait ;
Tu es mes sire, tu sais que je ne bée
Qu'à ton voloir, et sais ce qui se tait. »
  Alors venimes en la quarte chaussée
Et nous tornames à la senestre main
42 Jus en la bouge estroite et pertûisée.
  Et li bons mestre de sa hanche en certain
Ne me guerpi qu'au pertuis où cil las
Monstroit son deuil o les jambes à plain.
  « Qui que tu soies, qui tiens le haut en bas,
O ame triste, ci come paus fichie,
48 Lui di je, parle, se pooir tu en as. »
  J'ere com cil qui a confesse oïe
De l'assassin qui, jà en fosse mis,
Reclaint le frere por alonger sa vie.
  Et il cria : « Es tu jà ci requis,

Orsini. Le Boniface dont il parle est le pape Boniface VIII.

Se' tu già costì ritto, Bonifazio?
54 Di parecchi anni mi mentì lo scritto.
Se' tu sì tosto di quell' aver sazio
Per lo qual non temesti torre a inganno
La bella donna, e poi di farne strazio?»
Tal mi fec' io quai son color' che stanno
Per non intender ciò ch' è lor risposto,
60 Quasi scornati, e risponder non sanno.
Allor Virgilio disse: « Digli tosto:
Non son colui, non son colui che credi. »
Ed io risposi come a me fu imposto.
Per che lo spirito tutti storse i piedi,
Poi, sospirando e con voce di pianto,
66 Mi disse: « Dunque che a me richiedi?
Se di saper chi io sia ti cal cotanto
Che tu abbi però la ripa corsa,
Sappi ch' io fui vestito del gran manto.
E veramente fui figliuol dell' Orsa,
Cupido sì, per avanzar gli orsatti,
72 Che su l'avere e qui me misi in borsa.
Di sotto al capo mio son gli altri tratti
Che precedetter me simoneggiando,
Per le fessure della pietra piatti.
Laggiù cascherò io altresì, quando
Verrà colui ch' io credea che tu fossi,
78 Allor ch' io feci il subito dimando.
Ma più è il tempo già che i piè mi cossi,
E ch' io son stato così sottosopra,
Ch' ei non starà piantato coi piè rossi;
Chè dopo lui verrà, di più laid' opra,

54. *De plusors ans me menti li escris:* li escris est le livre de l'avenir dans lequel les damnés ont le pouvoir de lire les choses qui ne sont pas très-éloignées.

CHANT XIX.

Es tu jà ci requis, o Boniface ?
De plusors ans me menti li escris.
    De cest avoir est si tost t'ame lasse,
Por quoi osas espouser à boidie
La bele dame, et honir la en face ? »
    Je cel sembloie qui, por n'entendre mie
Ce qu'on respont, s'esteut com se fust gas,
Et ne sait faire aucune repartie.
    Alors Virgile à moi : « Di lui chaut pas:
Je ne sui cil, ne sui cil que tu crois. »
Come il voloit, je respondi vias.
    Or li espris crola ses piés destrois,
Et puis o vois de plainte et sospirant:
« Que donc, dit il, me roves tu manois?
    Se qui je sui aprendre te chaut tant,
Qu'aies coru por ce si longue course,
Sache que fui vestus du paile grant.
    Veraiement je fui uns fils de l'Ourse,
Et, convoiteus por aus oursaus bien faire,
Je mis richesse, mais ci bas m'ame en bourse.
    Sous mon chef sont li autre de male aire,
Qui avant moi firent la simonie,
Tuit dans la pierre enserré, lor repaire.
    Jus autressi je choirai à la fie,
Quant viendra cil qu'estre je te cuidoie,
Quant la demande fis, que tu as oïe.
    Mais plus lonc tens en ceste male voie
J'oi les piés ars et la teste enversée,
Qu'il n'ert plantés o flame com la moie ;
Car après lui à œuvre plus damnée

---

57. *La bele dame* : l'Église.
77. *Quand viendra cil* : Boniface VIII.

Di ver ponente un pastor senza legge,
84 Tal che convien che lui e me ricopra.
Nuovo Jason sarà, di cui si legge
Ne' Maccabei; e come a quel fu molle
Suo re, così fia lui chi Francia regge. »
Io non so s'io mi fui qui troppo folle,
Ch' io pur risposi lui a questo metro :
90 « Deh! or mi di' : quanto tesoro volle
Nostro Signore in prima da san Pietro
Che gli ponesse li chiavi in sua balìa?
Certo non chiese se non : viemmi dietro.
Nè Pier nè gli altri chiesero a Mattia
Oro od argento, quando fu sortito
96 Al loco che perdè l'anima ria.
Però ti sta, chè tu se' ben punito,
E guarda ben la mal tolta moneta
Ch' esser ti fece contra Carlo ardito.
E se non fosse che ancor lo mi vieta
La riverenza delle somme chiavi
102 Che tu tenesti nella vita lieta,
Io userei parole ancor più gravi;
Chè la vostra avarizia il mondo attrista,
Calcando i buoni e sollevando i pravi.
Di voi pastor' s'accorse il vangelista,

83. *Devers couchant viendra pastre sans loi :* Bertrand de Got, archevêque de Bordeaux, pape sous le nom de Clément V,

85. *Novaus Jasons :* Jason, fils du grand-prêtre Simon II, et frère du grand-prêtre Onias III. Le livre des Machabées (II, 4, 7-27 ; 5, 5-10 et IV, 17) raconte qu'il acheta d'Antiochus le pontificat, en éloigna son frère, et introduisit les coutumes grecques.

87. *Le roi de France :* Philippe-le-Bel ; le roi de Jason est Antiochus.

CHANT XIX.

Devers couchant viendra pastre sans loi,
84 À lui et moi coverture aprestée;
Novaus Jasons, com cil de pute foi
Es Machabées ; l'uns aura à son œus
Le roi de France, com li autre eut son roi. »
Ne sai se ci trop estous et ireus
Fui de respondre en iceste maniere :
90 « Eh! di quel prix et quel marché honteus
Jadis no Sire demanda, quant à Piere
Les saintes clés il remist en baillie ;
Riens ne requist se non : vien moi derriere.
Or ne argent à Mahieu ne prist mie
Pierre ou li autre, lorsque teus fu sortis
96 Au lieu perdu par l'ame foi-mentie.
Ci donc remain ; car es à droit punis,
Et garde bien la richesse robée,
Por quoi tu fus contre Charle hardis.
Et se ne fust qu'encore le me vée
La reverence des soveraines clés
102 Que tu portas dans la vie enamée,
Vous ramponasse plus aigrement assés ;
Vostre avarice fait le monde dolent ;
Foulant les bons, les mauvais vous haussés.
Jehans vous vi, vous pastors de la gent,

---

91. *No Sire :* Jésus-Christ.
96. *L'ame foi-mentie :* Judas Ischariot.
99. *Por quoi tu fus contre Charle hardis :* Charles d'Anjou ayant refusé de marier un sien neveu à une nièce du pape, Nicolas III devint son ennemi et lui nuisit autant qu'il put.
106. *Jehans vous vi :* saint Jean, dans l'Apocalypse, XVII, 1 et suivants. Au reste, Dante en use fort librement (et, on peut ajouter, assez obscurément) avec le texte de l'Apocalypse. Suivant les commentateurs de son poëme,

CANTO XIX.

Quando colei che siede sovra l'acque
108 Puttaneggiar co' regi a lui fu vista;
   Quella che con le sette teste nacque,
E dalle diece corna ebbe argomento,
Fin che virtute al suo marito piacque.
   Fatto v'avete Dio d'oro e d'argento;
E che altro è da voi all' idolatre,
114 Se non ch' egli uno, e voi ne orate cento?
   Ahi, Constantin, di quanto mal fu matre,
Non la tua conversion, ma quella dote
Che da te prese il primo ricco patre! »
   E mentre io gli cantava cotai note,
O ira o coscienza che il mordesse,
120 Forte spingava con ambo le piote.
   Io credo ben che al mio duca piacesse,
Con sì contenta labbia sempre attese
Lo suon delle parole vere espresse.
   Però con ambo le braccia mi prese,
E, poi che tutto su mi s'ebbe al petto,
126 Rimontò per la via onde discese.
   Nè si stancò d'avermi a sè distretto,
Sì men portò sovra il colmo dell' arco
Che dal quarto al quinto argine è tragetto.
   Quivi soavemente spose il carco
Soave per lo scoglio sconcio ed erto,
Che sarebbe alle capre duro varco;
133 Indi un' altro vallon mi fu scoperto.

les dix cornes sont les dix commandements de Dieu qui

Quant il vi cele sur les eves seant
108 Faire la pute o les rois malement;
Cele qui eut set testes en naissant,
Et qui porta dis cornes fierement,
Tant qu'en l'espous ot un feel amant.
Dieu vous vous estes fait d'or et fait d'argent;
Entre païens et vous qu'est-ce se non
114 Qu'il une idole aorent, et vous cent?
Ah! Constantin, en ta conversion
Feïs grant bien, mais grant mal, quant donere
Tu fus aux papes d'un moult trop riche don! »
Tandis que j'ere uns si fiers preechere,
Il brandeloit les deus jambes forment,
120 Remors par ire ou conscience amere.
Je croi ce fu à mon mestre moult gent;
Tant chere lie eut il, quant escouta
Le vrai langage qui me vint à talent.
O ses deus bras partant il m'embrassa;
Et, puisqu'il m'eut pleinement à son pis,
126 Reprist la voie par où il avala;
Et non lassés de m'avoir ainsi pris,
Il m'emporta jusques à l'arc en son
Qui du quart bort au quint bort est tramis.
Là son gent fais d'une gente façon
Il posa jus sur le rocher desp ert,
Que neïs chevre passast à garison.
133 De là je vi un autre val overt.

gouvernèrent la chrétienté, tant que l'époux, c'est-à-dire le pape, fut un fidèle amant de son épouse, l'Église.

CHANT XX

HUITIÈME CERCLE ; QUATRIÈME BOUGE : LES DEVINS, AMPHIARAUS, TIRESIAS, ARUNS, MANTO, EURYPYLE, MICHEL SCOT, ASDENTE.

Ce chant appartient aux devins et aux astrologues. La justice divine les punit en leur tournant la tête sens devant derrière. Ils ont voulu voir en avant ; ils sont condamnés à voir éternellement en arrière. A l'aspect de ce lamentable défigurement de la forme humaine, Dante s'émeut, et les pleurs s'échappent de ses yeux. Virgile lui reproche sa pitié, disant que la vraie miséricorde est de respecter les jugements de Dieu. Soit ; mais, s'il en est ainsi, pourquoi Dante n'a-t-il pas reçu une semblable réprimande, quand il témoigne tant de révérence à Brunetto Latini et à quelques autres personnages florentins ? Il est évident que sur ce point ses sentiments ont varié dans le cours de son grand poëme, et que là chaque fois il s'est laissé aller à l'impression du moment

CANTO XX

 Di nuova pena mi convien far versi,
E dar materia al ventesimo canto
Della prima canzon, ch' è de' sommersi.
 Io era già disposto tutto quanto
A riguardar nello scoperto fondo
6 Che si bagnava d'angoscioso pianto;
 E vidi gente per lo vallon tondo
Venir tacendo e lagrimando, al passo
Che fanno le letane in questo mondo,
 Come il viso mi scese in lor più basso,
Mirabilmente apparve esser travolto
12 Ciascun tra il mento e il principio del casso;
 Chè dalle reni era tornato il volto,
E indietro venir gli convenia,
Perchè il veder dinanzi era lor tolto.
 Forse per forza già di parlasía
Si travolse così alcun dal tutto;
18 Ma io nol vidi, nè credo che sia.
 Se Dio ti lasci, lettor, prender frutto
Di tua lezione, or pensa per te stesso
Com' io potea tener lo viso asciutto,
 Quando la nostra imagine da presso
Vidi sì torta, che il pianto degli occhi
24 Le natiche bagnava per lo fesso.
 Certo io piangea, poggiato ad un de' rocchi

CHANT XX

    Chanter m'esteut or de novaus tormens
Au chant vintieme de la chanson premiere,
Qui est d'enfer et de ses males gens.
    Arreés jà j'ere en bone maniere
À esgarder à descovert ce font,
6 Tout arosé de plors d'angoisse fiere.
    Et je vi gens par le valon reont
Venir, taisans et plorans, de ce pas
Que litanies en nostre monde vont.
    Quant, eus plus près, j'esgardai plus en bas,
Chascuns paru malement trestornés
12 Au col meïsme, par un estrange cas.
    Li vis au dos lor estoit assenés ;
Et convenoit qu'il venissent arriere ;
Car li veoirs devant lor ert ostés.
    Par force, espoir, de palazine fiere
Fu jà aucuns qui si se tresvertit ;
18 Mais je ne croi qu'onque en fust si entiere.
    Que Dieus te doint, tu qui lis, bon profit
De ta lecture, et en toi imagine
Se me tenoie d'avoir le vis aflit,
    Quant près je vi nostre image devine
Si trestornée que li plorers des ieus
24 Moilloit les naches par la fente à ravine.
    Lez un desbris du rocher dolereus

Del duro scoglio, sì che la mia scorta
Mi disse : « Ancor se' tu degli altri sciocchi?
Quì vive la pietà quando è ben morta.
Chi è più scellerato che colui
30 Che al giudizio divin passion comporta?
Drizza la testa, drizza, e vedi a cui
S'aperse agli occhi de' Teban' la terra,
Per che gridavan tutti : dove rui,
Anfiarao! perchè lasci la guerra?
E non restò di ruinare a valle
36 Fino a Minòs, che ciascheduno afferra.
Mira che ha fatto petto delle spalle;
Perchè volle veder troppo davante,
Dirietro guarda e fa ritroso calle.
Vedi Tiresia, che mutò sembiante
Quando di maschio femmina divenne,
42 Cangiandosi le membra tutte quante;
E prima poi ribatter gli convenne
Li duo serpenti avvolti con la verga,
Che riavesse le maschili penne.
Aronta è quel che al ventre gli s'atterga,
Che ne' monti di Luni (dove ronca
48 Lo Carrarese che di sotto alberga)
Ebbe tra bianchi marmi la spelonca
Per sua dimora; onde a guardar le stelle
E il mar non gli era la veduta tronca.
E quella che ricopra le mammelle
Che tu non vedi con le trecce sciolte,

---

34. *Amphiarée*: Amphiaraus, un des sept chefs qui assiégèrent Thèbes. Un coup de foudre de Jupiter le précipita aux enfers.

CHANT XX.

Puiés ploroie, quant mes mestre me dit :
« Es tu aussi des fous maleüreus ?
   Ci, quant est morte, misericorde vit ;
Est il au monde uns mesfais plus grevains
30 Qu'au Dieu juïse porter ire et despit ?
   Dresse la teste, voi cel, aus chams thebains,
Sous les cui piés s'ovri beant la terre,
Tous s'escriant : Où chois, où chois orains,
   Amphiarée ? por quoi guerpis la guerre ?
Et ne feni d'avaler de ravine
36 Jusqu'à Minos, qui de tous est jugerre.
   Du dos, remire, il a fait sa poitrine ;
Por ce qu'il vout veoir trop en devant,
Arriere esgarde, et arriere chemine.
   Voi Tiresie, qui mua le semblant,
Quant il devint femme par ochoison,
42 Ne retenant sa forme tant ne quant.
   Les deus serpens qu'il feri du baston,
Primes convint les referir, avant
Qu'il represist figure de baron.
   Cil qui le suit, au ventre l'adossant,
Ce est Arons, qui, aus mons de Luni,
48 Sous cui la terre de Carrare s'espant,
   D'une caverne fist en recoi son ni
Es marbres blans, d'ont il pooit sans pene
Mirer la mer et le ciel infini.
   Et cele là qui sur son sein ramene
(Tu ne le vois) ses tresses desnoées,

---

40. *Voi Tirésie :* Tirésias, célèbre devin de Thèbes. Voy. la Fable à son sujet.

47. *Ce est Aruns :* Aruns, devin étrusque, prédit la guerre civile et la victoire de César, Lucain, *Phars.* I, 586.: *incoluit desertæ mœnia Lunæ.*

CANTO XX.

54 E ha di là ogni pilosa pelle,
    Manto fu che cercò per terre molte,
    Poscia si pose là dove nacqu' io ;
    Onde un poco mi piace che m' ascolte.
    Poscia che il padre suo di vita uscio
    E venne serva la città di Baco,
60 Questa gran tempo per lo mondo gio.
    Suso in Italia bella giace un laco
    Appiè dell' alpe che serra Lamagna
    Sovra Tiralli, che ha nome Benaco.
    Per mille fonti, credo, e più si bagna
    Tra Garda e Val Camonica Apennino
66 Dell' acqua che nel detto lago stagna.
    Loco è nel mezzo là dove il Trentino
    Pastor e quel di Brescia e il Veronese
    Segnar potria, se fesse quel cammino.
    Siede Peschiera, bello e forte arnese
    Da fronteggiar Bresciani e Bergamaschi,
72 Ove la riva intorno più discese.
    Ivi convien che tutto quanto caschi
    Ciò che in grembo a Benaco star non può,
    E fassi fiume giù pei verdi paschi
    Tosto che l'acqua a correr mette co',
    Non più Benaco, ma Mincio si chiama
78 Fino a Governo, dove cade in Po.
    Non molta ha corso che trova una lama

---

54. *En là :* le devant du corps, qui est devenu la partie postérieure.

55. *Ce fu Manto :* Manto, fille de Tirésias. Le récit que Dante met dans la bouche de Virgile est différent de ce que dit Virgile lui-même, qui attribue la fondation de Mantoue à Ocnus, fils de Manto et du fleuve le Tibre, *En.* X, 198. Par surcroît, Dante, oubliant qu'il a damné Manto, la met

CHANT XX.

54 Et qui de poil est en là toute plene,
    Ce fu Manto, qui erra par contrées,
Puis s'aresta où naissance je pris ;
D'ont il me plait qu'un peu m'oïr tu grées.
    Après ce que ses pere fu fenis
Et que fu serve la cités de Bacchus,
60 Ele lonc tems eira par les païs.
    En bele Itaille a il un lac en sus
Au pié de l'Alpe qui l'Allemagne enserre
Devers Tirol, Benac a nom par us.
    Mil sources baignent, et plus, se pas je n'erre,
De Garde au Val Camonic, l'Apennin,
66 Par la grant eve dont cil lacs est garderre.
    Là est uns lieus où li vesque Trentin
Et cil de Bresse et cil du Veronois
Siner porroient, alant par ce chemin.
    Peschiere siet, biaus et puissans harnois
Por faire front vers Bergame et vers Bresse,
72 Droit en la pente où baisse cis destrois.
    Par ce passage couler l'eve ne cesse
Que li Benac garder en soi ne peut,
Et aus vers prés devient fleuve et s'eslesse.
    Quant el les laisse et à corir se meut,
Non plus Benac, mais Mincio se dit
78 Jusqu'à Governe, où li Po le raqueut.
    Moult n'a coru qu'el pormene son lit

dans le purgatoire (*Purg.* XXII, 143). C'est un lapsus de mémoire.

63. Le Benac se nomme aujourd'hui lac de Garde.

67. *Là est uns lieus* : les commentateurs ont beaucoup disserté sur ce lieu où les trois évêques de Trente, de Brescia et de Vérone, avaient juridiction et pouvaient faire le signe de la croix, c'est-à-dire bénir ; ils ne sont pas tombés d'accord.

Nella qual si distende e la impaluda,
E suol di state talora esser grama.
Quindi passando la vergine cruda
Vide terra nel mezzo del pantano
84 Senza cultura e d'abitanti nuda.
Lì, per fuggire ogni consorzio umano,
Ristette co' suoi servi a far sue arti,
E visse, e vi lasciò suo corpo vano.
Gli uomini poi che intorno erano sparti
S'accolsero a quel loco ch' era forte
90 Per lo pantan che avea da tutte parti.
Fer la città sovra quell' ossa morte:
E per colei che il loco prima elesse
Mantova l'appellar senz' altra sorte.
Già fur le genti sue dentro più spesse,
Prima che la mattia da Casalodi
96 Da Pinamonte inganno ricevesse.
Però t'assenno, che se tu mai odi
Originar la mia terra altrimenti,
La verità nulla menzogna frodi. »
Ed io : « Maestro, i tuoi ragionamenti
Mi son sì certi e prendon sì mia fede,
102 Che gli altri mi sarian carboni spenti.
Ma dimmi della gente che procede,
Se tu ne vedi alcun degno di nota ;
Chè solo a ciò la mia mente rifiede. »
Allor mi disse : « Quel che dalla gota
Porge la barba in su le spalle brune
108 Fu, quando Grecia fu di maschi vota
Sì che appena rimaser per le cune,

95. *Casalodi :* les Casalodi, comtes guelfes, s'emparèrent de Mantoue en 1272. Albert de Casalodi, trompé par Pinamonte de Buonacorsi, qui lui fit croire que les prin-

CHANT XX.

En une plaine qui devient marescage ;
Par quoi, l'esté, la gent enmaladit.
 La fiere vierge, prenant par là passage,
Vi une terre au milieu du pantain,
84 Sans habitans, sans culture et sauvage.
 Là, por fuïr tot voisinage humain,
O ses sergens s'estut et o ses ars,
Et i vesqui un grant eage à plain.
 Li home puis qui là erent espars
Se rassemblerent en ce lieu de fiance,
90 Que li marois ceignoit de toutes pars.
 Sur ses os firent lor cit à demorance ;
Et por la morte qui prime i mist les piés,
Il la nomerent Mantoue en honorance.
 De plus de peuple ce fu pieça li siés,
Avant le tems où mar Casalodi
96 Fist grant folie, par Pinamont boissiés.
 S'on te raconte adonque, je t'affi,
Que ma cités nasqui d'autre maniere,
Ne lais le vrai par mençonge oscurci. »
 « Ta raisons m'est si certaine et entiere,
Et si maistroie, lui di je, ma croiance,
102 Qu'autre me fust moins que gaste bruiere.
 Mais di, par mi ceste gent qui s'avance,
Vois tu aucun digne de mentions ?
Car sol de ce je sui en abeance. »
 « Sur les espaules cil à cui li mentons
Espant, dit il, barbe large forment,
108 Estoit devins, quant de tous ses barons
 Grece fu vide, fors en bers solement,

cipaux de la ville avaient de mauvais sentiments contre
lui, employa des mesures tyranniques, suscita les haines
et fut chassé.

Augure, e diede il punto con Calcanta
In Aulide a tagliar la prima fune.
 Euripilo ebbe nome, e così il canta
L'alta mia Tragedia in alcun loco;
114 Ben lo sai tu che la sai tutta quanta.
 Quell' altro che ne' fianchi è così poco,
Michele Scotto fu, che veramente
Delle magiche frode seppe il gioco.
 Vedi Guido Bonatti, vedi Asdente,
Che avere inteso al cuojo ed allo spago
120 Ora vorebbe, ma tardi si pente.
 Vedi le triste che lasciaron l'ago,
La spola e il fuso, e fecersi indovine;
Fecer malie con erbe e con imago.
 Ma vienne omai; chè già tiene il confine
D'ambeduo gli emisperi, e tocca l'onda
126 Sotto Sibilia Caino e le spine.
 E già iernotte fù la luna tonda;
Ben ten dee ricordar, che non ti nocque
Alcuna volta per la selva fonda. »
130 Si mi parlava, ed andavamo introcque.

112. *Eurypyle*, devin mentionné dans l'*Énéide*, II, 113.
113. *En un lieu:* voy. En. II, 113.
116. *Michieus Scot:* Michel Scot, fameux médecin et astrologue à la cour de Frédéric II.
118. *Voi Gui Bonatte:* Guido Bonatti, de Forli, astrologue, vécut dans le xiii° siècle. — *Asdent:* Asdente, cordonnier de Parme, qui se fit devin.

CHANT XX.

Et il dona o Calchas le moment
Por departir d'Aulide au premier vent;
　Eut Eurypyle à nom, com te l'aprent
Ma Tragedie as haus vers en un lieu,
114 Bien le sais tu, qui la sais pleinement.
　Cil autre là qui par flans est si peu,
Fu Michieus Scot, cil qui veraiement
Des ars magiques et fraudes sut le jeu.
　Voi Gui Bonatte, et voi aussi Asdent,
Qui vorroit or avoir en mains tenus
120 Cuir et ligneul, mais à tart se repent.
　Les desfaées voi qui aiguilles jus
Et fusel misrent, por se faire devines
O males herbes et images là sus.
　Mais vien ormais; car jà tient les termines
Des hemispheres andeus et toche l'onde
126 En sous Seville Caïn o ses espines.
　Et jà hier soir fu la lune reonde;
Tu l'as eüe secourable par fois,
Il t'en souvient, par la selve parfonde. »
130 Si me parloit, et alions demanois.

126. *Caïn o ses espines :* la lune. Suivant l'opinion vulgaire en Italie, les taches de cet astre représentaient la face de Caïn, et sa lumière une touffe d'épines enflammées.— *En sous Seville* : le confin des deux hémisphères, à savoir du purgatoire et de Jérusalem, est à l'extrémité du monde connu des anciens, c'est-à-dire à l'extrémité occidentale de la péninsule espagnole, deux degrés au delà de Séville.

CHANT XXI

HUITIÈME CERCLE ; CINQUIÈME BOUGE : LES BARATIERS ; UN MAGIS-
TRAT DE LUQUE ; BRIGADE DE DÉMONS AVEC LEURS NOMS ; INCON-
GRUITÉ.

Ce chant mérite peu de louanges. On voit sans intérêt l'auteur faire effort pour trouver des noms plus bizarres les uns que les autres aux démons qui gardent la cinquième bouge et e lac de poix bouillante. Puis, que dire de la grossièreté qui termine le chant et signale le départ de l'infernale brigade ? Comme toujours, les commentateurs approuvent, remarquant qu'il faut conformer le langage aux personnages, et que de diables noirs qui sont là de service on ne peut attendre rien de mieux que l'offense que, selon Horace, Priape fit au nez de Canidie. Quoi qu'on dise, rien n'obligeait Dante à ces imaginations incongrues. Sans doute, ayant donné à son poëme le titre de comédie par opposition à la haute tragédie, qui est l'Énéide de Virgile, il a voulu y semer du comique et du burlesque, mais ici il n'a pas été heureux. Transformons donc l'intérêt poétique en intérêt historique, et reconnaissons en ce chant un reflet de mœurs grossières et un témoignage pour Florence et le moyen âge, comme Aristophane en donne pour Athènes et l'antiquité, et Rabelais pour le xvi° siècle et la France.

CANTO XXI

 Così di ponte in ponte, altro parlando
Che la mia Commedía cantar non cura,
Venimmo, e tenevamo il colmo, quando
 Ristemmo per veder l'altra fessura
Di Malebolge e gli altri pianti vani;
6 E vidila mirabilmente oscura.
 Quale nell' arzanà de' Veneziani
Bolle l'inverno la tenace pece
A rimpalmar li legni lor non sani,
 Chè navicar non ponno, e in quella vece
Chi fa suo ligno nuovo, e chi ristoppa
12 Le coste a quel che più viaggi fece;
 Chi ribatte da proda e chi da poppa;
Altri fa remi, ed altri volge sarte;
Chi terzeruolo ed artimon rintoppa;
 Tal, non per fuoco ma per divina arte
Bollia laggiuso una pegola spessa
18 Che inviscava la ripa da ogni parte.
 Io vedea lei, ma non vedeva in essa
Ma' che le bolle che il bollor levava,
E gonfiar tutta e riseder compressa.
 Mentr' io laggiù fissamente mirava,
Lo duca mio, dicendo: « Guarda, guarda! »
24 Mi trasse a sè dal loco dov' io stava.
 Allor mi volsi come l'uom cui tarda

CHANT XXI

De pont en pont, d'autres choses parlant
(Ma Comedie les remembrer n'a cure),
Au haut venimes, et là, nous arestant,
    Nous esgardames à plein l'autre ouverture
De Malebouge, o plaintes en pardon ;
6 Et je la vi estrangement oscure.
    Come à Venise, en la froide saison,
À l'arsenal bout la visqueuse pois,
Por nefs refaire qui veulent garison,
    Sans quoi ne peuvent navier autre fois ;
Cil la galie fait neuve ; cil resserre
12 O moult estoupe les desjointes parois ;
    À poupe, à proue on travaille grant erre ;
À funains faire cil ne sont pas musart ;
Cil aus mas euvrent à cui vent firent guerre ;
    Tel, non par feu, mais par Dieu et son art,
Bouilloit là jus l'espesse pois adès,
18 Qui engluoit la rive en toute part.
    Je la veoie, sans i veoir rien mès,
Pousser en som bouillons de chalor grant,
Et s'enfler toute et s'afaisser après.
    Tandis que là j'ere en bas remirant,
Mes guis, disant : « Esgarde, tost esgarde, »
24 Me traist à soi du lieu où j'ere estant.
    Lors me tornai com li hom à cui tarde

Di veder quel che gli convien fuggire,
E cui paura subita sgagliarda,
  Che per veder non indugia il partire,
E vidi dietro a noi un diavol nero
30 Correndo su per lo scoglio venire.
  Ahi quanto egli era nell' aspetto fiero!
E quanto mi parea nell' atto acerbo,
Con l'ale aperte, e sovra i piè leggiero!
  L'omero suo, ch' era acuto e superbo,
Carcava un peccator con ambo l'anche
36 E quei tenea de' piè ghermito il nerbo.
  « Del nostro ponte, disse, o Malebranche,
Ecco un degli anzian' di Santa Zita;
Mettetel sotto, ch' io torno per anche
  A quella terra che n'è ben fornita;
Ogni uom v'è barattier, fuor che Bonturo;
42 Del no, per li denar, vi si fa ita. »
  Laggiù il buttò, e per lo scoglio duro
Si volse, e mai non fu mastino sciolto
Con tanta fretta a seguitar lo furo.
  Quei s'attuffò, e tornò su convolto;
Ma i demon, che del ponte avean coverchio,
48 Gridar: « Qui non ha loco il santo Volto:
  Qui si nuota altrimenti che nel Serchio;
Però, se tu non vuoi de' nostri graffi,
Non far sovra la pegola soverchio. »

36. *Le nerf des piés :* le tendon d'Achille.
38. *Un ancien vez ci de Sainte Zie :* un magistrat de Luque. Sainte Zie (santa Zitta) naquit à Monsagrati, à six milles de Luque. Elle vécut en odeur de sainteté et mourut en 1272 ou 1278. Elle fut canonisée et devint la compatrone de Luque.
41. *Fors que Bonture :* cela est dit par ironie. Bontura Dati, d'après les commentateurs, était le plus grand bara-

Veoir ce que lui convient de fuïr,
Et que paors trop soudaine acouarde,
   Sans delaier, por veoir, le partir ;
Et derriere nous je vi un noir demon
50 Sus en la roche tout en corant venir.
   Ah! come il ert de moult fiere façon !
Ailes overtes et leger sur ses piés,
Come il à s'euvre avoit semblant felon !
   Uns pechere ert par les hanches chargiés
En sus s'espaule ague et haute amont ;
56 Il le tenoit pris par le nerf des piés.
   « Mal-Grif, dit il, qui gardez nostre pont,
Un ancien vez ci de Sainte Zie,
Metez le jus ; autres je quier amont
   En ceste terre qui en est bien fornie ;
Barat i fait chascuns, fors que Bonture ;
42 N'est qui, paiés, oïl por non ne die. »
   Jus le bouta, et par la roche dure
Torna arriere ; onque mastins laschés
Ne suit larron à si grant aleüre.
   Cil s'enfonça, puis revint trestornés ;
Mais li demon, sur le pont en estage :
48 « Ci, s'escrioient, li sains Voult n'est contés.
   Ci autrement qu'en ton Serque se nage ;
Et se des cros tu ne veus pas taster,
Venir en sus la pois sera peu sage. »

---

tier de Luque ; il appartenait au parti populaire et avait une grande influence.

45. *Li sains Voult :* le saint Voult, *sanctus vultus*, est une image du Christ, en bois, très-ancienne, et qui était et est encore tenue en grande vénération à Luque.

49. *En ton Serque :* le Serchio, fleuve qui traverse le territoire luquois et qui va se jeter dans la Méditerranée.

Poi l'addentar con più di cento raffi;
Disser: « Coverto convien che qui balli,
54 Sì che, se puoi, nascosamente accaffi. »
Non altrimenti i cuochi a' lor vassalli
Fanno attuffare in mezzo la caldaja
La carne cogli uncin', perchè non galli.
Lo buon maestro: « Acciò che non si paja
Che tu ci sii, mi disse, giù t'acquatta
60 Dopo uno scheggio che alcun schermo t'haja;
E per nulla offension che mi sia fatta,
Non temer tu, ch' io ho le cose conte,
Perchè altra volta fui a tal baratta. »
Poscia passò di là dal co' del ponte,
E com' ei giunse in su la ripa sesta,
66 Mestier gli fu d'aver secura la fronte.
Con quel furor e con quella tempesta
Ch' escono i cani addosso al poverello,
Che di subito chiede ove s' arresta,
Usciron quei di sotto al ponticello,
E volser contra lui tutti i roncigli;
72 Ma ei gridò: « Nessun di voi sia fello!
Innanzi che l'uncin vostro mi pigli,
Traggasi avanti l'un di voi che m'oda,
E poi d'arroncigliar mi si consigli. »
Tutti gridaron: « Vada Malacoda. »
Perchè un si mosse, e gli altri stetter' fermi,
78 E venne a lui dicendo: « Che gli approda? »
« Credi tu, Malacoda, qui vedermi
Esser venuto, disse il mio maestro,
Securo già da tutti i vostri schermi,
Senza voler divino e fato destro?

CHANT XXI.

  Puis, à cent cros le poignant sans tarder,
Dirent : « Convient ci covert caroler,
54 Celéement emblant, se veus embler. »
  Non autrement li queu font enfoncer
Par lor sergens en mi de la chaudiere
O cros la char, que ne viene floter.
  « Si que n'apere en aucune maniere
Que tu ci soies, dit mes guis, coiement
60 Tapis toi bien à un rocher derriere.
  Et por laidure qu'on me fasse en present,
Ne craindre tu; ce que les choses sont
Je sai, et jà je fui en tel convent. »
  Puis il passa à l'autre chef du pont ;
Et quant il vint en sus la seste rive,
66 Mestiers lui fu avoir seür le front.
  O la furor et la tempeste vive
Qu'issent à dos du poure li chael,
Quant il s'areste por l'aumosne chetive,
  Issirent cil de dessous le poncel,
Et tous lor cros tornerent contre li ;
72 Mais il cria : « Nus de vous ne soit fel.
  Ainz que m'aiez de vostres cros saisi,
S'en viene avant uns de vous qui m'orra ;
Puis conseillez se vo croc sont por mi. »
  Tuit s'escrierent : « Tu, Male-queue, va. »
Donc uns se mut, les autres s'arestant,
78 Et vint disant : « À quoi li servira ? »
  « O Male-queue, dit mes mestres atant,
Me cuides tu venu en vo traïn,
Contre vos armes jà seür à garant,
  Sans Dieu voloir et propice destin ?

 63. *Et jà je fui en tel convent :* voyez *Enfer*, IX, 22 et suiv.

Lasciane andar; chè nel cielo è voluto
84 Ch' io mostri altrui questo cammin silvestro. »
Allor gli fu l'orgoglio sì caduto,
Che si lasciò cascar l'uncino ai piedi,
E disse agli altri: « Omai non sia feruto. »
E il duca mio a me : « O tu, che siedi
Tra gli scheggion del ponte quatto quatto,
90 Securamente omai a me ti riedi. »
Perch' io mi mossi, ed a lui venni ratto;
E i diavoli si fecer tutti avanti,
Sì ch' io temetti non tenesser patto.
E così vid' io già temer li fanti
Che uscivan patteggiati di Caprona,
96 Veggendo se tra nemici cotanti.
Io m'accostai con tutta la persona
Lungo il mio duca, e non torceva gli occhi
Dalla sembianza lor ch' era non buona.
Ei chinavan gli raffi, e : « Vuoi che il tocchi,
Diceva l'un con l'altro, in sul groppone? »
102 E rispondean : « Sì, fa che gliele accocchi. »
Ma quel demonio che tenea sermone
Col duca mio, si volse tutto presto,
E disse: « Posa, posa, Scarmiglione. »
Poi disse a noi : « Più oltre andar per questo
Scoglio non si può, però che giace
108 Tutto spezzato al fondo l'arco sesto.
E se l'andare avanti pur vi piace,
Andatevene su per questa grotta;
Presso è un altro scoglio che via face.
Jer, più oltre cinqu' ore che quest' otta,

---

94. *Ainsi je vi les pietons en cremor:* Caprona, chia-

CHANT XXI.

    Lai moi aler; car au ciel est volus,
84 Qu'autre je monstre ce sauvage chemin. »
    Lore lui fu li orgueus si cheüs,
Que il son croc tumer as piés laissa,
Et dit aus autres : « Ormais ne soit ferus. »
    Mes dus à moi : « Or tu qui remains là,
Tapis par mi les roches du poncel,
90 Seürement revien vers moi en ça. »
    Pero me mu, et vin à lui isnel;
Tuit s'avancerent li demon; et paor
J'oi qu'à lor foi ne fussent pas feel.
    Ainsi je vi ces pietons en cremor
Qui sur la foi issoient de Caprone,
96 Quant esgarderent tanz enemis entor.
    Je me serrai de tote ma persone
Selonc mon duc, sans les ieus destorner
De lor semblance, qui n'estoit mie bone.
    Les cros clinoient, et : « Faut il le tocher,
Disoit li uns à l'autre, au haterel? »
102 Et respondoient : « Oïl, fai l'en taster. »
    Mais cis demons qui parloit bien et bel
O mon guion, se torna prestement,
Et dit : « Areste, areste, Hurepel. »
    Puis dit à nous : « Aler ne se porra
Par ce rocher plus outre; car au font
108 Gist derompue la sisme arche pieça.
    Et se vous plait avancer plus parfont,
Prenez chemin par mi ce desrubent;
Prés est uns autre qui vous fera un pont.
    Hier, plus cinq hores, outre l'hore present,

teau des Pisans pris par les Florentins et les Luquois en 1289. Dante participa à cette expédition.

Mille dugento con sessanta sei
114 Anni compiér, che qui la via fu rotta.
Io mando verso là di questi miei
A riguardar se alcun se ne sciorina;
Gite con lor, ch' ei non saranno rei. »
« Tratti avanti, Alichino e Calcabrina,
Cominciò egli a dire, e tu, Cagnazzo,
120 E Barbariccia guidi la decina.
Libicocco vegna oltre, e Draghignazzo,
Ciriatto sannuto, e Graffiacane,
E Farfarello, e Rubicante il pazzo.
Cercate intorno le bollenti pane,
Costor sien salvi insino all' altro scheggio,
126 Che tutto intero va sovra le tane. »
« O mè! maestro, che è quel che io veggio?
Diss' io, deh! senza scorta andiamci soli,
Se tu sa' ir, ch' io per me non la cheggio.
Se tu se' sì accorto come suoli,
Non vedi tu ch' ei digrignan li denti,
132 E con le ciglia ne minaccian duoli? »
Ed egli a me : « Non vo' che tu paventi;
Lasciali digrignar pure a lor senno,
Ch' ei fanno ciò per li lessi dolenti. »
Per l'argine sinistro volta dienno;
Ma prima avea ciascun la lingua stretta
Coi denti, verso lor duca per cenno,
139 Ed egli avea del cul fatto trombetta.

113. *Mille et deus cens et soissante sis ans:* ce fut le tremblement de terre lors de la mort du Christ qui se propagea en enfer et amena la rupture dont il est ici

CHANT XXI.

Mille et deus cens et soissante sis ans
114 Ot que ces pas fu rompus malement.

Vers là j'adresse certains de mes suivans,
Por esgarder qu'i font aucun tapin ;
Alez o eus, nus n'ert vo malfaisans.

Vien en avant, Chausse-givre, Aile-clin,
Comença il à dire, et tu Chienas ;
120 Et la dizaine guiera Barbarin.

Qu'oultre s'en vienent Libicos, Draguignas,
Et Porcelès as grans dens, Chiens-grifans,
Et Farfarel, et li fols Rubrias.

Cherchez entor les chaudieres boillans ;
Cil soient sauf jusqu'à l'autre rochier
126 Qui sans routure va sur les bouges grans. »

Et je : « Hé mi ! que voi je en ce dangier?
O mestre, alons seul et sans compagnie,
Se sais l'aler ; car la lor je ne quier.

Se, com tu seus, tu a sens et voidie,
Ne vois tu pas come il grincent les dens,
132 Et nous menacent o les ieus sans faillie? »

Et il à moi : « N'aie paor leens ;
Lai les grincer selon lor volonté ;
Car ce font il por les bruïs dolens. »

Cil à senestre par le bort ont torné.
Prime o les dens serroit la langue trete
Chascuns en signe vers lor chef aduré ;
139 Et du derriere cil avoit fait trompete.

question. 1266 ans et 34 ans que vécut le Christ nous conduisent à l'an 1300, époque où Dante met son voyage avec Virgile.

CHANT XXII

HUITIÈME CERCLE ; CINQUIÈME BOUGE : LES BARATIERS ; CIAMPOLO NAVARRAIS, FRA GOMITA, MICHEL ZANCHE ; RUSE D'UN DAMNÉ ET RIXE DES DÉMONS ENTRE EUX.

A la bonne heure ; voilà un chant vraiment comique. On regrette que, dans les premiers vers, Dante revienne sur le signal incongru donné par le chef des démons, déclarant qu'il n'a jamais été témoin du départ d'aucune troupe pour la guerre ou le tournois au son d'un pareil instrument. Mais, une fois qu'on a franchi ce défilé d'un goût grossier, on voit, en une vive peinture, la ruse du damné qui s'efforce d'échapper à ses persécuteurs et qui y réussit, la colère des diables honteux de s'être ainsi laissé duper, la rixe que cette colère suscite, et la chute ridicule de deux d'entre eux en cette poix bouillante qu'ils sont chargés de surveiller.

CANTO XXII

    Io vidi già cavalier muover campo,
E cominciare stormo, e far lor mostra,
E talvolta partir per loro scampo;
    Corridor' vidi per la terra vostra,
O Aretini, e vidi gir gualdane,
6 Ferir torneamenti, e correr giostra,
    Quando con trombe, e quando con campane,
Con tamburi e con cenni di castella,
E con cose nostrali e con istrane;
    Ne già con sì diversa cennamella
Cavalier vidi mover nè pedoni,
12 Nè nave a segno di terra o di stella.
    Noi andavam con li dieci dimoni;
Ahi fiera compagnia! ma nella chiesa
Co' santi, e in taverna co'ghiottoni.
    Pure alla pegola era la mia intesa,
Per veder della bolgia ogni contegno,
18 E della gente ch'entro v'era incesa.
    Come i delfini, quando fanno segno
Ai marinar' con l'arco della schiena,
Che s'argomentin di campar lor legno;
    Talor così ad alleggiar la pena
Mostrava alcun dei peccatori il dosso,
24 E nascondeva in men che non balena.
    E come all' orlo dell' acqua d'un fosso

CHANT XXII

    Jà chevaliers je vi es plains movoir,
Et faire monstre, et ostoier grant erre,
Et se retraire teus fois par estovoir ;
    Je correors vi par mi vostre terre,
O Aretin, aler preier es chans,
6 Joustes ferir et tornoier en guerre,
    O sins, tabors et buisines sonans,
O signaus fais par donjon de chastel,
Chez gens estranges ou chez gens de ceans.
    Mais ne vi onque o pareil chalemel
Se despartir chevaliers ne pietons,
12 Ne nef à signe de la terre ou du ciel.
    Nous en alions atout les dis demons ;
Queus compagnie ! mais o sains en l'iglise,
Et en taverne avecque les gloutons.
    Toute en la pois ert m'entente mise,
Por veoir quanque en la bouge est enclos,
18 Et quante gent est en l'arson porprise.
    Com li dauphin, faisant arc o lor dos,
Aus maroniers donent senefiance
De se garder de l'orage et des flos,
    Ainsi par fois, por menrir la grevance,
Aucuns pechere monstroit son dos flotant,
24 Et se mussoit vistement sans faillance.
    Et come estont sur une eve dormant

Stanno i ranocchi, pur col muso fuori,
Sì che celano i piedi e l'altro grosso;
 Sì stavan da ogni parte i peccatori;
Ma, come s'appressava Barbariccia,
30 Così si ritraean sotto i bollori.
 Io vidi, ed anco il cor me s'accapriccia,
Uno aspettar così, com' egli incontra
Che una rana rimane ed altra spiccia.
 E Graffiacan, che gli era più di contra,
Gli arronciglò le impegolate chiome,
36 E trassel su, che mi parve una lontra.
 Io sapea già di tutti quanti il nome,
Sì li notai, quando furono eletti,
E poi che si chiamaro attesi come.
 « O Rubicante, fa che tu gli metti
Gli unghioni addosso sì che tu lo scuoi, »
42 Gridavan tutti insieme i maledetti.
 Ed io: « Maestro mio, fa, se tu puoi,
Che tu sappi chi è lo sciagurato
Venuto a man degli avversari suoi. »
 Lo duca mio gli s'accostò allato,
Domandollo onde fosse; e quei rispose:
48 « Io fui del regno di Navarra nato.
 Mia madre a servo d'un signor mi pose,
Chè m'avea generato d'un ribaldo
Distruggitor di sè e di sue cose.
 Poi fui famiglio del buon re Tebaldo;

---

48. *En la Navarre, ce dit il, je suis nés:* les commentateurs disent que c'est un certain Ciampolo ou Giampolo, fils d'une dame noble de Navarre et d'un père qui fut un mauvais homme. Le baron chez qui sa mère le plaça était un noble espagnol qui l'introduisit à la cour du roi de Navarre.

CHANT XXII.

Raines o sol le musel en dehors,
Celant lor piés et tout le remanant ;
   Si veoit on partout les pecheors ;
Mais, Barbarin s'aprochant, tuit à font
30 Se retraioient sous la pois de dolors.
   Je vi (mes cuers encore s'en confont)
Un si atendre, come une raine fet
Qui remaint là, et les autres s'en vont.
   Et Grifechiens, qui ert là come à fet,
Lui acrocha les cheveus empoissés ;
36 Loutre on diroit au bout de son crochet.
   Jà je savoie les noms des desfaés ;
Je les notai quant il furent eslit,
Et à mesure j'entendi aus només.
   « O Rubican, met lui sans contredit
Les ongles sus, et oste lui la pel, »
42 Tuit s'escrioient ensemble li maudit.
   Et je : « Oh ! fai, mes mestre, se t'est bel,
Fai que tu saches qui est li asotés
Que saisi ont si enemi mortel. »
   Et li miens mestre, s'aprochant lés à lés,
Lui quist d'ont fu, de quel gent maubaillie.
48 « En la Navarre, ce dit il, je suis nés.
   Chez un baron ma mere en la mesnie
Me fist entrer, pauvre filh d'un ribaut
Qui se tolli et l'avoir et la vie.
   Je fui des drus le bon roi Thiebaut ;

---

52. *Le bon roi Thiebaut :* probablement Thibaud II, roi de Navarre, qui succéda à son père Thibaud I, est auteur de poésies renommées, accompagna saint Louis à Tunis et mourut en 1270, au retour de cette expédition, à Trapani en Sicile.

CANTO XXII.

Quivi mi misi a far baratteria,
54 Di che io rendo ragione in questo caldo. »
E Ciriatto, a cui di bocca uscia
D'ogni parte una sanna come a porco,
Gli fe' sentir come l'una sdrucia.
Tra male gatte era venuto il sorco.
Ma Barbariccia il chiuse con le braccia,
60 E disse : « State in là, mentr' io lo inforco. »
E al maestro mio volse la faccia :
« Domanda, disse, ancor se più desii
Saper da lui, prima ch' altri il disfaccia. »
Lo duca dunque : « Or di', degli altri rii
Conosci tu alcun che sia Latino
66 Sotto la pece? » E quegli : « Io mi partii
Poco è da un che fu di là vicino;
Così foss' io ancor con lui coverto!
Ch' io non temerei unghia, nè uncino. »
E Libicocco : « Troppo avem sofferto,
Disse, e presegli il braccio col runciglio,
72 Sì che, stracciando, ne portò un lacerto.
Draghignazzo anco i volle dar di piglio
Giuso alle gambe; onde il decurio loro
Si volse intorno intorno con mal piglio.
Quand' elli un poco rappaciati foro,
A lui che ancor mirava sua ferita
78 Domandò il duca mio senza dimoro :
« Chi fu colui, da cui mala partita
Di' che facesti per venire a proda? »
Ed ei rispose : « Fu frate Gomita,

---

81. *Frere Gomie :* frère Gomita, on ne sait de quel ordre, fut Sarde et favori de Nino de Visconti, de Pise, chef de la judicature de Gallura en Sardaigne. Longtemps

À barat faire je me mis orendroit,
54 De quoi je rent raison en mi ce chaut. »
Et Porcelas, cui d'ambes pars issoit,
Come à sangler, uns dens lons et traitis,
Lui fist sentir com teus dens despieçoit.
Entre maus chas venue ert la soris.
Mais Barbarins, le cloant en sa brace,
60 Dit : « Estez là, car je le tien tandis. »
Et il torna vers mon mestre la face :
« Demande encore, dit il, se plus tu veus
Savoir de li, avant qu'on le desface. »
Li dus : « Or di, des autres crimineus
Conois tu point aucun qui soit Latins
66 Desous la pois ? » — « N'a guere près un d'eus
J'ere qui fu des Latins moult voisins ;
O encor fusse o lui et à covert !
Ne doteroie ne cros n'ongles malins. »
Et Libicos : « Trop avons nous sofert ; »
Et il du croc le feri dans le bras,
72 Et en porta un morcel en apert.
Et par les jambes vout aussi Draguignas
Jus le haper ; mais à lor chef ne plot,
Qui mal semblant monstra, ce ne fu gas.
Quant un peu orent acoisé lor complot,
Cel qui gardoit à sa chair entaillie,
78 Rova mes mestre, sans faire plus lonc mot :
« Qui fu icil dont male departie
Dis que feïs por venir en lor las ? »
Il respondi : « Ce fu frere Gomie,

Nino refusa de croire à ses malversations ; enfin, frère Gomita ayant laissé échapper pour de l'argent quelques ennemis de Nino, celui-ci le fit pendre.

Quel di Gallura, vasel d'ogni froda,
Ch' ebbe i nemici di suo donno in mano,
84 E fe' sì lor che ciascun se ne loda.
    Denar' si tolse, e lasciolli di piano,
Sì com' ei dice; e negli altri uffici anche
Barattier fu non picciol ma sovrano.
    Usa con esso donno Michel Zanche
Di Logodoro; e a dir di Sardigna
90 Le lingue lor non si sentono stanche.
    O me! vedete l'altro che digrigna;
Io direi anco, ma io temo che ello
Non s'apparecchi a grattarmi la tigna. »
    E il gran proposto, volto a Farfarello
Che stralunava gli occhi per ferire,
96 Disse: « Fatti in costà, malvagio uccello. »
    « Se voi volete vedere o udire,
Ricominciò lo spaurato appresso,
Toschi o Lombardi, io ne farò venire.
    Ma stien le male branche un poco in cesso,
Sì ch' e' non teman delle lor vendette;
102 Ed io, sedendo in questo loco stesso,
    Per un ch' io son, ne farò venir sette,
Quando sufolerò, com' è nostr' uso
Di fare allor che fuori alcun si mette. »
    Cagnazzo a cotal motto levò il muso,
Crollando il capo, e disse: « Odi malizia
108 Ch' egli ha pensata per gettarsi giuso. »
    Ond' ei, che avea lacciuoli a gran divizia,
Rispose: « Malizioso son' io troppo,
Quand' io procuro a miei maggior tristizia. »

---

    88. *Michel Zanche*: il fut chef de la judicature de Lo-

CHANT XXII.

    Cil de Gallure, vaissaus de tous baras ;
Les enemis son mestre eut il en main,
84 Et si lor fist que ne s'en plainstrent pas,
    Prist lor argent, les delivrant à plain,
Si come il conte, et dans le remanant
Fist non petit barat mais soverain.
    Dam Michel Zanche est o lui conversant,
De Logodore ; à parler de Sardeigne
90 Ne sont lor langues à nul jor recreant.
    Ile ! veez l'autre, come il a face engreigne !
Ah ! je crain moult que de l'ongle cruel
Ne s'apareille à me grater la teigne. »
    Li chevetaine, tornés à Farfarel,
Qui jà des ieus bornoioit por ferir,
96 Lui dit : « Va t'en de là, mauvais oisel. »
    « Se plus voulez ou veoir ou oïr,
Recomença li esfraiés adès,
Toscans, Lombars vous ferai je venir ;
    Mais tenez vous ensemble un peu moins près,
Si qu'il ne dotent venjance ne dehet ;
102 Et je, seant ci meïsmes en pès,
    Por un que sui, venir en ferai set,
Quant siflerai, come nous solons fere,
Lorsque dehors aucuns de nous se met. »
    À ices mos Cagnas leva la chere,
Crolant le chef, et dit : « Oi la malice
108 Que cil devise por de nos mains se trere. »
    Cil qui avoit guiles à son service
Respondi : « Certes trop sui malicieus,
Querant aus miens mal qui plus les justice. »

godoro, l'une des quatre judicatures de la Sardaigne. Il
fut assassiné en 1275.

Alichin non si tenne, e, di rintoppo
Agli altri, disse a lui : « Se tu ti cali,
114 Io non ti verrò dietro di galoppo,
 Ma batterò sovra la pece l'ali :
Lascisi il colle, e sia la ripa scudo,
A veder se tu sol più di noi vali. »
 O tu, che leggi, udirai nuovo ludo.
Ciascun dall' altra costa gli occhi volse,
120 Quel prima che a ciò fare era più crudo.
 Lo Navarrese ben suo tempo colse,
Fermò le piante a terra, e in un punto
Saltò, e dal proposto lor si sciolse.
 Di che ciascun di colpa fu compunto,
Ma quei più, che cagion fu del difetto ;
126 Però si mosse e gridò : « Tu se' giunto! »
 Ma poco i valse ; chè l'ale al sospetto
Non potero avanzar. Quegli andò sotto,
E quei drizzò, volando suso, il petto.
 Non altrimenti l'anitra di botto,
Quando il falcon s'appressa, giù s'attuffa,
132 Ed ei ritorna su crucciato e rotto.
 Irato Calcabrina della buffa,
Volando dietro gli tenne, invaghito
Che quei campasse, per aver la zuffa.
 E come il barattier fu disparito,
Così volse gli artigli al suo compagno,
138 E fu con lui sovra il fosso ghermito.
 Ma l'altro fu bene sparvier grifagno
Ad artigliar ben lui, ed ambedue
Cadder' nel mezzo del bollente stagno.
 Lo caldo sghermitor subito fue ;
Ma però di levarsi era niente,
144 Sì aveano inviscate l'ale sue.

CHANT. XXII.

    Lors Aile-clin se fist contralieus
Envers les autres, et dit : « Se jus tu saus,
114 Sus j'emprendrai non galop pereceus,
    Mais vol isnel et impiteus enchaus.
Laissons le bort ; derrier metons nous bel ;
Là nous verrons se plus que nous tu vaus. »
    O tu, qui lis, tu verras jeu novel :
Chascuns les ieus trestorna demanois,
120 Meïsmes cil à l'otroier plus fel.
    Bien prist son tems li soutis Navarrois,
Ferma les piés sur la terre, et, sautant,
D'eus s'eschapa, et rentra sous la pois.
    Cis colps sodains fist chascun moult engrant,
Et plus celui cause de cest anoi ;
126 Si se lance il, et crie : « Es pris, truant. »
    Peu i valut ; les ailes par l'esfroi
Furent vaincues ; li uns ala desous ;
Sus ala l'autre, deceüs endroit soi.
    Non autrement li malars à estrous,
Quant li faus vient, sous l'eve fait plongée ;
132 L'autre remonte, las et pleins de courous.
    Et Chausse-givre, irascus de la bée,
Lui vint volant derrière, entalentis
Qu'eschapast l'autre, por avoir la meslée.
    Et, com se fu li baratiers partis,
Il o ses ongles requist son compagnon,
138 Et fu à lui sur la bouge aatis.
    Mais bien sut l'autre, à loi d'aspre faucon,
Le recevoir o poes si tranchans,
Qu'andui cheïrent dans l'estanc en arson.
    Li chaus sevra soudain les combattans ;
Mais se lever fors de là fu neens,
144 Tant à lor ailes ert la pois aerdans.

CANTO XXII.

Barbariccia con gli altri suoi dolente
Quattro ne fe' volar dall' altra costa
Con tutti i raffi, ed assai prestamente
   Di quà di là discesero alla posta;
Porser gli uncini verso gl' impaniati,
Ch' eran già cotti dentro dalla crosta;
151 E noi lasciammo lor così impacciati.

Et Barbarins, dolens o ses sergens,
En fist voler quatre à l'autre costé,
O tous lor cros; et en moult peu de tens,
Avalant jus à lor lieu assené,
Les cros tendirent aus entoillés de pois,
Qui sous la pel estoient jà bruslé;
151 Et les laissames ainsi en lor sordois.

CHANT XXIII

CERCLE HUITIÈME; SIXIÈME BOUGE : LES HYPOCRITES ; LES FRÈRES JOIANTS; CATALANO, LODERINGO ; CAÏPHE ; LE GRAND PRÊTRE ANNE; LES POËTES TROUVENT MOYEN DE SORTIR DE LA SIXIÈME BOUGE.

Dans cette bouge sont châtiés les hypocrites. Ils portent une chape dorée en dehors, de plomb en dedans, et si lourde qu'ils gémissent éternellement sous ce poids. Dante s'est ici ressouvenu de l'empereur Frédéric II, qui, chargeant ceux qui l'avaient trahi d'une chape de plomb, les mettait dans un vase qu'on chauffait jusqu'à ce que fusion de la chape et mort du supplicié s'ensuivissent. Mais Dante se rend ici complice d'une calomnie populaire ; du moins les historiens assurent que Frédéric II ne fit rien de pareil.

CANTO XXIII

Taciti, soli e senza compagnia
N' andavam, l'un dinanzi e l'altro dopo,
Come frati minor vanno per via.
　Volto era in su la favola d' Isopo
Lo mio pensier per la presente rissa,
6　Dov' ei parlò della rana e del topo;
　Che più non si pareggia mo ed issa,
Che l' un con l' altro fa, se ben s' accoppia
Principio e fine con la mente fissa.
　E come l'un pensier dell' altro scoppia,
Così nacque di quello un' altro poi,
12　Che la prima paura mi fe' doppia.
　Io pensava così : « Questi per noi
Son scherniti, e con danno e con beffa
Sì fatta, ch' assai credo che lor noi.
　Se l' ira sovra il mal voler s' aggueffa,
Ei ne verranno dietro più crudeli
18　Che il cane a quella levre ch' egli acceffa. »
　Già mi sentia tutti arricciar li peli
Della paura, e stava indietro intento;
Quando io dissi : « Maestro, se non celi
　Te e me tostamente, i' ho pavento
Di Malebranche; noi gli avem già dietro;

CHANT XXIII

Taisant andui, seul par la tenebror,
Nous cheminions l'uns devant, l'autre arriere,
Come par voie vont li frere menor.
    J'ere, pensant à la riote fiere,
Tout à la fable du rat et de la raine,
6 Que retraite a Esope à sa maniere.
    N'est ressemblance de deus œus plus certaine
Que des deus cas, se bien principe et fin
On met ensemble par une entente saine.
    Come uns pensers ist de l'autre, je vin
Du rat d'Esope à la paor intense
12 Que j'ai dit jà m'avoir fait si frarin.
    « Icil por nous, si sonjoie en ma pense,
Sont escarni o tel dam et tel bée,
Que bien je cuit qu'en ont sentie ofense.
    S'au mal voloir l'ire encore est joustée,
Il nous viendront arriere, plus cruel
18 Que li gaignons à la beste chassée. »
    Jà je sentoie se herisser mon pel
Por la paor, escoltant en arriers,
Quant je di : « Mestre, ore se viste et bel
    Tu ne nous musses, je crain les aversiers,
Tous les Maus-grifs; tost les aurons ceans;

11. *La paor intense :* voyez ci-dessus XXI, 127-132.
23. *Tous les Maus-grifs :* voy. XXI, 37.

24 Io gl'immagino sì che già gli sento. »
　　E quei : « S'io fossi d'impiombato vetro,
L'imagine di fuor tua non trarrei
Più tosto a me, che quella d'entro impetro.
　　Pur mo venian li tuoi pensier tra i miei
Con simile atto e con simile faccia,
30 Sì che d'entrambi un sol consiglio fei.
　　S'egli è che sì la destra costa giaccia,
Che noi possiam nell'altra bolgia scendere,
Noi fuggirem l'immaginata caccia. »
　　Già non compiè di tal consiglio rendere,
Ch'io gli vidi venir con l'ali tese,
36 Non molto lungi, per volerne prendere.
　　Lo duca mio di subito mi prese,
Come la madre che al romore è desta
E vede presso a sè le fiamme accese,
　　Che prende il figlio e fugge e non s'arresta,
Avendo più di lui che di sè cura,
42 Tanto che solo una camicia vesta.
　　E giù dal collo della ripa dura
Supin si diede alla pendente roccia
Che l'un dei lati all'altra bolgia tura.
　　Non corse mai sì tosto acqua per doccia
A volger rota di molin terragno,
48 Quand'ella più verso le pale approccia,
　　Come il maestro mio per quel vivagno,
Portandosene me sovra il suo petto
Come suo figlio, non come compagno.
　　Appena fur li piè suoi giunti al letto
Del fondo giù, ch'ei furono in sul colle
54 Sovresso noi; ma non gli era sospetto;
　　Chè l'alta provvidenza che lor volle
Porre ministri della fossa quinta,

CHANT XXIII.

24 Et je les oi, se ne faut mes cuidiers. »
　　Et il : « Se fusse uns miroers vivans,
Je ne trairoie t'image de defors
Mieus que je trai t'image de dedans.
　　Aus miens pensers ti penser erent sors
Telment pareil en l'acte et en la face,
30 Qu'un seul conseil en fis je sans esfors.
　　S'est voirs qu'à destre la coste tel se face
Qu'en l'autre bouge nous puissions avaler,
Sauvé serons de l'enchaus qui menace. »
　　Jà n'avoit il feni de m'araisner
Que je les vi venir aile esploiée,
36 Jà non moult loin, por sur nous main jeter.
　　Soudain mes mestre me prist de randonée,
Come la mere qui, au bruit s'esveillant,
Tout près de soi voit la flame alumée,
　　Prent son filh, fuit et ne va s'atarjant,
Tant plus de lui que de soi aiant cure
42 Qu'ele ne vest qu'une chemise atant.
　　Il, s'eslaissant jus de la rive dure,
Sovins se jete à la roche hautene
Qui l'autre bouge clot d'un lez par faiture.
　　Si tost ne cort par la doit qui la mene
Eve qui meut un moulin à bandon,
48 Quant à la roe est plus en plus prochene,
　　Que ne coru mes mestre de randon,
Quant m'emporta serré contre son pis
Come son filh, non come un compagnon.
　　Andui si pié à peine furent mis
Au plain du font, que jà li aversier
54 En som parurent ; mais craindre estoit fenis,
　　Car li haus sire qui lor vout enchargier
La quinte fosse com menistres feaus,

Poder di partirs' indi a tutti tolle.
  Laggiù trovammo una gente dipinta
Che giva intorno assai con lenti passi
60 Piangendo, e nel sembiante stanca e vinta.
  Egli avean cappe con cappucci bassi
Dinanzi agli occhi, fatte della taglia
Che per li monaci in Cologna fassi.
  Di fuor dorate son sì ch'egli abbaglia,
Ma dentro tutte piombo e gravi tanto
66 Che Federigo le mettea di paglia.
  Oh in eterno faticoso manto!
Noi ci volgemmo ancor pure a man manca
Con loro insieme, intenti al tristo pianto.
  Ma per lo peso quella gente stanca
Venia sì pian, che noi eravam nuovi
72 Di compagna ad ogni mover d'anca.
  Perch'io al duca mio : « Fa che tu trovi
Alcun che al fatto o al nome si conosca,
E gli occhi sì andando intorno movi. »
  Ed un che intese la parola tosca,
Diretro a noi gridò : « Tenete i piedi,
78 Voi che correte sì per l'aura fosca ;
  Forse che avrai da me quel tu chiedi. »
Onde il duca si volse e disse : « Aspetta,
E poi secondo il suo passo procedi. »
  Ristetti, e vidi due mostrar gran fretta
Dell' animo, col viso, d'esser meco ;
84 Ma tardavagli il carco e la via stretta.
  Quando fur giunti, assai con l'occhio bieco
Mi rimiraron senza far parola ;

66. *Que Frederis n'en metoit que de paille :* l'empereur Frédéric II, disait le bruit populaire, punissait les traîtres en les chargeant d'une chape de plomb et les faisant

CHANT XXIII. 293

Lor en vea l'issir et l'esloignier.
 Là jus trovames une gent peinte à faus
Qui cheminoit o grant lentor de pas,
60 Plorant et lasse de lasté sans repaus.
 Chapes avoit o chaperons moult bas
Devant les ieus, come à Cologne taille
Li couturiers por les moines les dras ;
 Defors dorées sont et luisant sans faille,
Mais au dedans sont de plomb si pesant,
66 Que Frederis n'en metoit que de paille.
 Oh! du mantel eternaument lassant!
Ci à senestre nous tornames encore
Od eus ensemble, lor tristor escoltant.
 Mais ceste gent, du pois qui lui est sore,
Aloit si lent, qu'à nous la compagnie
72 À chascun pas ert novele ore et ore.
 Et je au mestre : « Trove en ceste mesnie
Aucun de fait coneü ou de non ;
Esgarde donque en alant, ne l'oblie. »
 Uns qui oï en toscan ma raison,
Cria derriere : « Tenez le pié fermé,
78 Vous qui courez si par le noir roïon.
 Ce que tu quiers, espoir, jel te diré. »
D'ont dit mes mestre, tornés vers moi : « Atent ;
Puis, com il va, va, tu, à son costé. »
 J'estoi et vi deus demonstrer forment
Par lor visage la haste d'estre o moi ;
84 Mais s'esforçoient por le fais vainement.
 Quant venu furent, d'un œil louche en recoi
Il m'esgarderent, sans faire une parole,

---

mettre au feu dans un grand vase, de sorte que le plomb se
liquéfiait.

Poi si volsero in sè, e dicean seco :
« Costui par vivo all' atto della gola;
E s' ei son morti, per qual privilegio
90 Vanno scoverti della grave stola ? »
   Poi disser a me : « O Tosco che al collegio
Degl' ipocriti tristi se' venuto,
Dir chi tu sei non aver in dispregio. »
   Ed io a loro : « Io fui nato e cresciuto
Sovra il bel fiume d' Arno alla gran villa,
96 E son col corpo ch' i' ho sempre avuto.
   Ma voi chi siete, a cui tanto distilla,
Quant' io veggio, dolor giù per le guance,
E che pena è in voi che sì sfavilla? »
   E l' un rispose a me : « Le cappe rance
Son di piombo, sì grosse, che li pesi
102 Fan così cigolar le lor bilance.
   Frati Godenti fummo, e Bolognesi,
Io Catalano e questi Loderingo
Nomati, e da tua terra insieme presi,
   Come suole esser tolto un uom solingo,
Per conservar sua pace, e fummo tali
108 Che ancor si pare intorno dal Gardingo. »
   Io cominciai : « O frati, i vostri mali — »
Ma più non dissi ; chè agli occhi mi corse
Un, crocifisso in terra con tre pali.
   Quando mi vide, tutto si distorse,

---

103. *Frere Joiant fumes* : chevaliers de l'ordre de Sainte-Marie institué par Urbain IV pour combattre les infidèles et les violations de la justice. Le peuple les surnommait *frères joiants*, parce qu'ils menaient joyeuse vie. Catalano et Loderingo étaient deux Bolonais que les Gibelins, alors (1266) maîtres de Florence, élurent pour podestats ; de ces deux étrangers, l'un était Guelfe, et l'autre Gibelin. Cette mesure avait pour but de conser-

CHANT XXIII.

    Puis se tornerent et dirent entre soi :
« Cil semble vis au movoir de la gole ;
Et, s'il sont mort, par quel grant destinée
90 Vont il ainsi sans la pesant estole ? »
    Puis il me dirent : « À la triste assemblée
Des hipocrites, Toscan, tu ci venus,
Di nous qui es, sans desdain qui le vée. »
    Et je à eus : « Je fui nés et creüs
Sur le bel fleuve Arno, en la grant vile,
96 Et j'ai le cors que sempre j'oi là sus.
    Mais vous, qui estes, vous à cui aval file
Au lonc des joues tante eve de dolor?
Queus si grans peine vous asproie et essile? »
    Et l'uns à moi : « Les chapes color d'or
Sont plons vernis, si grosses que li pois
102 Fait la balance braire qui les porte or.
    Frere Joiant fumes et Bolonois ;
Je Catalan ai nom, cil Loherin ;
De nous andeus ta terre fist le chois,
    Comme on seult faire d'un seul, à cele fin
De conserver la pais, et fumes tal
108 Qu'encore apert à l'entor de Gardin.
    Je començai : « O freres, vostre mal... »
Mais plus ne di ; car mes ieus uns feri,
Que clofichoient en la terre trois pal.
    Tout se destorst icil quant il me vi,

---

ver la paix, menacée par l'esprit guelfe qui dominait dans la majorité du peuple florentin. Mais ces deux hommes, malgré leurs dissentiments politiques, s'entendirent pour faire leur main.

108. *A l'entor de Gardin :* le *Gardingo* était un quartier de l'ancienne Florence. Les Uberti, Gibelins, y avaient leurs maisons. Les deux podestats, corrompus par les Guelfes, firent brûler et démolir ces maisons.

Soffiando nella barba co' sospiri;
114 E il frate Catalan, che a ciò s' accorse,
   Mi disse : « Quel confitto che tu miri
Consigliò i Farisei, che convenia
Porre un uom per lo popolo a' martiri.
   Attraversato e nudo è nella via
Come tu vedi, ed è mestier ch' e' senta
120 Qualunque passa com' ei pesa pria.
   E a tal modo il suocero si stenta
In questa fossa, e gli altri del concilio
Che fu per li Giudei mala sementa. »
   Allor vid' io maravigliar Virgilio
Sopra colui ch' era disteso in croce
126 Tanto vilmente nell' eterno esilio.
   Poscia drizzò al frate cotal voce :
« Non vi dispiaccia, se vi lece, dirci
Se alla man destra giace alcuna foce,
   Onde noi ambedue possiamo uscirci
Senza costringer degli angeli neri
132 Che vegnon d' esto fondo a dispartirci. »
   Rispose adunque : « Più che tu non speri
S'appressa un sasso, che dalla gran cerchia
Si move, e varca tutti i vallon feri,
   Salvo che a questo è rotto, e nol coperchia.
Montar potrete su per la ruina.
Che giace in costa e nel fondo soperchia. »
   Lo duca stette un poco a testa china,
Poi disse : « Mal contava la bisogna
Colui che i peccator di là uncina. »

115. *Cis clofichiés* : Caïphe; voy. l'Évangile de saint Jean, XI, 47, 49, 50.

122. *Li parastre* : le beau-père, le grand-prêtre Anne; voy. saint Jean, XVIII, 13.

CHANT XXIII.

O grans sospirs, en sa barbe soflant;
114 Et Catalan, qui s'en perçu, me di :
« Cis clofichiés que tu remires tant,
Pharisiens conseilla qu'estoit drois
Qu'uns hom morust por le peuple à tormant.
Nu, en travers du chemin tu le vois,
Come est gisans; et est mestiers qu'il sente
120 Quiconque passe combien il poise ainçois.
En ceste fosse mis à meïsme rente
Est li parastre, li concile et tuit cil
Qui aus Juïs planterent si male ente. »
Lores je vi s'esmerveiller Virgil
Sur ce damné qui estendus en crois
126 Ert si vilment dans l'eternel eissil.
Au frere puis il adressa la vois :
« Se il vous loist, n'aiez à desplaisir
Dire se gist à destre uns pas estrois,
Par ont puissions nous ambedui issir,
Sans jà constraindre aucuns des anges bis
132 À venir ci de ce font nous partir. »
« Plus près, dit-il, que tu ne crois est sis
Ce que tu quiers ; tu verras un rocher
Qui fait passage aus valons maleïs,
Mais qui est rous et ne lait cheminer.
Monter porrez en sus par la ruine
138 Qui gist en coste et ainsi fait plancher. »
Li mestre estut un peu la teste encline,
Puis dit : « Mal cil nous contoit la besogne,
Qui prendre as cros les pecheors ne fine. »

124. *S'esmerveiller Virgil :* il s'étonne, parce que, lors de sa descente, IX, 22, Caïphe n'était pas encore dans la sixième bouge.

CANTO XXIII.

 E il frate : « Io udi' già dire a Bologna
Del diavol vizj assai, tra i quali udi'
144 Che' egli è bugiardo e padre di menzogna. »
 Appresso il duca a gran passi sen gì,
Turbato un poco d'ira nel sembiante ;
Ond' io dagl' incarcati mi parti'
148 Dietro alle poste delle care piante.

CHANT XXIII.

  Et Catalans : « Vices assez Bologne
  Dit du demon, entre lesquels j'oï
144 Qu'il est boissiere et pere de mençogne. »
  Puis à grans pas li mestre se parti,
  Dans le semblant auque d'ire troblés ;
  Et je aussi les enchapés guerpi,
148 Suivant la trace de ses piés bien amés.

144. *Pere de mençogne* : voy. Saint Jean, VIII, 44.

CHANT XXIV

HUITIÈME CERCLE: SEPTIÈME BOUGE: LES VOLEURS; VANNI FUCCI.

Dante se complaît à décrire l'aspect de la contrée souterraine qu'il a créée sous le nom d'enfer; et, pour rendre sa description plus palpable, il nous peint en détail les difficultés que les deux voyageurs, l'un qui est un esprit, l'autre que son compagnon aide et soulève, rencontrent, le site, les clôtures, les masses rocheuses et leurs écroulements. On notera en ceci la différence d'imagination entre le xiv° siècle et nos siècles récents. La poésie moderne n'aurait pas voulu préciser autant, et elle aurait cherché des milieux bien moins réels, bien plus fantastiques. Comparez Milton, Göthe et Byron.

Le xxiv° chant débute par une comparaison pleine de fraîcheur, peut-être un peu longue. Mais on admirera sans restrictions les vers 46-54, où Virgile déclare que le renom et une trace durable de soi n'échoient qu'à ceux qui s'en rendent dignes par de persévérants et courageux efforts. Certes c'est à son œuvre même que Dante songeait en se faisant tenir ce noble langage.

CANTO XXIV

    In quella parte del giovinetto anno
Che il sole i crin sotto l'Acquario tempra,
E già le notti al mezzo dì s'en vanno;
    Quando la brina in su la terra assempra
L'imagine di sua sorella bianca,
6 Ma poco dura alla sua penna tempra;
    Lo villanello, a cui la roba manca,
Si leva, e guarda, e vede la campagna
Biancheggiar tutta; ond' ei si batte l'anca,
    Ritorna in casa, e quà e là si lagna,
Come il tapin che non sa che si faccia;
12 Poi riede, e la speranza ringavagna,
    Veggendo il mondo aver cangiata faccia
In poco d'ora, e prende suo vincastro,
E fuor le pecorelle a pascer caccia.
    Così mi fece sbigottir lo mastro,
Quand' io gli vidi sì turbar la fronte,
18 E così tos'o al mal giunse l'empiastro;
    Chè, come noi venimmo al guasto ponte,
Lo duca a me si volse con quel piglio
Dolce ch'io vidi in prima a piè del monte.
    Le braccia aperse dopo alcun consiglio
Eletto seco, riguardando prima

CHANT XXIV

  En ceste part de la jeunete anée
  Que li solaus se trempe sous l'Aquere
  Et que des nuis s'amenri la durée,
   Quant la frimée, espandue il n'a guere,
  Offre l'image de sa blanche seror,
6 Mais peu remaint ceste crouste legere,
   Li païsans se leve et garde entor,
  Faillant le fuerre, et voit tous blanchoier
  Les chans au loin ; dont se bat par iror,
   Rentre, et se deult, alant avant, arrier,
  Com li chetis qui ne sait que il face;
12 Puis il reprent au tens à se fier,
   Veant le monde avoir changé de face
  En moult peu d'hore ; il combre sa houlete,
  Et fors à paistre ses oeilles dechace.
   Ainsi fu m'ame par la paor desfete,
  Quant je du mestre vi se trobler le front ;
18 Et puis au mal l'emplastre tost fu trete ;
   Car, lorsqu'andui venimes au gast pont,
  Il se torna vers moi en ceste guise
  Souef que jà je vi au pié du mont.
   Il tint en soi conseil, puis sans remise
  Ovri les bras et me saisi atant,

 5. *L'image de sa blanche seror :* la neige.

24 Ben la ruina, e diedemi di piglio.
　　E come quei che adopera ed estima,
Che sempre par che innanzi si proveggia;
Così, levando me su ver la cima
　　D' un ronchion, avvisava un' altra scheggia,
Dicendo: « Sovra quella poi t' aggrappa;
30 Ma tenta pria s' è tal ch' ella ti reggia. »
　　Non era via da vestito di cappa:
Chè noi a pena, ei lieve, ed io sospinto,
Potevam su montar di chiappa in chiappa;
　　E se non fosse che da quel precinto
Più che dall' altro era la costa corta,
36 Non so di lui, ma io sarei ben vinto.
　　Ma perchè Malebolge in ver la porta
Del bassissimo pozzo tutta pende,
Lo sito di ciascuna valle porta
　　Che l' una costa surge e l' altra scende.
Noi pur venimmo alfine in su la punta
42 Onde l' ultima pietra si scoscende.
　　La lena m' era del polmon sì munta,
Quando fui su, ch' io non potea più oltre,
Anzi mi assisi nella prima giunta.
　　« Omai convien che tu così ti spoltre,
Disse il maestro; chè, seggendo in piuma,
48 In fama non si vien, nè sotto coltre,
　　Senza la qual chi sua vita consuma,
Cotal vestigio in terra di sè lascia
Qual fummo in aer ed in acqua la schiuma.
　　E però leva su, vinci l' ambascia
Con l' animo che vince ogni battaglia,
54 Se col suo grave corpo non s' accascia.
　　Più lunga scala convien che si saglia;
Non basta da costoro esser partito.

CHANT XXIV.

24 Bien la ruine esgardant par devise.
    Com cil qui va en œvrant et esmant,
Si qu'on diroit que sempre il se devance,
    Ainsi, en sus vers un roc me traiant,
Il avisoit autre roc sans faillance,
    Disant : « Tu soies à celui bien tenus,
30 Mais tente primes s'i peus avoir fiance. »
    Ce n'estoit voie à des chapes-vestus ;
Et ne poions, lui leger, moi aidé,
    Qu'à peine aler de roche en roche sus.
Et se ne fust que de nostre côté
    Plus que de l'autre estoit la coste corte,
36 Ne sé de lui, mais je vaincu me sé.
    Com vers le puit le plus bas et sa porte
La Malebolge est entiere pendans,
    Chascuns valons par sa place comporte
Qu'uns costés soit montans, l'autre avalans ;
    Por tant enfin venimes sus en som
42 Là où la piere la derniere est gisans.
    Por aler oultre, l'haleine du poumon,
Quant fui au haut, me failloit tant et quant,
    Si que m'assis au premier eschaillon.
« Guerpir molesse convient d'ore en avant,
    Me dit li mestre ; car siegeant en la plume
48 Ne vient renoms, ne sous couete dormant.
    Eh! sans renom cil qui son tens consume,
Laisse de soi tel trace sur la terre
    Que fums dans l'air et que dans l'onde escume
Leve toi, sois de l'angoisse vainquerre
    O l'ame ferme qui vaint toute bataille,
54 Se par le cors ne se laisse conquerre.
    Plus longue eschele conviendra que se saille ;
Ce n'est assez d'iceus estre parti ;

Se tu m'intendi, or fa sì che ti vaglia. »
Levami allor, mostrandomi fornito
Meglio di lena ch'io non mi sentia,
60 E dissi: « Va, ch'io son forte ed ardito. »
Su per lo scoglio prendemmo la via,
Ch'era ronchioso, stretto e malagevole,
Ed erto più assai che quel di pria.
Parlando andava per non parer fievole;
Ed una voce uscio dall'altro fosso,
66 A parole formar disconvenevole.
Non so che disse, ancor che sovra il dosso
Fossi dell'arco già che varca quivi;
Ma chi parlava ad ira parea mosso.
Io era volto in giù, ma gli occhi vivi
Non potean ire al fondo per l'oscuro;
72 Perch'io: « Maestro, fa che tu arrivi
Dall'altro cinghio, e dismontiam lo muro;
Chè, com' i' odo quinci e non intendo,
Così giù veggio e niente affiguro. »
« Altra risposta, disse, non ti rendo
Se non lo far; chè la dimanda onesta
78 Si dee seguir con l'opera tacendo. »
Noi discendemmo il ponte della testa
Ove s'aggiunge con l'ottava ripa;
E poi mi fu la bolgia manifesta.
E vidivi entro terribile stipa
Di serpenti e di sì diversa mena,
84 Che la memoria il sangue ancor mi scipa.
Più non si vanti Libia con sua rena;
Chè, se chelidri, jaculi e faree
Produce, e cencri con anfesibena,

CHANT XXIV.

Se tu m'entens, or fai que ce te vaille. »
   Lors me levai, et me monstrai forni
D'haleine mieux que je ne me sentoie :
60 « Va, me vez-ci, di je, fort et hardi. »
   Sus par le roc nous prenimes la voie,
Le roc pierreus, malaisé à passer,
Plus roit que l'autre, ainsi que je veoie.
   Parlant aloie, por foible ne sembler ;
Et une vois de l'autre bouge issi,
66 Teus que parole ne pooit s'en former.
   Ne sai qu'el dit, encor que fusse enmi
Le dos de l'arc servant ici de pont,
Mais qui parloit d'ire sembloit saisi.
   Jus j'esgardoie baissés ; mais jusqu'au font
Li œils vivans n'aloit por l'air oscur ;
72 D'ont je di : « Mestre, fai que vienes amont
   À l'autre bort, et devalons le mur ;
Car, come j'oi d'ici et pas n'entent,
Si je voi jus, sans choisir à seür. »
   « Autre respons, dit-il, je ne te rent,
Se non le faire ; car la demande honeste
78 Suivre doit on o le faire en taisant. »
   Nous descendimes jus du pont par sa teste,
Où il rejoint la huitieme chaussée ;
Et puis me fu la boulge manifeste.
   Et ens je vi une horrible aünée
De mil serpens, o formes si grifaines
84 Qu'en remembrer est m'ame encor troblée.
   Plus ne se vant Libye o ses araines ;
Car, s'ele engendre javelos à foison,
Guivres, chersydres avec les amphisbaines,

---

85. *Plus ne se vant Libye o ses araines :* c'est une imitation de Lucain, *Pharsale* IX, 706-721.

Nè tante pestilenze nè si ree
Mostrò giammai con tutta l'Etiopia,
90 Nè con ciò che di sopra il mar rosso ee.
 Tra questa cruda e tristissima copia
Correvan genti nude e spaventate,
Senza sperar pertugio o elitropia.
 Con serpi le man dietro avean legate;
Quelle ficcavan per le ren la coda
96 E il capo, ed eran dinanzi aggroppate.
 Ed ecco ad un ch'era da nostra proda,
S'avventò un serpente, che il trafisse
Là dove il collo alle spalle s'annoda.
 Nè o si tosto mai nè i si scrisse
Com'ei s'accese ed arse, e cener tutto
102 Convenne che cascando divenisse.
 E poi che fu a terra sì distrutto,
La polver si raccolse per sè stessa,
E in quel medesmo ritornò di butto.
 Così per li gran savi si confessa
Che la fenice more e poi rinasce,
108 Quando al cinquecentesimo anno appressa.
 Erba nè biado in sua vita non pasce,
Ma sol d'incenso lagrime ed amomo;
E nardo e mirra son l'ultime fasce.
 E quale è quei che cade e non sa como
Per forza di demon che a terra il tira,
114 O d'altra oppilazion che lega l'uomo,
 Quando si leva, che intorno si mira,

93. *Sans nul refui et sans magique piere:* la magique pierre est l'héliotrope, pierre précieuse de couleur verte, à laquelle on attribuait des vertus merveilleuses pour toute sorte de poisons, et particulièrement pour la morsure des serpents.

CHANT XXIV.

Si males pestes et tantes ne vit on
S'i monstrer onque, n'en l'Ethiope entiere.
90 N'en la mer Rouge et la terre environ.
　Par mi vermine si felenesse et fiere
Coroient gens nues, espoantées,
Sans nul refui et sans magique piere.
　O serpens erent lor main arrier liées;
Cil se fichoient teste et queue en lor dos
96 O les nouures par devant enlacées.
　Es vous à un non loin de nous repos
Vint uns serpens qui là le tresferi
Où aus espaules li cols est joins et clos.
　Onc ne s'escrit si tost ne *o* ne *i*,
Come il prist feu ; et cendre sans faillance
102 Devint il tout, et à terre cheï.
　Et quant ainsi n'ot de lui remanance,
Se raüna la cendre, et, raünée,
El le refist en meïsme semblance.
　Si as grans sages est verités provée,
Que li phenis meurt, ensuite renaist,
108 Quant il aproche la cinq centieme anée;
　Herbe ne blé en sa vie il ne paist,
Mais sol les larmes de l'encens et l'amome ;
Et myrrhe et nart sont langes où il naist.
　Et queus est cil qui choit et ne sait come
Par le demon qui à terre le tire,
114 Ou autre mal qui enchaene l'home ;
　Quant il se leve et entor soi remire,

---

113. *Par le demon :* c'est une attaque d'épilepsie que Dante décrit ici. On sait que l'épilepsie était dite maladie sacrée et attribuée à une influence démoniaque.

CANTO XXIV.

Tutto smarrito dalla grande angoscia
Ch'egli ha sofferta, e guardando sospira;
Tal era il peccator levato poscia.
O potenza di Dio, quanto è severa,
120 Che cotai colpi per vendetta croscia!
Lo duca il dimandò poi chi egli era;
Perch'ei rispose: « Io piovvi di Toscana,
Poco tempo è, in questa gola fera.
Vita bestial mi piacque, e non umana,
Sì come a mul ch'io fui; son Vanni Fucci
126 Bestia, e Pistoia mi fu degna tana. »
Ed io al duca: « Digli che non mucci,
E dimanda qual colpa quaggiù il pinse;
Ch'io il vidi uomo di sangue e di crucci. »
E il peccator, che intese, non s'infinse,
Ma drizzò verso me l'animo e il volto,
132 E di trista vergogna si dipinse;
Poi disse: « Più mi duol che tu m'hai colto
Nella miseria dove tu mi vedi,
Che quando fui dell'altra vita tolto.
Io non posso negar quel che tu chiedi.
In giù son messo tanto, perch'io fui
138 Ladro alla sacrestia de' belli arredi;

125. *Com muls que fui:* Vanni Fucci était un mulet, c'est-à-dire un bâtard; il appartenait au parti des Noirs, et fut un homme très-violent et auteur de plusieurs meurtres. Aussi Dante est-il surpris de le trouver parmi les voleurs.

138. *L'iglise as beaus arrois:* l'église de Saint-Jacques à Pistoie. Un soir de carnaval, une bande de joyeux compagnons dont était Vanni Fucci, allait chantant avec des luths et autres instruments. Ils arrivèrent à la maison de ser Vanni della Nona, notaire très-estimé, qui se trouvait dans leur compagnie. Là Vanni Fucci, avec deux

Tout esmarris par l'angoisse et grevance
Qu'il a soferte, et, esgardant, sospire ;
   Teus li pechere dressés avoit semblance.
Ah ! Dieu puissance, come tu es severe,
120 Qui si grans coups assenes par venjance ?
   Mes mestre dit : « Qui es tu, tu pechere ? »
« De la Toscane, dit il, par droite voie
En ceste gole j'ai apleü n'a guere.
   Vie de beste, non d'home, fu la moie,
Com muls que fui ; Vanni Fucci la beste
126 Je sui, et j'oi por tesniere Pistoie. »
   Et je au mestre : « Di lui que ne s'areste,
Et qu'il gehisse queus coulpe l'a mis ci ;
Car jel vi home de sanc et d'ire preste. »
   Et li pechere ne se feinst quant m'oï,
Mais assena vers moi face et corage,
132 Et male honte sur son vis s'espandi.
   « Estre trové par toi moult plus m'enrage
En la misere, dit il, où tu me vois,
Qu'avoir perdu l'autre vie à hontage.
   Ce que tu quiers, je nel nie, à mon pois ;
Ci bas sui mis, por ce que lere fui
138 En sainte iglise, l'iglise as beaus arrois,

compagnons, gagna l'église de Saint-Jacques, qui était voisine, y pénétra et en enleva le trésor et les ornements. Bien que les autres blâmassent cette action, ils ne s'en décidèrent pas moins à cacher le produit du vol dans la maison du notaire. Le podesta, averti, fit d'actives recherches ; on arrêta des gens mal famés, qui, torturés, avouèrent qu'ils étaient coupables, et furent mis à mort. Finalement, fut arrêté un certain Rampino, homme noble mais de mauvais renom, et menacé du dernier supplice s'il ne rendait pas le vol. Vanni Fucci, qui s'était enfui, et qui aimait beaucoup Rampino, fit savoir au podesta,

E falsamente già fù apposto altrui.
Ma, perchè di tal vista tu non godi,
Se mai sarai di fuor de' lochi bui,
   Apri gli orecchi al mio annunzio, ed odi :
Pistoia in pria di Negri si dimagra,
144 Poi Firenze rinnova genti e modi.
   Tragge Marte vapor di val di Magra,
Che è di torbidi nuvoli involuto;
E con tempesta impetuosa ed agra
   Sopra campo Picen fia combattuto;
Ond'ei repente spezzerà la nebbia,
Sì ch'ogni Bianco ne sarà ferulo;
151 E detto l'ho, perchè doler ten debbia.

que le trésor volé était chez le notaire Vanni della Nona. Perquisition faite et les objets trouvés, le notaire fut pendu, et Rampino mis en liberté.

143. *Primes des Noirs Pistoic se desfait :* les Noirs furent chassés de Pistoic en 1301.

144. *Puis renovele Florence gent et loi :* la seigneurie de Florence, qui était aux mains des Blancs, passa aux Noirs à la suite de l'arrivée de Charles de Valois.

CHANT XXIV. 313

Et fu chargé faussement à autrui.
Mais, si que joie tu n'en sentes en toi,
Se tu vas fors de ces noirs lieus meshui,
 À mes paroles ouvre l'oreille, et oi :
Primes des Noirs Pistoie se desfait ;
144 Puis renovele Florence gent et loi.
 Du val de Magre Mars grant vapor atrait,
Qui s'envelope de nuages espois ;
Et o tempeste se ruant à dehait
 Aura bataille dans les champs picenois ;
Et soudain Mars la nue derompra,
Si que feru choiront Blanc à la fois ;
151 Et jel te di, que doloir t'en devra.

146. *Du val de Magre Mars grant vapor atrait :* le val de Magre est une vallée faisant partie de la Lunigiane ; il s'étend des vallées de la Vara jusqu'au fleuve Serchio. Ces vers assez obscurs font allusion à des avantages militaires obtenus par les Noirs sous la conduite de Marcello ou Marcello Malespina de Giovagallo, fils de Manfred, neveu de Conrad le Vieux, et cousin de ce François da Mulazzo, chez qui Dante séjourna longtemps. Dante appartenait au parti des Blancs.

CHANT XXV

HUITIÈME CERCLE; SEPTIÈME BOUGE: CONTINUATION DES VOLEURS; CACUS; AGNEL BRUNELLESCHI, BUOSO DEGLI ABATTI, PUCCIO SCIANCATO, CIANFA DONATI ET GUERCIO CAVALCANTI.

Tout l'effort de ce chant est dans la description élaborée du procédé de transformation par lequel un serpent devient homme et un homme serpent. Dante, évidemment, a voulu lutter avec Ovide, et même le surpasser; car il se vante que le poëte latin n'a rien de si compliqué que cette double métamorphose. Il faut lui laisser ce triomphe, puisqu'il le réclame. On est certainement frappé des ressources de son imagination et de son style; mais le lecteur, du moins le lecteur moderne, s'intéresse peu aux minutieux détails dans l'étrange conception.

CANTO XXV

    Al fine dell sue parole il ladro
Le mani alzò con ambedue le fiche,
Gridando: « Togli, Dio; che a te le squadro. »
    Da indi in quà mi fur le serpi amiche;
Perch' una gli s'avvolse allora al collo,
6 Come dicesse: « Io non vo' che più diche, »
    Ed un' altra alle braccia, e rilegollo,
Ribadendo sè stessa sì dinanzi,
Che non potea con esse dare un crollo.
    Ahi Pistoja, Pistoja, chè non stanzi
D'incenerarti, sì che più non duri,
12 Poi che in mal far lo seme tuo avanzi!
    Per tutti i cerchi dello inferno oscuri
Non vidi spirto in Dio tanto superbo,
Non quel che cadde a Tebe giù da' muri.
    Quei si fuggì, che non parlò più verbo;
Ed io vidi un Centauro pien di rabbia
18 Venir chiamando: « Ov'è, ov'è l'acerbo? »
    Maremma non cred'io che tante n'abbia
Quante bisce egli avea su per la groppa,
Infin dove comincia nostra labbia.
    Sopra le spalle, dietro della coppa,

---

2. *Faire la figue*, geste injurieux qui consiste à montrer le bout du pouce entre l'index et le médius.

CHANT XXV

En fenissant ses paroles, li lere
Haussa les mains, et fist figue des deus,
Criant : « Prent, Dieu ; vez me ci te la fere. »
    Des lors me plurent li serpent ; car uns d'eus
Lui enlaça ses neus au col entor,
6 Com s'il disoit : « Plus n'eres outrageus. »
    Aus bras uns autres le prist, liant encor
Et reliant le chetif par devant,
Qui ne pooit neïs croller desor.
    Ahi, Pistoie, que ne fais cendre atant
De toi meïsme, si que plus tu ne dures,
12 Puisqu'en mal faire sont ti enfant croissant?
    Par tous les cercles des demeures oscures
Esprit ne vi je à Dieu si orgueilleus,
Non cel de Thebes o ses grans desmesures.
    Sans dire mot, il fuï de nos ieus ;
Et un Centaure vi je plein de venjance
18 Venir criant : « Où est cis outrageus? »
    Je croi Maremme onc ne dona naissance
À si grans hidres, come il en croupe avoit
Jusqu'où commence nostre humaine semblance.
    Sur ses espaules derriers le chef gisoit,

15. *Non cel de Thebes :* Capanée ; voy. ci-dessus Ch. XIV, v. 46 et suiv.
19. *Maremme,* contrée marécageuse et fort insalubre.

CANTO XXV.

    Con l'ale aperte gli giacea un draco,
24 E quello affoca qualunque s'intoppa.
    Lo mio maestro disse: « Quegli è Caco,
Che sotto il sasso di monte Aventino
Di sangue fece spesse volte laco.
    Non va co' suoi fratei per un cammino
Per lo furar frodolente ch' ei fece
30 Del grande armento ch' egli ebbe a vicino;
    Onde cessar le sue opere bieee
Sotto la mazza d'Ercole, che forse
Gliene diè cento, e non sentì le diece. »
    Mentre che sì parlava, ed ei trascorse,
E tre spiriti venner sotto noi,
36 De' quai nè io ne il duca mio s'accorse,
    Se non quando gridar: « Chi siete voi? »
Per che nostra novella si ristette,
Ed intendemmo pure ad essi poi.
    Io non gli conoscea; ma ei seguette,
Come suol seguitar per alcun caso,
42 Che l'un nomare un altro convenette,
    Dicendo: « Cianfa dove fia rimaso? »
Perch' io, acciò che il duca stesse attento,
Mi posi il dito sù dal mento al naso.
    Se tu se' or, lettore, a creder lento
Ciò ch'io dirò, non sarà maraviglia,
48 Chè io, che il vidi, appena il mi consento.
    Com' io tenea levate in lor le ciglia,
Ed un serpente con sei piè si lancia,
Dinanzi all'uno, e tutto a lui s'appiglia.

V. 25. *C'est Cacus*: voy. sur Cacus, Virgile, *Énéide*, Ch. VIII. Il fut tué par Hercule, à qui il avait volé des taureaux et des vaches.

CHANT XXV.

Ailes overtes, uns dragons maleois,
24 Qui jetoit flame sur ceus qu'il encontroit.
  Mes mestre dit : « C'est Cacus, jel conois,
Qui sous la roche au pié de l'Aventin
De sanc fist rouge la terre mainte fois.
  Il ne va pas par meïsme chemin
Que vont si frere, por sa fraude à embler
30 Le grant tropel qu'il ot lors à voisin.
  Ce fu la fins de son felon ouvrer;
De la massue Hercule le feri
Cent coups; qu'au disme fust mors se peut cuider. »
  Si parloit il, et Cacus se parti,
Quant trois esprit s'avancerent sous nous;
36 Et ne li mestre ne je ne les choisi,
  Que quant crierent : « Adonc qui estes vous ? »
Par quoi soudain cessames de parler,
Et nostre entente fu toute en ceus dessous.
  Nes conoissoie; mais avint, sans tarder,
Come avenir il seult par ochoison,
42 Qu'à l'un convint un des autres nomer,
  Disant : « Où fait Cianfa s'arestison ? »
Je qui voloie mes dus fust ententis,
Le doit me mis du nez jusqu'au menton.
  Ore, s'à croire, lettor, tu es tardis
Ce que dirai, ne fait à merveiller ;
48 Je qui le vi ne le croi qu'à envis.
  Tandis que j'ere fis à les esgarder,
Vez ci soudain un serpent à sis piés
Fondre sur l'un et forment s'i lier ;

43. *Où fait Cianfa s'arestison*: Cianfa était de la noble famille des Donati de Florence ; l'histoire ne dit pas qu'il ait été voleur. Il venait de subir une métamorphose, et il reparaît subitement comme serpent à six pieds.

Co' piè di mezzo gli avvinse la pancia,
E con gli anterior le braccia prese,
54 Poi gli addentò e l'una e l'altra guancia.
   Gli diretani alle cosce distese,
E miseli la coda tra amendue,
E dietro per le ren su la ritese.
   Ellera abbarbicata mai non fue
Ad arbor sì, come l'orribil fiera
60 Per l'altrui membra avviticchiò le sue.
   Poi s'appiccar, come di calda cera
Fossero stati, e mischiar lor colore;
Nè l'un nè l'altro già parea quel ch'era,
   Come procede innanzi dall' ardore
Per lo papiro suso un color bruno
66 Che non è nero ancora, e il bianco more.
   Gli altri due riguardavano, e ciascuno
Gridava: « Omè, Agnèl, come ti muti!
Vedi che già non sei nè duo nè uno. »
   Già eran li duo capi un divenuti,
Quando n'apparver duo figure miste
72 In una faccia, ov' eran duo perduti.
   Fersi le braccia duo di quattro liste;
Le cosce con le gambe, il ventre e il casso
Divenner membra che non fur mai viste.
   Ogni primajo aspetto ivi era casso;
Due e nessun l'imagine perversa
78 Parea, e tal sen gia con lento passo.
   Come il ramarro, sotto la gran fersa
De' dì canicular cangiando siepe,
Folgore par, se la via attraversa;
   Così parea, venendo verso l'epe

---

67. *Hè mi Agnel:* d'après les anciens commentateurs, c'est Agnola Brunelleschi de Florence.

CHANT XXV.

    Les piés del mi à 'la pance atachiés,
Les piés d'avant aux deux bras qu'il saisi.
54 Et aux deux joues les dens agus fichiés.
    Les piés d'arriere aus cuisses estendi,
Tramist à droit sa queue entre les deus,
Et en arriere sur les reins la flati.
    Onc n'estreigni uns yerre vighereus
Si forment l'arbre, com ceste beste fiere
60 Laça ses membres en cest maleüreus.
    Puis se collant l'un à l'autre en maniere
De cire chaude, et meslant lor color,
Andui perdoient lor semblance premiere,
    Com peu à peu, au fuer de la chalor
Du feu qui art, li papiers devient bruns;
66 Li blans s'esteint, et noirs il n'est encor.
    Là regardoient li dui autre; et chascuns
Crioit : « Hé mi! Agnel, com changes tu!
Voi que déjà tu n'es ne dui ne uns. »
    Jà li dui chef erent un devenu,
Et si l'on vit deus figures verties
72 En une face, où dui erent perdu.
    Li bras se firent deus de quatre parties;
Cuisses et jambes, et li ventre, et li bus
Prirent teus formes qu'hom n'a onques choisies
    Tous prims semblans i estoit confondus;
Et à pas lens ceste image perverse,
78 Dui et nessuns, s'acheminoit sans plus.
    Com la lizarde, quant li soleus plus verse
Sa grant chalor, fors de la haie issant
Semble un espart, se la voie el traverse;
    Si aus deux autres ens au cors en devant

81. *Aus deux autres* : ces deux autres sont les deux des trois esprits du v. 35.

Degli altri due, un serpentello acceso,
84 Livido e nero come gran di pepe.
E quella parte, donde prima è preso
Nostro alimento, all' un di lor trafisse,
Poi cadde giuso innanzi lui disteso.
Lo trafitto il mirò, ma nulla disse,
Anzi co' piè fermati sbadigliava,
90 Pur come sonno o febbre l'assalisse.
Egli il serpente, e quei lui riguardava.
L'un per la piaga, e l'altro per la bocca
Fumavan forte, e il fummo si scontrava.
Taccia Lucano omai là dove tocca
Del misero Sabello e di Nassidio,
96 E attenda a udir quel ch' or si scocca.
Taccia di Cadmo e d'Aretusa Ovidio;
Chè, se quello in serpente e quella in fonte
Converte poetando, io non l'invidio;
Chè due nature mai a fronte a fronte
Non trasmutò, sì ch' ambedue le forme
102 A cambiar lor materia fosser pronte.
Insieme si risposero a tai norme,
Che il serpente la coda in forca fesse,
E il feruto ristrinse insieme l'orme.
Le gambe con le cosce seco stesse
S'appicar sì che in poco la giuntura
108 Non facea segno alcun che si paresse.
Togliea la coda fessa la figura

---

82. *Uns serpentaus se lancoit:* ce serpenteau est François Cavalcanti; voy. plus bas v. 151.

86. *A l'un d'eux:* Dante le nomme v. 140.

94. *Taise Lucains:* Lucain, *Pharsale,* IX, v. 763 et suivants, raconte que Sabellus et Nassidius, deux soldats de l'armée de Caton, furent mordus, dans les déserts de la

CHANT XXV.

Uns serpentaus se lançoit irascus,
84 Pers et tout noirs com poivre de Levant.
Et ceste part où l'enfe conceüs
Prent norriture, à l'un d'eus il perça,
Puis cheï jus devant lui estendus.
Li trespercés, taisant, le remira ;
Fermés en piés, debout il baailloit,
90 Com cil que fievre ou some saisi a.
Il le serpent, et cis lui esgardoit ;
L'uns par la plaie et l'autre par la boche
Forment fumoient, et li fums s'encontroit.
Taise Lucains ormais là où il toche
Les desfaés Nasside et Sabellus ;
96 Et qu'il entende or à ce qui s'approche.
Et taise Ovide d'Arethuse ou Cadmus ;
Se bien sa veine verti l'une en fonteine,
L'autre en serpent, je ne l'envie plus ;
Onc deus natures front à front ceste veine
Ne tresmua, si que as cors des deus
102 Les dui matieres se changeassent sans peine.
Lor muaisons, tout par ruile, fu teus :
Sa queue en forche li serpentaus fendi,
Et li navrés joignit ses piés andeus.
L'une des jambes à l'autre se feri,
S'entraherdant si qu'en peu la jointure
108 Fu esfacée et or mais ne se vi.
La queue atant gaaignoit la figure

Libye, le premier par un serpent dit *seps*, dont la morsure le réduisit en cendre, et le second par un serpent dit *prester* dont la morsure le fit enfler énormément.

97. *Et taise Ovide:* la métamorphose d'Aréthuse en fontaine est racontée dans les *Métamorphoses*, V, 572-671 ; et celle de Cadmus en serpent, IV, 563-604.

Che si perdea là, e la sua pelle
Si facea molle, e quella di là dura.
    Io vidi entrar le braccia per le ascelle,
E i duo piè della fiera, ch' eran corti,
114 Tanto allungar quanto accorciavan quelle.
    Poscia li piè dirietro insieme attorti
Diventaron lo membro che l'uom cela,
E il misero del suo n'avea due porti.
    Mentre che il fummo l'uno e l'altro vela
Di color nuovo, e genera il pel suso
120 Per l'una parte, e dall'altra il dipela,
    L'un si levò, e l'altro cadde giuso,
Non torcendo però le lucerne empie,
Sotto le quai ciascun cambiava muso.
    Quel ch'era dritto il trasse ver le tempie,
E di troppa materia che in là venne,
126 Uscir gli orecchi delle gote scempie;
    Ciò che non corse indietro e si ritenne,
Di quel soverchio fé naso alla faccia,
E le labbra ingrossò quanto convenne.
    Quel che giacea il muso innanzi caccia,
E gli orecchi ritira per la testa,
132 Come face le corna la lumaccia;
    E la lingua, che avea unita e presta
Prima a parlar, si fende, e la forcuta
Nell' altro si richiude, et il fummo resta.
    L'anima ch'era fiera divenuta
Si fuggì sufolando per la valle,
138 E l'altro dietro a lui parlando sputa.
    Poscia gli volse le novelle spalle,
E disse all'altro: « Io vo' che Buoso corra,

---

140. *A l'autre:* le troisième des trois esprits. — *Or à*

CHANT XXV.

  Que perdoit l'autre; et sa piaus, sans tarder,
  Se fesoit mole, l'autre se fesant dure.
   Je vi les bras es aisseles entrer,
  Et les deus piés de la beste si cors
114 S'allonger tant que les bras s'acorcer.
   Li pié d'arriere, fondu en un seul cors,
  Firent le membre que par vergogne on cele,
  Et dont dans l'autre dui pié issirent fors.
   Tandis qu'andeus vest de color novele
  Li doble fums, qui les cheveus en sus
120 Tolt à celui, à celui les rapele,
   L'uns se leva, et l'autre cheï jus,
  Sans destorner lor ieus felons por tant,
  Qui lor muoient la face plus et plus.
   Sa face aus tempes tira cil en estant;
  Et les oreilles, par le trop de matiere
126 Qui s'i porta, vinrent aparissant.
   Ce qui remainst sans aler en arriere,
  Fu uns surplus qui le nez en la face
  Fist et les levres en la droite maniere.
   Son vis alonge cil qui gist en la place,
  Et ses oreilles retire vers la teste,
132 Si come fait ses cornes la limace.
   La langue en l'un, primes entiere et preste
  À la parole, se fent; et la fourchue
  Se clot en l'un; et si li fums s'areste.
   L'ame qui ert beste ainsi devenue,
  O siflemens se fuit par le valon;
138 Et l'autre arriere l'escopi et argue.
   Puis li torna le dos li noviaus hon,
  Et dit à l'autre : « Or à Buoso d'aler

Buoso d'aler : ainsi se nommait celui qui était devenu

Com' ho fatt' io, carpon per questo calle. »
Così vid' io la settima zavorra
Mutare e trasmutare; e qui mi scusi
144 La novità, se fior la penna aborra.
E avvegna che gli occhi miei confusi
Fossero alquanto, e l'animo smagato,
Non poter quei fuggirsi tanto chiusi,
Ch' io non scorgessi ben Puccio Sciancato;
Ed era quei che sol, de' tre compagni
Che venner prima, non era mutato;
151 L'altro era quel che tu, Gaville, piagni.

serpent et qui s'enfuit en sifflant. Selon les commentateurs c'est Buoso degli Abbati, ou Buoso Donati, de Florence.

142. Dante nomme *sentine* la septième bouge.

148. *Que ne choisisse Sciancato*: Puccio Sciancato citoyen de Florence, de la famille des Galigai, occupa les plus hautes fonctions de l'État, et, disent les commentateurs, s'enrichit aux dépens du public.

149. *Parmi les trois*: ces trois sont Agnello, Buoso et Sciancato. Puis apparaît Cianfa en forme de serpent à

À quatre pates, com je fis, à bandon. »
  Si la sentine la setme vi muer
Et tresmuer ; et, se trop je m'estent,
144 La noveltés si me puist escuser.
  Je ne veoie que moult confusement,
Et mes cuers ert en esmai et grevance ;
Mais ne fuïrent cil si celéement,
  Que ne choisisse Sciancato sans faillance.
Icil, par mi les trois venus à l'hore,
Estoit li seus demorés sans muance ;
151 L'autre estoit cil por cui Gaville plore.

six pieds. Enfin vient Guercio Cavalcanti en forme de serpenteau ; v. 82, et il change de nature avec Buoso. Ce sont les cinq Florentins dont il est parlé Ch. XXVI, 4.

151. *L'autre estoit cil :* cet autre est François Cavalcanti, qui fut tué par certains hommes de Gaville. Gaville est une ville dans le val d'Arno. Cette mort amena des représailles, qui coûtèrent la vie à plusieurs gens de cette ville ; c'est pourquoi Dante dit que Gaville gémit encore aujourd'hui à cause de Francesco Cavalcanti.

CHANT XXVI

HUITIÈME CERCLE ; HUITIÈME BOUGE : CEUX QUI CONSEILLENT LA
FRAUDE ; ULYSSE ET DIOMÈDE.

Le morceau capital de ce chant est celui où Ulysse raconte sa navigation au delà des colonnes d'Hercule dans la mer Atlantique, jusqu'à ce qu'il atteignît la montagne du Purgatoire, et que Dieu, déchaînant sur son vaisseau une tempête, l'engloutît sous les eaux. Le récit est animé d'une poétique ardeur ; et pourtant Dante condamne la tentative du héros grec comme une témérité impie. Si Christophe Colomb lut ces vers, il dut éprouver quelque dédain pour la géographie du poëte, et se dire : je réussirai là où Ulysse a échoué.

CANTO XXV

 Godi, Firenze, poi che se' sì grande
Che per mare e per terra batti l'ali,
E per l'inferno il nome tuo si spande.
 Tra li ladron trovai cinque cotali
Tuoi cittadini, onde mi vien vergogna,
6 E tu in grande onranza non ne sali.
 Ma se presso al mattin del ver si sogna,
Tu sentirai di qua da picciol tempo
Di quel che Prato, non ch'altri, t'agogna.
 E se già fosse, non saria per tempo;
Così foss' ei, da che pure esser dee!
12 Chè più mi graverà, com' più m'attempo.
 Noi ci partimmo, e su per le scalee
Che n' avean fatte i borni a scender pria,
Rimontò il duca mio, e trasse mee.
 E proseguendo la solinga via
Tra le schegge e tra' rocchi dello scoglio,
18 Lo piè senza la man non si spedia.
 Allor mi dolsi ed ora mi ridoglio,
Quando drizzo la mente a ciò ch' io vidi;
 E più lo ingegno affreno ch' io non soglio,
Perchè non corra che virtù nol guidi;

5. Les cinq larrons sont Cianfa, Agnello, Buoso, Puccio et Guercio Cavalcanti, qui figurent dans le chant précédent.

CHANT XXVI

    Joï, Florence, puis que tu es si grans
Que tu desploies l'aile en mer et en terre,
Et que ton nom par l'enfer tu espans.
    Chez les larrons je trovai, sans les querre,
Cinq à toi teus qu'en sui pris de vergogne ;
6 Ce ne te torne à grant los, se je n'erre.
    Mais s'au matin songes sont sans mençogne,
Sentiras tost le mal qu'à toi pieça
Prato et autre souhaitent sans alogne.
    Trop tost ne fust cis maus, s'il fust desjà ;
Adviene donc ce qui advenir doit ;
12 Car o plus d'ans tant plus me grevera.
    Nous departimes ambedui ; et à droit
Par eschaillons de pierre de male aire
Sus remonta mes dus, qui me tiroit.
    Et porsuivant la sente solitaire
Parmi les rocs et debris de ce seuil,
18 Je ne pooie sans la main le pié traire.
    Lors me dolu, et ore me redeuil
Quant je remembre ce que vi ceste fie,
Et plus refrene mon cuer que je ne seuil,
Si qu'il ne corge où raisons ne le guie,

---

9. *Prato et autre:* Prato, ville voisine de Florence et opprimée par elle.

Sì che se stella buona o miglior cosa
24 M'ha dato il ben, ch'io stesso nol m'invidi.
   Quante il villan, che al poggio si riposa,
Nel tempo che colui che il mondo schiara
La faccia sua a noi tien meno ascosa,
   Come la mosca cede alla zanzara,
Vede lucciole giù per la vallea
30 Forse colà dove vendemmia ed ara;
   Di tante fiamme tutta risplendea
L'ottava bolgia, sì com' io m'accorsi
Tosto che fui là 've il fondo parea.
   E qual colui che si vengiò con gli orsi
Vide il carro d'Elia al dipartire,
36 Quando i cavalli al cielo erti levorsi,
   Che nol potea sì con gli occhi seguire
Che vedesse altro che la fiamma sola,
Sì come nuvoletta in su salire;
   Tal si movea ciascuna per la gola
Del fosso; chè nessuna mostra il furto,
42 Ed ogni fiamma un peccatore invola.
   Io stava sovra il ponte a veder surto,
Sì che, s'io non avessi un ronchion preso,
Caduto sarei giù senza esser urto.
   E il duca, che mi vide tanto atteso,
Disse: « Dentro da' fochi son gli spirti;
48 Ciascun si fascia di quel ch'egli è inceso. »
   « Maestro mio, rispos'io, per udirti
Son io più certo; ma già m'era avviso
Che così fosse, e già voleva dirti:
   Chi è in quel foco che vien sì diviso

---

23. *Estoile ou mieudre chose*: la chose meilleure qu'une bonne étoile est la grâce divine.

CHANT XXVI.

Et que, s'à moi estoile ou mieudre chose
24 Dona le bien, point je ne me l'envie.
  Quant li vilains au tertre se repose
Dans le tems où cil astre dont la face
Le monde esclaire, nous la tient moins forsclose,
  Lorsqu'aus cousins mouches quittent la place,
Par la valée voit il mil vers luisans,
30 Où tout à l'heure il œuvroit à fort brace ;
  D'autant de flames toute ert esplendissans
L'huitieme bouge, come bien se monstra,
Tost que li fons m'en fu aparissans.
  Et o les ours com cil qui se venja
Vi vers le ciel Elie se partir,
36 Quant sus li chars emportés s'en vola,
  Si que des ieus ne pooit le suivir,
Et ne veoit el que la flame sole
Come un petit nuage sus saillir ;
  Teus chasque flame se movoit par la gole
De la grant fosse, sans son prison monstrer ;
42 Et chasque flame un pecheor engole.
  Sur le pont j'ere debout à esgarder ;
Et, se n'eüsse pris de roche un tronçon,
Cheüs je fusse, sans nul por me heurter.
  Mes dus, veant combien j'ere ententis,
Me dit : « Ci sont dans les feus li espir ;
48 Chascuns se vest de quoi il est bruïs. »
  « Plus certains sui, mes mestre, par t'oïr,
Je respondi ; mais jà m'estoit avis
Que fust ainsi, et j'avoie desir
  Rover cui tient cis feus en som partis,

34. *O les ours com cil qui se venja :* Élisée, prophète, disciple d'Élie, qui fit dévorer par des ours des enfants qui l'avaient injurié, IV, *Rois,* II, 23, 24.

Di sopra, che par surger della pira
54 Ov' Eteòcle col fratel fu miso ? »
   Risposemi : « Là entro si martira
Ulisse e Diomede, e così insieme
Alla vendetta vanno come all' ira ;
   E dentro dalla lor fiamma si geme
L'aguato del caval che fe' la porta
60 Ond' uscì de' Romani il gentil seme.
   Piangevisi entro l' arte per che morta
Deidamia ancor si duol d' Achille ;
E del palladio pena vi si porta. »
   « S' ei posson dentro da quelle faville
Parlar, diss' io, maestro, assai ten priego
66 E ripriego, che il priego vaglia mille,
   Che non mi facci dell' attender niego,
Fin che la fiamma cornuta quà vegna ;
Vedi che del desío ver lei mi piego »
   Ed egli a me : « La tua preghiera è degna
Di molta lode, ed io però l'accetto ;
72 Ma fa che la tua lingua si sostegna.
   Lascia parlare a me, ch' io ho concetto
Ciò che tu vuoi ; ch' ei sarebber schivi,
Perch' ei fur Greci, forse del tuo detto. »
   Poi che la fiamma fu venuta quivi
Dove parve al mio duca tempo e loco,

54. *Où Eteocle o son frere fu mis :* brûlés par le même bûcher, la flamme qui consumait les frères ennemis se divisa en deux.

57. *L'ire :* l'ire désigne les actions violentes auxquelles Diomède et Ulysse concoururent.

59. *L'aguet qui fist du cheval :* le cheval de bois fabriqué par les Grecs amena la prise de Troie ; et Énée, abandonnant sa patrie, devint en Italie le père de la gent romaine.

CHANT XXV.

    Si qu'il me semble que le ré je remire
54 Où Eteocle o son frere fu mis. »
    Il respondi : « Dedans soufrent martire
Et Diomede et Ulisse; à la pene
Il sont ensemble come il furent à l'ire.
    Andui complaignent dans la flame demene
L'aguet qui fist du cheval une porte
60 Dont fors issi la haute gent romene.
    Il aussi plaignent l'art par cui, toute morte,
Deïdamie encor se deut d'Achil ;
Et du pallade la peine ici se porte. »
    « S'il parler peuvent en mi ce feu soutil,
O mestre, di je, je te prie et reprie
66 D'une priere qui bien en vaille mil,
    Tu ne me vées d'atendre à ceste fie
Que près nous viene ci la flame cornue ;
Vers lui, tu vois, li desiriers me guie. »
    Et il à moi : « La loange est deüe
À ta priere, et por ce je l'agrée ;
72 Mais que demort atant ta langue mue.
    Lai moi parler ; bien ai je en la pensée
Ce que tu veus ; car, espoir, ta devise
De ces Gregeois seroit mal escotée. »
    Puis que la flame si se fu ademise
Qu'estre juja mes mestre tens et lieu,

---

62. *Deïdamie encor se deut d'Achil :* Achille, pour échapper au sort qui l'attendait, se cachait sous des habits de femme chez Lycomède, roi de Sciros, auprès de sa fille Deïdamie. Ulysse et Diomède le découvrirent par ruse sous son déguisement et l'entraînèrent à la guerre de Troie où il devait périr.

63. *Et du pallade :* le palladium, enlevé par Ulysse et Diomède du sanctuaire de Troie.

78 In questa forma lui parlare audivi :
 « O voi che siete duo dentro ad un foco,
S' io meritai di voi mentre ch' io vissi,
S' io meritai di voi assai o poco,
 Quando nel mondo gli alti versi scrissi,
Non vi movete; ma l'un di voi mi dica
84 Dove per lui perduto a morir gissi. »
 Lo maggior corno della fiamma antica
Cominciò a crollarsi mormorando,
Pur come quella cui vento affatica.
 Indi la cima quà e là menando,
Come fosse la lingua che parlasse,
90 Gittò voce di fuori, e disse : « Quando
 Mi diparti' da Circe, che sottrasse
Me più d' un anno là presso a Gaeta,
Prima che sì Enea la nominasse,
 Nè dolcezza di figlio, nè la piéta
Del vecchio padre, nè il debito amore
96 Lo qual dovea Penelope far lieta,
 Vincer poter dentro da me l'ardore
Ch' i' ebbi a divenir del mondo esperto,
E degli vizj umani e del valore ;
 Ma misi me per l'alto mare aperto
Sol con un legno e con quella compagna
102 Picciola, dalla qual non fui deserto.
 L' un lito e l' altro vidi infin la Spagna,
Fin nel Morroco e l'isola de' Sardi,

---

91. *Circé la vaillant :* Circé retint Ulysse dans son île pendant plus d'un an.

92. *Lez Gaete :* Gaete, ainsi nommée d'après la nourrice d'Énée, *Cajeta ;* voy. *Enéide,* VII, 1-4.

99. *Les humains vices, les humaines valors :* c'est une allusion au vers d'Homère, *Odyssée,* I, 3 : Πολλῶν δ' ἀνθρώ-

CHANT XXVI.

78 Je l'oï lore parler en ceste guise :
« O vous qui estes dui en meïsme feu,
Se je meri de vous en mon vivant,
Se je meri de vous ou moult ou peu,
Quant dans le monde je ditai le haut chant,
Ne vous movés; mais que l'uns de vous die
84 Où il ala se perdre à esciant. »
La maïre corne de ceste flame antie
À se croler murmurant comença,
Com par le vent une flame assaillie.
Puis, demenant la cime çà et là,
Com se ce fust par la langue parlant,
90 Ele defors teus paroles jeta :
« Quant me parti de Circé la vaillant,
Qui lez Gaete me tint plus d'une anée,
Avant qu'Enée la nomast en passant,
Ne la douçors de mon filh retrovée,
Ne mes vieus pere, ne la deüe amors
96 Qui devoit faire Penelope tant liée,
Riens ne pot vaincre en mon cuer les ardors
Qui me poussoient à conoistre le monde,
Les humains vices, les humaines valors.
Si je me mis ens en la mer parfonde
O une nef et ce peu de compaigne
102 Qui ne vout pas me deserter sur l'onde.
Les deus rivages vers Maroc et Espaigne
Et l'isle Sarde en ma course je vi,

πων ἴδεν ἄστεα, καὶ νόον ἔγνω, traduit ainsi par Horace : Qui mores hominum multorum vidit et urbes, *De Arte poetica*, v. 146.

100. *Si je me mis ens en la mer parfonde :* sur les voyages d'Ulysse après son retour à Ithaque, voy. l'*Odyssée*, XI, 119 et suivants.

E l'altre che quel mare intorno bagna.
Io e i compagni eravam vecchi e tardi,
Quando venimmo a quella foce stretta
108 Ov' Ercole segnò li suoi riguardi,
Acciò che l' uom più óltre non si metta.
Dalla man destra mi lasciai Sibilia,
Dall' altra già m' avea lasciata Setta.
O frati, dissi, che per cento milia
Perigli siete giunti all' occidente,
114 A questa tanto picciola vigilia
De' vostri sensi, ch' è del rimanente,
Non vogliate negar l'esperienza,
Diretro al sol, del mondo senza gente.
Considerate la vostra semenza;
Fatti non foste a viver come bruti,
120 Ma per seguir virtute e conoscenza.
Li miei compagni fec' io sì acuti,
Con questa orazion picciola, al cammino,
Che appena poscia gli avrei ritenuti.
E, volta nostra poppa nel mattino,
De' remi facemmo ale al folle volo,
126 Sempre acquistando dal lato mancino.
Tutte le stelle già dell' altro polo
Vedea la notte, e il nostro tanto basso
Che non surgeva fuor del marin suolo.
Cinque volte racceso, e tante casso
Lo lume era di sotto dalla luna,
132 Poi ch' entrati eravam nell' alto passo,
Quando n'apparve una montagna bruna

112. *O frères, di je :* Dante s'est ici souvenu d'Horace:
O fortes pejoraque passi Mecum sæpe viri, *Odes,* I, 7, et de
Virgile : O passi graviora, *Enéide,* I, v. 198.
131. *Le dessous de la lune :* la partie qu'elle montre a

CHANT XXVI. 339

Et totes celes qu'entor ceste mer baigne.
   Je et ma gens estions lent et vieilli,
Quant nous venimes à cest estroit passage
108 Où mist ses bonnes Hercule et relinqui
   Por veer outre aus homes le voiage.
À la main destre nous laissames Sevile,
Et à senestre Ceuta et son rivage.
   O freres, di je, par perils mile et mile
Qui venu estes au font de l'Occident,
114 Peu sont li jor que li destins vous file,
   Li jor qu'avez encor de remanent ;
Ne les niez à suivre sans doutance
Le haut soleil dans le monde sans gent.
   Gardez queus est vostre geste et semance ;
Fait vous ne fustes por vivre com la beste,
120 Mais bien por suivre vertu et conoissance.
   Mi compagnon, par ma corte requeste,
Devinrent si ardent à ce chemin,
Que parti fussent maugré mien come en feste.
   Ore, tornant nostre arriere au matin,
O rains hastames le vol plein de folie,
126 Aiant le bort sempre à senestre enclin.
   Jà à mes ieus monstroit la nuis serie
Le pole austral ; et li nostre ert tant bas,
Que fors la mer il ne se levoit mie.
   Cinc fois luisant et cinc fois, ce n'est gas,
Oscur veïmes le dessous de la lune,
132 Depuis qu'estions entré dans le haut pas,
   Quant aparu une montagne, brune

---

la terre. Ulysse avait vu cinq fois la pleine lune, c'est-à-dire cinq mois.

132. *Le haut pas* : l'océan Atlantique.

133. *Une montagne brune :* suivant la plupart des com-

| Per la distanza, e parvemi alta tanto
Quanto veduta non n' avea alcuna.
    Noi ci allegrammo, e tosto tornò in pianto;
Chè della nuova terra un turbo nacque,
138 E percosse del legno il primo canto.
    Tre volte il fe' girar con tutte l' acque,
Alla quarta levar la poppa in suso,
    E la prora ire in giù, com' altrui piacque,
142 Infin che il mar fu sopra noi richiuso. »

mentateurs, cette montagne est le lieu où se trouve le purgatoire.

CHANT XXVI.   341

Por la distance, et si haute semblant
Que tel n'avoie jamais veüe aucune.
  Joie en eümes, mais tost en deuil tornant :
Du nouvel monde uns tourbillons contrere
138 Issi, ferant nostre nef en l'avant.
  Trois fois la fist virer o l'onde amere,
Et à la quarte mist l'arriere en amont
Et jus l'avant, come autrui plot à fere,
142 Tant que la mers nous cloïst en son font.

  141. *Com autrui plot à fere* : *autrui* désigne ici Dieu, qui mit fin à l'entreprise téméraire d'Ulysse.

CHANT XXVII

HUITIÈME CERCLE; HUITIÈME BOUGE: CONTINUATION DE CEUX QUI CONSEILLENT LA FRAUDE ; GUI DE MONTEFELTRO.

Ce chant est principalement occupé par un de ces drames en raccourci où Dante excelle. Le pape Boniface VIII est possédé d'un violent désir d'enlever Préneste aux Colonne, contre lesquels il guerroie depuis longtemps. Il a auprès de lui Gui de Montefeltro, autrefois guerrier aussi fameux par la vaillance que par la ruse, aujourd'hui pieux cordelier. C'est à ce personnage qu'il s'ouvre de ses desseins fort peu loyaux. Le nouveau moine ne se trompe pas sur l'immoralité de l'acte qui lui est demandé; mais il n'ose refuser un pape; et d'ailleurs il prend ou croit prendre ses précautions en acceptant, en retour de la fraude qu'il va conseiller, l'absolution que le pape lui avait offerte sans scrupule d'avance, en vertu des deux clefs. Le conseil, qui est de beaucoup promettre et de peu tenir, fait tomber Préneste entre les mains du pape, et l'âme du pauvre cordelier entre les griffes des diables auxquels saint François essaye vainement de disputer leur proie. Lisez et admirez ; car il est impossible de représenter plus au vif un coin considérable du moyen âge.

CANTO XXVII

 Già era dritta in sù la fiamma e queta
Per non dir più, e già da noi sen gía
Con la licenza del dolce poeta,
 Quando un'altra, che dietro a lei venia,
Ne fece volger gli occhi alla sua cima
6 Per un confuso suon che fuor n'uscia.
 Come il bue Cicilian che mugghiò prima
Col pianto di colui (e ciò fu dritto)
Che l'avea temperato con sua lima,
 Mugghiava con la voce dell'afflitto,
Si che, con tutto ch'e' fosse di rame,
12 Pure e' pareva dal dolor trafitto;
 Cosi per non aver via nè forame
Dal principio del fuoco, in suo linguaggio
Si convertivan le parole grame.
 Ma poscia ch'ebber colto lor viaggio
Su per la punta dandole quel guizzo
18 Che dato avea la lingua in lor passaggio,
 Udimmo dire: « O tu, a cui io drizzo
La voce, e che parlavi mo lombardo,
Dicendo: Issa ten va, più non t'adizzo;

7. *Come, en Sicile, li tors:* le taureau d'airain offert par Perillus à Phalaris, tyran d'Agrigente, qui commença par essayer cet instrument de supplice sur l'inventeur. On chauffait ce taureau, et le malheureux renfermé dans ses

CHANT XXVII

Jà estoit droite la flame et coie en som
Par ne plus dire, et de nous se partoit
O le congé du poete au douz nom,
    Quant par derriere une autre qui venoit
Nous fist torner le regart vers la cime
6 Por aucun bruit confus qui en issoit.
    Come, en Sicile, li tors qui muï prime
O le doloir de celui (ce fu drois)
Qui à ceste euvre avoit mise sa lime,
    Par les aflis muioit et par lor vois,
Si que, tous fais de cuivre par mestrie,
12 Il sembloit estre de la dolor destrois;
    Teus, por n'avoir nule issue ou aïe,
En un langage de flame murmurant
Se muoit prime la parole faillie.
    Mais, puis qu'ele ot son chemin en avant
Sus par la pointe qui se darde et s'eslesse
18 Come la langue avoit fait en parlant,
    Oïmes dire : « Tu cui la vois j'adresse,
Et qui parloies tout adès en lombart,
Disant : Va-t' en *issa*, plus ne te presse,

---

flancs poussait des cris qui semblaient être poussés par le taureau lui-même.

21. *Issa :* mot lombard qui signifie sur-le-champ.

Perch' io sia giunto forse alquanto tardo,
Non t'incresca restare a parlar meco ;
24 Vedi che non incresce a me, ed ardo.
Se tu pur mo in questo mondo cieco
Caduto sei di quella dolce terra
Latina, onde mia colpa tutta reco,
Dimmi se i Romagnuoli han pace, o guerra;
Ch' io fui de' monti là intra Urbino
30 E il giogo di che Tever si disserra. »
Io era in giuso ancora attento e chino,
Quando il mio duca mi tentò di costa,
Dicendo : « Parla tu; questi è Latino. »
Ed io, che avea già pronta la riposta,
Senza indugio a parlare incominciai :
36 « O anima che se' laggiù nascosta,
Romagna tua non è, e non fu mai
Senza guerra ne' cor de' suoi tiranni ;
Ma palese nessuna or vi lasciai.
Ravenna sta, come stata è molti anni ;
L'aquila da Polenta la si cova,
42 Sì che Cervia ricopre co' suoi vanni.
La terra che fe' già la lunga prova
E di Franceschi sanguinoso mucchio,

29. *Car je suis nés :* l'esprit qui parle est Gui, comte de Montefeltro, vaillant capitaine gibelin.

30. *Et le sommet d'où li Toivre desserre :* le Tibre prend naissance au pied du mont Coronaro, dans les Apennins.

31. *En bas :* vers la bouge située au-dessous.

41. *Par l'aigle de Polente :* messer Guido da Polenta était seigneur de Ravenne au temps de l'auteur ; il s'en était emparé en 1275. Ses armes étaient une aigle vermeille en un champ jaune. Ce Guido était le père de l'infortunée Françoise de Rimini ; voy. Ch. V, v. 74 et suivantes.

CHANT XXVII.

Se sui venus, espoir, un peu trop tart,
Ne poise toi ester à m'aresnier ;
24 Tu vois qu'à moi pas ne poise, et si j'art.
Se, il n'a guere, en ce monde aversier
Tu es cheüs de la latine terre,
D'où je ma coulpe aportai en entier,
Di moi se pais ont Romagnol ou guerre ;
Car je suis nés es mons là entre Urbin
30 Et le sommet d' où li Toivre desserre. »
J'avoie encor le chef en bas enclin,
Quant m'atocha mes dus l'un des costés,
Disant : « Tu, parle, tu as ci un Latin. »
Je qui jà ere au respons aprestés,
À lui parler commençai sans tardance :
36 « O espris, tu qui ça jus es mucés,
N'est ta Romagne ne ne sera, je pense,
Jamais sans guerre es cuers de ses tirans,
Mais n'i laissai aucune en apparence.
Ravenne esteut come a esté moult d'ans,
Telment couvée par l'aigle de Polente,
42 Que sur Cervie s'estent s'aile puissans.
La cit qui vaine fist aux François l'atente
Et mist à tas lor cors ensanglantés,

---

42. *Que sur Cervie :* Cervia, ville maritime à douze milles de Ravenne. Guido fut podesta de Cervia.
43. *La cit qui longue fist aux François l'atente* : Forli. Le pape Martin IV, désirant se rendre maître de cette ville, y envoya une armée considérable de Français, de Provençaux et d'Italiens. Cette armée, après un long siége, fut taillée en pièces par les gens de Forli, que commandait le comte Gui de Montefeltro. Deux épitaphes constataient que plusieurs milliers de Français étaient enterrés aux deux endroits où elles étaient inscrites.

CANTO XXVII.

Sotto le branche verdi si ritrova.
 E 'l Mastin vecchio, e'l nuovo da Verrucchio
Che fecer di Montagna il mal governo,
48 Là, dove soglion, fan de' denti succhio.
 Le città di Lamone e di Santerno
Conduce il leoncel dal nido bianco,
Che muta parte dalla state al verno.
 E quella a cui il Savio bagna il fianco,
Così com' ella siè' tra il pianto e il monte,
54 Tra tirannia si vive e stato franco.
 Ora chi sei ti prego che ne conte.
Non esser duro più ch' altri sia stato,
Se il nome tuo nel mondo tegna fronte. »
 Poscia che il foco alquanto ebbe rugghiato
Al modo suo, l'aguta punta mosse
60 Di quà, di là, e poi diè cotal fiato:
 « S'io credessi che mia risposta fosse
A persona che mai tornasse al mondo,
Questa fiamma staria senza più scosse;
 Ma però che giammai di questo fondo
Non tornò vivo alcun, s' i' odo il vero,
66 Senza tema d'infamia ti rispondo.
 Io fui uom d'arme, e poi fui cordigliero,

45. *Sous les vers grifs* : Forli était alors sous la seigneurie des Ordelaffi, qui portaient pour armes un lion vert dans un champ jaune.

46. *Cil de Verruque* : Verrucchio était un château donné par les gens de Rimini à Malatesta, père des deux suivants : Malatesta le vieux, père de Paolo, amant, et de Gianciotto, mari de Françoise de Rimini, et Malatesta le jeune, fils aîné du précédent. On ne sait pas au juste pourquoi Dante les nomme des *Mâtins*.

47. *Qui à Montagne* : Montagna di Parcitate, chef du parti gibelin à Rimini, et beau-père de Malatesta le vieux, fut tué par Malatesta et ses Guelfes.

CHANT XXVII.

Sous les vers grifs est à l'heure presente.
  Cil de Verruque, li vieus et li mainsnés,
Qui à Montagne firent male envaïe,
48 Come mastin tranchent à dens assés.
  Les cits d'Imole et Faenze en baillie
Li lionciaus detient, cil au ni blanc,
Qui par saisons va chanjant de partie.
  Et cele à cui Save baigne le flanc,
Ainsi qu'ele est sise entre plain et mont,
54 Ainsi vit sempre entre estat serf et franc.
  Et tu, qui es? di le moi et respont;
Ne sois pas durs plus qu'autre n'ont esté;
Si gart tes nons au monde ranc et front! »
  Puis que li feus eut auques murmuré
À sa façon, tost la pointe se mist
60 À se movoir en ce sofle parlé :
  « Se je cuidasse que mes respons venist
À tel qui onque s'en retornast au mont,
Jà ceste flame en repos se tenist.
  Mais come nus n'issi fors de ce font,
Se j'oi le voire, por torner vif ariers,
66 Sans male honte douter je te respont.
  Je fui hom d'armes; et puis fui cordeliers,

---

49. *Les cits d'Imole et Faenze :* Faenza, ville de Romagne, située sur le Lamone ; Imola, ville de Romagne, située sur le Santerno.

50. *Li lionciaus :* Maghinardo Pagano da Susina, dont les armes étaient un lion d'azur en un champ blanc, s'était emparé d'Imola en 1296.

52. *Et cele à cui Save baigne le flanc :* Césène, ville de la Romagne, baignée par le Savio.

67. *Je fui hom d'armes :* c'est Gui, comte de Montefeltro, dont il a été question ci-dessus, à la note du vers 43. Il se fit cordelier en 1296.

Credendomi, si cinto, fare ammenda;
E certo il creder mio veniva intero,
 Se non fosse il gran prete, a cui mal prenda,
Che mi rimise nelle prime colpe;
72 E come e quare voglio che m' intenda.
 Mentre ch' io forma fui d'ossa e di polpe
Che la madre mi diè, l'opere mie
Non furon leonine, ma di volpe.
 Gli accorgimenti e le coperte vie
Io seppi tutte, e sì menai lor arte,
78 Che al fine della terra il sono uscie.
 Quando mi vidi giunto in quella parte
Di mia età, dove ciascun dovrebbe
Calar le vele e raccoglier le sarte,
 Ciò che pria mi piaceva allor m' increbbe,
E pentuto e confesso mi rendei;
84 Ahi miser lasso! e giovato sarebbe.
 Lo principe de' nuovi farisei,
Avendo guerra presso a Laterano,
E non con Saracin', nè con Giudei,
 Chè ciascun suo nemico era cristiano,
E nessuno era stato a vincer Acri,
90 Nè mercatante in terra di soldano,
 Nè sommo uficio, nè ordini sacri
Guardò in sè, nè in me quel capestro

70. *Se li grans prestres:* le pape Boniface VIII.
75. *Non uns lions mais uns goupis trichiere:* les commentateurs s'étonnent de ce jugement porté par Dante sur Gui de Montefeltro, qui, de l'aveu de tous les historiens, fut un des plus vaillants capitaines de son temps, rusé sans doute, mais aussi brave que rusé.
85. *Li chefs de nos pharisiens d'adès:* Boniface VIII, chef des cardinaux et des clercs de l'Eglise de Rome, que Dante nomme les nouveaux pharisiens.

CHANT XXVII.

Par tel ceinture me reembre cuidant;
Et pas n'erroit à certes mes cuidiers,
  Se li grans prestres ne fust, Dieus le cravant!
Qui me remist à ma colpe premiere:
72 Come et porquoi je te voil entendant.
  Tant que les os j'oi et la char pleniere
Que me dona ma mere, en euvres fui
Non uns lions, mais uns goupis trichiere.
  Toutes les voies covertes je conui
Et les destors, et si en menai l'art
78 Qu'en tout le monde li bruis en est ancui.
  Quant je me vi venu en ceste part
De mon eage où chascuns jus devroit
Metre la voile et rentrer, car est tart,
  Lors me desplut ce qui ains me plaisoit;
Et peneant me rendi et confès;
84 Ahi chetis! come mieux m'en seroit!
  Li chefs de nos pharisiens d'adès
Avoit la guerre là où gist li Latrans,
Non à Juïs ou Sarasins mauvès;
  Il n'ostoioit que contre chrestians;
Nus d'eus contre Acre ne vint en sodoier,
90 N'en marcheant en terre des soudans.
  Il n'esgarda n'en soi son haut mestier
Et les sains ordres, n'en moi l'humble cordon

86. *Là où gist li Latrans:* cela arriva en 1297. Le pape avait guerre avec les Colonne, qui habitaient près du Latran. Le Latran est un quartier de Rome.

89. *Nus d'eus contre Acre:* ces ennemis que le pape poursuivait avec acharnement n'étaient ni parmi les soudoyers qui assiégeaient Acre (Acre fut prise sur les chrétiens par Saladin en 1291), ni parmi les marchands qui trafiquaient en terre musulmane; ce qui était défendu par un concile tenu en 1245 par le pape Innocent III.

Che solea far li suoi cinti più macri.
　Ma come Costantin chiese Silvestro
Dentro Siratti a guarir dalla lebbre,
96 Così mi chiese questi per maestro
　A guarir della sua superba febbre,
Domandommi consiglio, ed io tacetti,
Perchè le sue parole parver ebbre.
　E poi mi disse: Tuo cor non sospetti;
Finor ti assolvo, e tu m'insegna fare
102 Sì come Penestrino in terra getti.
　Lo ciel poss'io serrare e disserrare,
Come tu sai; però son due le chiavi,
Che il mio antecessor non ebbe care.
　Allor mi pinser gli argomenti gravi
Là 've il tacer mi fu avviso il peggio,
108 E dissi: Padre, da che tu mi lavi
　Di quel peccato ove mo cader deggio,
Lunga promessa con l'attender corto
Ti farà trionfar nell' alto seggio.
　Francesco venne poi, com' io fui morto,
Per me; ma un de' neri cherubini
114 Gli disse: Nol portar; non mi far torto.
　Venir se ne dee giù tra' miei meschini,
Perchè diede il consiglio frodolente,

95. *Quist Constantins*: une légende du moyen âge, sans fondement d'ailleurs, racontait que l'empereur Constantin, ayant persécuté les chrétiens, fut par punition divine frappé de lèpre, et que Pierre et Paul lui apparurent en songe lui ordonnant de s'adresser au pape Sylvestre, alors réfugié dans le mont Soracte, qui le guérit de la lèpre et le convertit au christianisme.

105. *Que cil qui fu avant moi n'aima guere*: Célestin V, voy. le Chant III, v. 59 et la note.

110. *Par moult prameltre et tenir peu et cort*: en

CHANT XXVII.

Qui sa mesnie souloit amaigroier.
  Come à Soracte à saint Silvestre en don
Quist Constantins de sa lepre la cure,
96 Si me quist cil qu'en mire sage et bon
  Je le curasse de sa superbe arsure,
Rovant conseil; mais j'estoi en silence,
Car sa parole me sembloit desmesure.
  Puis il me dit : Ne sois mie en balance ;
Or je t'assol; et, tu, m'enseigne à fere
102 Com je cravante Palestrine à outrance.
  Tu sais je puis le ciel sans nul contrere
Clore et desclore ; por ce sont les dui clef.
Que cil qui fu avant moi n'aima guere.
  Lors ses raison furent d'un pois si gref,
Que me sembla que taire fust li pis ;
108 Et je di : Pere, com tu laves mon chef
  De ce peché où je tumbe à envis,
Par moult prametre et tenir peu et cort
Triumpheras en ton soutil devis.
  François vint puis, quant je fui dans la mort,
Por me tencer; uns des noirs cherubins
114 Dit : Ne le prendre, et ne me faire tort.
  Aler s'en doit jus par mi mes mescins;
Car il dona le conseil tricheor,

1298, un accord se traita entre les Colonne et le pape.
Les Colonne vinrent à Rieti, où était la cour pontificale,
et se jetèrent aux pieds du pape, qui leur pardonna et leva
l'excommunication lancée contre eux. Ils devaient rendre
Préneste, moyennant quoi ils seraient rétablis en leur état
et dignités. Mais ils n'obtinrent rien, et le pape fit démolir Préneste, qui était sur une hauteur, et la fit rebâtir en
plaine.

112. *François vint puis :* saint François, le fondateur
de l'ordre des Cordeliers.

Dal quale in qua stato gli sono a' crini ;
  Ch' assolver non si può chi non si pente,
Nè pentére e volere insieme puossi
120 Per la contradizion che nol consente.
  O me dolente ! come mi riscossi,
Quando mi prese, dicendomi : Forse
Tu non pensavi ch' io loico fossi.
  A Minòs mi portò ; e quegli attorse
Otto volte la coda al dosso duro,
126 E, poi che per gran rabbia la si morse,
  Disse : Questi è de' rei del foco furo.
Perch' io là dove vedi son perduto,
E sì vestito andando mi rancuro. »
  Quand egli ebbe il suo dir così compiuto,
La fiamma dolorando si partìo,
132 Torcendo e dibattendo il corno acuto.
  Noi passammo oltre, ed io, e il duca mio,
Su per lo scoglio infino in su l' altr' arco
Che copre il fosso in che si paga il fio
136 A quei che scommettendo acquistan carco.

123. *Que de logique je seüsse chevir* : dans le xii° siècle, Benoît avait dit : Mult est li deables gringnos, E mult par est achaisonos, Argumens set faire od soffime, *Chronique*, t. II, p. 353, v. 25667.

CHANT XXVII.

Por quoi, depuis, je lui sui sempre aus crins.
　Sans repentir nus n'est assous dès or ;
Voloir ensemble pecher et se pentir
120 Se contredit, au dam du pecheor.
　Ilé mi dolent, com fui en grant aïr,
Quant il me prist : Ne pensoies, dit il,
Que de logique je seüsse chevir.
　Il me porta devant Minos ; et cil
Huit fois sa queue ceigni son dos entor ;
126 Puis, la mordant par rage mal gentil :
　Icis, dit-il, est du feu robeor.
Pero je sui là où tu vois perdus,
Et, cheminant si vestus, j'ai dolor. »
　À nous parler quant ainsi n'i ot plus,
En doulousant la flame se parti,
132 Et, si faisant, crolloit ses cors agus.
　Je et mes dus passames oultre ci
Sus par le roc jusqu'à l'autre arc en son
Couvrant la fosse où l'on paie, de fi,
126 Por mal esclandre peineuse raençon.

　124. *Il me porta devant Minos* : voy. Chant V, v. 4 et suiv.
　127. *Est du feu robeor* : le feu qui dérobe le pécheur, le cache et l'enveloppe tout entier.

CHANT XVIII

HUITIÈME CERCLE; NEUVIÈME BOUGE: SEMEURS DE DISCORDES CIVILES OU RELIGIEUSES; MAHOMET ET ALI; FRA DOLCINO; PIER DA MEDICINA; CURION; MOSCA; BERTRAND DE BORN.

Les pécheurs punis dans la neuvième bouge portent des blessures que leur fait un diable armé d'une épée; blessures dépassant en horreur tout ce qu'offrent les champs de bataille les plus sanglants, se fermant d'elles-mêmes au terme d'une certaine course, et renouvelées alors par le même diable devant qui ils repassent sans cesse.

Dans ses descriptions, Dante use de quelques grossièretés de langage fort déplaisantes. On ne trouve rien de pareil dans le vieil Homère.

Dante a soustrait le célèbre sultan Saladin à toute peine, et l'a dignement placé à côté des sages et des grands hommes de l'antiquité païenne (voyez ci-dessus, Chant IV, v. 120). Il eût été digne de sa haute intelligence de penser semblablement de Mahomet, et de ne pas nous le faire voir traité comme les vulgaires semeurs de scandale et de schisme. Ce n'est pas un schisme dont Mahomet fut auteur, c'est une religion; il prêcha l'unité de Dieu au milieu de populations profondément polythéistes, et réussit à les transformer; mais le préjugé qui, dans le moyen âge, régnait en Occident contre *Mahom* et son prétendu paganisme prévalut, et le grand réformateur religieux de l'Arabie fut précipité dans la neuvième bouge. Il est curieux de remarquer que l'esprit théologique du moyen âge et l'esprit imparfaitement philosophique du xviiie siècle furent également injustes envers Mahomet.

CANTO XXVIII

    Che poria mai pur con parole sciolte
Dicer del sangue e delle piaghe appieno,
Ch' i' ora vidi, per narrar più volte?
    Ogni lingua per certo verria meno
Per lo nostro sermone e per la mente
6 Ch' hanno a tanto comprender poco seno.
    Se s'adunasse ancor tutta la gente
Che già in su la fortunata terra
Di Puglia fu del suo sangue dolente
    Per li Trojani e per la lunga guerra
Che delle anella fe' si alte spoglie,
12 Come Livio scrive, che non erra,
    Con quella che sentì di colpi doglie
Per contrastare a Roberto Guiscardo,
E l'altra il cui ossame ancor s'accoglie
    A Ceperan, là dove fu bugiardo
Ciascun Pugliese, et là da Tagliacozzo
18 Ove senz' arme vinse il vecchio Alardo;

    8. *Qui jà la Pouille:* il s'agit de la bataille de Cannes, en Apulie, gagnée par Annibal sur les Romains, et du boisseau d'anneaux de chevaliers que la légende dit qu'il envoya à Carthage.
    14. *Contre Robert Guiscart:* Robert Guiscart, frère de Richard, duc de Normandie, vainquit les Sarrasins et se fit duc de la Pouille.

CHANT XXVIII

  Qui porroit dire, meïsme en prose aisée,
Le sanc, les plaies que je vi lors à plain,
Qui porroit dire, fust par mainte fiée ?
  Langue n'i a qui ne taschast en vain,
Par la parole et par l'entendement,
6 Toute à comprendre l'œuvre de la Dieu main.
  Aünez ci ensemblement la gent
Qui jà la Pouille, la plenteïve terre,
De flos de sanc arrosa malement
  Por les Romains et la hautaine guerre
Qui des anels fu tout enorgueillie,
12 Come a escrit Tite Live qui n'erre ;
  Et joignez i cele si maubaillie
Qui tint le champ contre Robert Guiscart,
Et cele encore qui la terre a jonchie
  À Ceperan de mors, là où boissart
Tuit Pouillois furent, et cele qui vaincue
18 Sans armes fu par le sens vieil Alart ;

16. *A Ceperan :* les historiens ne sont pas ici d'accord avec Dante. A Ceperano, il n'y eut point de bataille ; le passage fut livré par trahison à Charles d'Anjou ; c'est à Bénévent que la bataille fut livrée et perdue par Manfred, qui fut abandonné, contre la foi jurée, par la plupart des barons de la Pouille.
 18. *Par le sens vieil Alart :* à la bataille de Tagliacozzo

CANTO XXVIII.

E qual forato suo membro, e qual mozzo
Mostrasse, d'aequar sarebbe nulla
Al modo della nona bolgia sozzo.
  Già veggia, per mezzul perdere o lulla,
Com'io vidi un, così non si pertugia,
24 Rotto dal mento insin dove si trulla.
  Tra le gambe pendevan le minugia;
La corata pareva e il tristo sacco,
Che merda fa di quel che si trangugia.
  Mentre che tutto in lui veder m'attacco,
Guardommi, e con le man s'aperse il petto,
33 Dicendo : « Or vedi come io mi dilacco ;
  Vedi come storpiato è Maometto.
Dinanzi a me s'en va piangendo Alì,
Fesso nel volto dal mento al ciuffetto.
  E tutti gli altri, che tu vedi quì,
Seminator di scandalo e di scisma
36 Fur vivi, e però son fessi così.
  Un diavolo è quà dietro che ne accisma
Sì crudelmente, al taglio della spada
Rimettendo ciascun di questa risma,
  Quando avem volta la dolente strada,
Però che le ferite son richiuse
42 Prima ch'altri dinanzi gli rivada.
  Ma tu chi se' che in su lo scoglio muse
Forse per indugiar d'ire alla pena
Ch'è giudicata in su le tue accuse? »
  « Nè morte il giunse ancor, nè colpa il mena,
Rispose il mio maestro, a tormentarlo

---

gagnée sur Conradin, Charles d'Anjou dut la victoire aux dispositions conseillées par Alard, capitaine français.
  31. *Voi com Mahom*: Mahomet, fondateur de l'islamisme; Ali, cousin, gendre et l'un des premiers adhé-

CHANT XXVIII.   561

    Et que chascuns i monstre sa feruc;
Riens ne seroit près de la navreüre
Qu'ofre la bouge la neufme à la veüe.
    Jamais tonaus perdant font et closure
Ne s'aovri si come uns qui aloit
24 Fendus du haut jusqu'au trou de nature.
    Entre les jambes la bouele pendoit;
Et la coraille et li ors sas qui change
Manger en bren, par defors se monstroit.
    Je m'atachoie à ce veoir estrange;
Il m'esgarda, et s'aovrant le pis :
30 « Voi, me dit-il, coment je me chalenge;
    Voi com Mahom est navrés et maumis;
Devant moi va se doulousant Ali,
Cui fendus est de haut en bas li vis.
    Et tuit li autre que tu choisis ici
Furent d'esclandre et de scisme en lor vie
36 Mal semeor, et sont fendu ainsi.
    Uns maufez est là arrier qui paumie,
Sans s'alentir, une espée impiteuse,
Por retailler nostre gent mal taillie,
    Quant complie est la voie dolereuse;
Car no grant plaies, ains lui venir devant,
42 Ont esté closes par vertu merveilleuse.
    Mais tu qui es, qui vas ici musant,
Por puet-cel-estre tarder l'oirre à la pene
Là haut jugée sur toi, toi t'accusant? »
    « La mors nel tient, ne la colpe nel mene,
Redit mes mestre, vers le deü torment;

---

rents de Mahomet, chef d'une secte musulmane, suivie encore aujourd'hui par les Persans, assassiné en 660.

    45. *Toi t'acusant* : devant Minos l'ame s'accuse elle-même, voy. V, 7.

48 Ma, per dar lui esperienza piena,
   A me che morto son convien menarlo
Per lo inferno quà giù di giro in giro;
E questo è ver così com' io ti parlo. »
   Più fur di cento che, quando l'udiro,
S'arrestaron nel fosso a riguardarmi,
54 Per maraviglia obbliando il martiro.
   « Or di' a fra Dolcin dunque che s'armi,
Tu che forse vedrai lo sole in breve,
S'egli non vuol qui tosto seguitarmi,
   Sì di vivanda, che stretta di neve
Non rechi la vittoria al Noarese,
60 Ch'altrimenti acquistar non saria lieve. »
   Poi che l'un piè per girsene sospese,
Maometto mi disse esta parola,
Indi a partirsi in terra lo distese.
   Un'altro che forata avea la gola
E tronco il naso infin sotto le ciglia,
66 E non avea ma' che un'orecchia sola,
   Restato a riguardar per maraviglia
Con gli altri, innanzi agli altri aprì la canna
Ch'era di fuor d'ogni parte vermiglia,
   E disse: « Tu cui colpa non condanna
E cui io vidi su in terra latina,
72 Se troppa somiglianza non m'inganna,
   Rimembriti di Pier da Medicina,

---

55. *A Fra Dolcin* : Dolcino Tornielli, de Novare; il se faisait appeler frère, bien qu'il n'eût pas reçu les ordres sacrés. Disciple de Gerard Segarelli, et, après la mort de celui-ci qui fut brûlé vif en 1296, chef de la secte, qui se nommait les frères apostoliques, il se disait apôtre et prophète envoyé de Dieu, et prêchait la charité chrétienne et la communauté des biens et des femmes. Une foule d'hom-

CHANT XXVIII.

48 Mais por lui faire esperience plene,
   Je qui sui mors ai d'en haut le commant
   De cercle en cercle par l'enfer le conduire ;
   Et ce est voire, com je parle en present. »
   Plus de cent furent qui, l'oiant ainsi dire,
   Ci s'aresterent tuit coi à m'esgarder,
54 Por la merveille obliant lor martire.
   « À fra Dolcin di qu'il ait, sans tarder,
   Tu qui, espoir, tost le jor reverras,
   S'en peu ne veut venir me retrover,
   Garison ample, si que la neige en tas
   Ne doint victoire au peuple novarois,
60 Qui le desseure autrement n'auroit pas. »
   Levant un pié por aler s'en, ainçois
   Me dit Mahom ceste claire parole,
   Puis, le posant, se departi manois.
   Uns, pertuisée à cui estoit la gole,
   Et detranchés li nez jusqu'aus sorcis,
66 Et qui n'avoit mais qu'une oreille sole,
   Atout les autres remirant esbaïs,
   Avant les autres ovri le gosilier,
   Qui ert defors de toute part rogis.
   « Tu qui, dit il, es encore à jugier,
   Et que je vi en la terre latine,
72 Se grans semblance ne me vient engignier,
   Remembre toi Pierre de Medicine,

---

mes et de femmes se rangea autour de lui. Persécuté, il se retira sur une haute montagne située entre Verceil et Novare. Le pape Clément V publia une croisade contre lui. Fra Dolcin fut obligé de se rendre avec les siens, la neige l'ayant resserré étroitement et les vivres lui manquant. Il fut brûlé vif à Novare avec plusieurs autres, le 2 juin 1307.

Se mai torni a veder lo dolce piano
Che da Vercelli a Marcabò dichina.
 E fa saper a' duo miglior di Fano,
A messer Guido e anche ad Angiolello
78 Che, se l'antiveder qui non è vano,
 Gittati saran fuor di lor vasello,
E mazzerati presso alla Cattolica,
Per tradimento d'un tiranno fello.
 Tra l'isola di Cipri e di Majolica
Non vide mai sì gran fallo Nettuno,
84 Non da pirati, non da gente argolica.
 Quel traditor, che vede pur con l'uno,
E tien la terra che tal è qui meco
Vorebbe di vedere esser digiuno,
 Farà venirli a parlamento seco,
Poi farà sì che al vento di Focara
90 Non farà lor mestier voto nè preco. »
 Ed io a lui : « Dimostrami e dichiara,
Se vuoi ch' io porti su di te novella,
Chi è colui dalla veduta amara. »

73. *Remembre toi Pierre de Medicine :* Pier de Medicina, de la famille des Cattani di Medicina, contrée du Bolonais, sema la discorde entre ses concitoyens, et particulièrement entre Gui de Polenta, seigneur de Ravenne, et Malatestina, seigneur de Rimini.

74. *Le plain et dous terroir :* la Lombardie, qui, du district de Verceil, va s'abaissant durant l'espace de plus de deux cents milles jusqu'à Marcabo, château bâti sur le territoire de Ravenne, près des bouches du Pò, et détruit par Ramberto Polentano en 1308.

77. *Messer Guion et messer Angiolel :* Guido del Cassero et Angiolello de Cagnano, principaux citoyens de Fano, ville sur la mer Adriatique, furent invités par Malatesta, seigneur de Rimini, à conférer avec lui à la Catholica. Celui-ci, désireux de s'emparer de Fano, les fit saisir par

S'onc tu revois le plain et douz terroir
Qui de Vercelle à Marcabo encline.

Aus deus meillors de Fano fai savoir,
Messer Guion et messer Angiolel,
78 Que, se n'est vains ci en avant veoir,

Andui seront jeté hors lor vaissel,
Noié en mer près de la Cattolique
Par traïson d'un tiran qui est fel.

Entre les isles de Chipre et Majolique
Jamais ne vi tel mesfait l'onde amere,
84 Non par pirates ou par gent argolique.

D'un œil est borgne cis crueus foi-mentere ;
La terre il tient que teus n'avoir veüe
Vorroit, qui gist o moi en la misere.

Il atraira près de lui lor venue,
Et si fera que du vent de Foquere
90 Mestier n'auront qu'on les tense et aïue. »

Et je à lui : « Monstre moi et desclere,
Se veus que sus je port de toi novele,
À cui tu dis fu la veüe amere. »

ses gens et noier dans la mer. Il s'empara ainsi de Fano. Ce Malatesta était frère de Françoise de Rimini, c'est celui dont il est parlé chant XXVII, v. 46.

80. *La Cattolique :* la Cattolique est un bourg sur l'Adriatique entre Rimini et Pesaro.

82. *Chipre et Majolique :* Majolique est un autre nom de Majorque. Chypre est l'île la plus orientale, et Majorque la plus occidentale de la Méditerranée.

84. *Gent argolique :* la gent argolique ou d'Argos sont les Grecs.

86. *La terre il tient :* Rimini.

86. *Teus :* Curion, voy. ci-dessous.

89. *Que du vent de Foquere :* Focara est une montagne très-élevée, près de Cattolique, d'où s'élèvent des coups de vent très-violents.

Allor pose la mano alla mascella
D'un suo compagno, e la bocca gli aperse,
96 Gridando : « Questi è desso, e non favella.

Questi, scacciato, il dubitar sommerse
In Cesare, affermando che il fornito
Sempre con danno l'attender sofferse. »

Oh quanto mi pareva sbigottito,
Con la lingua tagliata nella strozza,
107 Curio, che a dir fu così ardito !

Ed un ch' avea l'una e l'altra man mozza,
Levando i moncherin per l'aura fosca,
Sì che il sangue facea la faccia sozza,

Gridò : « Ricordera' ti anche del Mosca,
Che dissi, lasso : capo ha cosa fatta,
108 Che fu il mal seme per la gente tosca. »

Ed io gli aggiunsi : « E morte di tua schiatta.»
Per ch' egli, accumulando duol con duolo,
Sen gío come persona trista e matta.

Ma io rimasi a riguardar lo stuolo,
E vidi cosa ch' io avrei paura,
114 Senza più prova, di contarla solo,

Se non che coscienza mi assicura,
La buona compagnia che l'uom francheggia

96. *C'est cis :* Curion, chassé de Rome, vint au devant de César à Rimini, et l'excita à pousser sans retard son entreprise contre la république. Le vers de Lucain, Phars. I, 281, est : Tolle moras, semper nocuit tardare paratis.

106. *De Mosque tu seras remembrans :* Mosca de' Lamberti rappela le proverbe : *capo ha cosa fatta,* c'est-à-dire : Tuez, et la chose sera finie, aux Amidei, aux Uberti et autres, cherchant à se venger d'un outrage qui leur avait été fait par Messer Bondelmonte de Bondelmonti, noble citoyen florentin. Celui-ci avait rompu un engagement matrimonial avec une fille des Amidei ; le

CHANT XXVIII.

    Lores mist il la main à la maissele
D'un compagnon, la boche lui ovri,
96 Et dit : « C'est cis, et il est sans favele.
    Cis forsbanis la doutance tolli
Au fier Cesar, disant qu'à son damage
Sempre quiconque est jà prest atendi. »
    Oh! com sembloit grevés en son corage,
Atout la langue tranchée en la raïs,
102 Cil Curion de si hardi langage!
    Et uns qui ert de ses mains desgarnis,
Levant en l'air les deus moignons sanglans,
Si que li sans lui rogissoit le vis,
    Cria : « De Mosque tu seras remembrans;
Qui dit, hé las : chose faite est passée ;
108 Male semence ce fu por les Toscans. »
    Je respondi : « Et mort à ta lignée. »
Et il, dolor à dolor ajoustant,
Se departi com persone atristée.
    Je m'arestai as navrés esgardant ;
Et je vi chose que ce fust desmesure
114 De sol la dire, sans autre preuve atant ;
    Mais conscience est là qui m'asseüre,
Bone compagne qui franc cuer nous otroie,

conseil de Mosca fut suivi ; Bondelmonte fut tué. Cela arrivait en 1215. Ce malheureux événement amena les factions des Noirs et des Blancs, qui furent si funestes à Florence.

  109. *Et mort à ta lignée :* les Lamberti, famille à laquelle appartenait Mosca, furent chassés de Florence en 1258. A partir de 1266 il n'en est plus question dans l'histoire. Ce fait, joint aux paroles de Dante, porte à croire qu'une des conséquences des guerres civiles de Florence fut l'extinction de cette famille.

Sotto l'osbergo del sentirsi pura.

    Io vidi certo, ed ancor par ch'io il veggia,
Un busto senza capo andar, si come
120 Andavan gli altri della trista greggia.

    E il capo tronco tenea per le chiome
Pésol con mano a guisa di lanterna,
E quel mirava noi, e dicea : « O me ! »

    Di sè faceva a sè stesso lucerna,
Ed eran due in uno, e uno in due ;
126 Com' esser può quei sa che sì governa.

    Quando diritto a piè del ponte fue,
Levò il braccio alto con tutta la testa
Per appressarne le parole sue,

    Che furo : « Or vedi la pena molesta,
Tu che, spirando, vai veggendo i morti ;
132 Vedi se alcuna è grande come questa.

    E perché tu di me novella porti,
Sappi ch'io son Bertram dal Bornio, quelli
Che diedi al re giovane mai conforti.

    Io feci il padre e il figlio in sè ribelli,
Achitofel non fe' più d'Ansalone

---

132. *Peut on trover un torment aussi gref ?* C'est une réminiscence de Jérémie, *Lament*, I, 12 : O vos omnes, qui transitis per viam, attendite, et videte si est dolor sicut dolor meus.

134. *Je sui Bertrans de Borne :* Bertrand de Borne, vicomte de Hautefort (voy. ci-dessous, XXIX, 29), dans le diocèse de Périgueux, fut un troubadour célèbre par ses poésies, et aussi un guerrier renommé. Il excita en 1183 le jeune Henri à se révolter contre son père Henri II, roi d'Angleterre.

134. *Au jeune roi :* ce texte est sujet à contestation. Il paraît que tous les anciens manuscrits portent *re Giovanni*, le roi Jean, et non *re giovane*, le jeune roi, et que

Assez armée quant ele se sent pure.

Certes je vi, et semble encor jel voie,
Un cors sans teste, qui aussi cheminoit,
120 Come li autre, en ceste triste voie.

Le chef tranché par la crine il tenoit,
Pendant es mains à guise de lanterne,
Nous esgardoit, et hé mi ! il disoit.

À soi meïsme de soi faisoit luiserne ;
Dui erent il en un, et uns en deus ;
126 Com ce peut estre sait cil qui tout governe.

Quant droit il fu au pié du pont greveus,
Il esleva le bras atout le chef,
Por aprocher sa vois à nous andeus.

« Or voi, dit-il, com je sui à meschef,
Tu qui, vivans, vas visitant les mors ;
132 Peut on trover un torment aussi gref ?

Sache, noveles si que tu portes fors,
Que sui Bertrans de Borne, au jeune roi
Cil qui dona maus conseils et confors.

Je fis rebeles pere et filh entre soi ;
Plus ne fist entre David et Absalon

---

c'est Ginguené qui a introduit cette dernière leçon. En effet, si on lit *le roi Jean*, on fait commettre à Dante plusieurs fautes : d'abord contre l'histoire, ce n'est pas Jean, c'est Henri que Bertrand de Borne excita ; puis contre Bertrand de Borne, qui, dans ses poésies, parle non pas du roi Jean, mais du jeune roi, *lo rey joves*; enfin contre sa connaissance du provençal, car, en ce cas, il aurait cru que *lo rey joves* signifiait le roi Jean, à moins qu'on n'admette pour le sauver de ce reproche qu'il avait lu très-imparfaitement Bertrand de Borne. Ces raisons por tent à croire que *Giovanni* au lieu de *giovane* est une très-ancienne faute due au premier copiste.

138 E di David co' malvagi pungelli.
   Perch'io partii così giunte persone,
Partito porto il mio cerebro, lasso!
   Dal suo principio ch'è in questo troncone;
142 Così s'osserva in me lo contrapasso. »

138. *Achitofels :* Achitofel, conseiller de David, fut fau-

158 Achitofels rancor et male foi.
   Com de parens je fis la sevraison,
  Sevré aussi je porte mon cervel
  De son principe, qui est en ce tronson ;
142 Si peine et coulpe font contrepois ivel. »

teur de la révolte d'Absalon ; voy. II, *Rois*, xv, 12 ; xvi,
15, et xvii, 1.

CHANT XXIX

HUITIÈME CERCLE; NEUVIÈME BOUGE: CONTINUATION DES SEMEURS DE SCANDALES; GERI DEL BELLO. — DIXIÈME BOUGE: LES FAUSSAIRES DE TOUT GENRE; GRIFFOLINO D'AREZZO ET CAPOCCHIO.

Jamais ne s'est présentée à l'esprit de Dante la question de savoir si, la justice humaine ayant sévi ici-bas sur les coupables, cela ne devait pas venir en une certaine déduction du côté de la justice divine. Dans ce chant, nous trouvons deux malheureux alchimistes qui furent brûlés vifs par les tribunaux terrestres, l'un comme hérétique, l'autre comme faussaire de métaux suivant l'expression du poëte. Ils n'en subissent pas moins un supplice cruel et éternel dans la dixième bouge. Il faut avouer qu'on est aujourd'hui plus doux sur la terre. S'il était encore des alchimistes, on les laisserait perdre leur temps autour de leurs fourneaux et travailler les métaux imparfaits, sans les brûler ni les damner; témoin nos spirites, qui frappent tant qu'ils veulent sur les portes et les murailles et qui ont le plus libre des commerces avec les morts et leurs esprits.

CANTO XXIX

La molta gente e le diverse piaghe
Avean le luci mie sì inebriate,
Che dello stare a piangere eran vaghe ;
    Ma Virgilio mi disse : « Che pur guate?
Perchè la vista tua pur si soffolge
6 Laggiù tra l'ombre triste smozzicate ?
    Tu non hai fatto sì all'altre bolge ;
Pensa, se tu annoverar le credi,
Che miglia ventiduo la valle volge.
    E già la luna è sotto i nostri piedi ;
Lo tempo è poco omai che n'è concesso,
12 Ed altro è da veder che tu non vedi. »
    « Se tu avessi, rispos'io appresso,
Atteso alla cagion perch'io guardava,
Forse m'avresti ancor lo star dimesso. »
    Parte sen gia, ed io retro gli andava,
Lo duca, gia facendo la riposta
18 E soggiungendo : « Dentro a quella cava

11. *De peu de tems :* Dante feint être entré en enfer le soir du Vendredi-Saint, qui, en 1300, fut au 10 d'avril ; il feint, en outre, qu'il ne lui est pas accordé plus de temps d'y rester que n'y resta le Sauveur, c'est-à-dire depuis le moment où il expira jusqu'au milieu de la nuit suivant le samedi. Or, la nuit du vendredi a été employée jusqu'au chant XX, puisqu'il est dit que la première

CHANT XXIX

 Mi œil si erent enivré de dolor
Por tante gent et por tous ces martires,
Qu'ester voloient por se repandre en plor.
 Mais or me dit Virgile : « Que remires ?
Porquoi se fiche tes regars ententis
6 Jus à ces plaies qui remaindront sans mires ?
 Es autres bouges ainsi tu ne feïs ;
Pense, se tout nombrer ici tu crois,
Que vingt deus miles a cis vaus en porpris.
 Jà est la lune sous nos piés ; li otrois
De peu de tems nous est donés desore ;
12 Et à veoir est plus que tu ne vois. »
 « Se tu avoies, respondi je sur l'hore,
Bien entendu à ce que j'esgardoie,
Permis m'eüsses, espoir, ester encore. »
 Partant aloit mes dus ; et jel suivoie,
Faisant respons, et à point ajoustant :
18 « Dans ceste cave en laquel je tenoie

heure du jour est voisine ; du chant XXI au XXIX, le temps employé est du matin à midi ; et, comme il lui reste encore à voir la dixième bouge et le neuvième cercle, qui en renferme quatre moindres, il est manifeste que peu de temps lui restait en comparaison du grand espace à visiter.

Dov' io teneva gli occhi sì a posta,
Credo che un spirto del mio sangue pianga
La colpa che là giù cotanto costa. »
　Allor disse il maestro: « Non si franga
Lo tuo pensier da quì innanzi sovr'ello;
24 Attendi ad altro, ed ei là si rimanga.
　Ch'io vidi lui a piè del ponticello
Mostrarti e minacciar forte col dito,
Ed udil nominar Geri del Bello.
　Tu eri allor sì del tutto impedito
Sovra colui che già tenne Altaforte,
30 Che non guardasti in là sì fù partito. »
　« O duca mio, la violenta morte
Che non gli è vendicata ancor, diss'io,
Per alcun che dell'onta sia consorte,
　Fece lui disdegnoso; ond'ei sen gio
Senza parlarmi, sì come'io stimo;
36 Ed in ciò m'ha e' fatto a sè più pio. »
　Così parlammo insino al loco primo
Che dello scoglio l'altra valle mostra,
Se più lume vi fosse, tutto ad imo.
　Quando noi fummo in su l'ultima chiostra
Di Malebolge, sì che i suoi conversi
42 Potean parere alla veduta nostra,
　Lamenti saettaron me diversi
Che di pietà ferrati avean gli strali;
Ond'io gli orecchi con le man copersi.

27. *Et je l'oï Geri du Bel nomer*: Geri del Bello, c'est-à-dire fils de Bello. Bello fut frère de Bellincione, qui était grand-père de Dante. Geri del Bello avait donné des coups de couteau à un homme de la famille des Gemini. Il fut banni pour ce crime. Rencontré plus tard par un des Gemini, il fut à son tour assassiné, et aucune vengeance ne fut tirée de ce meurtre.

Mes ieus fichés maugré mien si avant,
Je cuid forment qu'uns espris de mon lin
La coulpe i plore qui çà jus couste tant. »
　Li mestre à moi : « Cesse d'avoir enclin
Ormais vers lui le cuer et le penser ;
24 Qu'il ci remaigne ; tu, porsui ton chemin.
　Près du poncel je le vi te monstrer
Et menacer atout le doit forment,
Et je l'oï Geri du Bel nomer.
　Tu eres lors en tel empechement
Vers cel qui tint le manoir Hautefort,
30 Que n'esgardas qu'après son partement. »
　« O mestre et guis, sa violente mort,
Di je en respons, encore n'a vengée
Aucuns de ceus qui en ont honte et tort.
　Pero eut il, je pense, l'ame irée,
Et se parti sans voloir m'araisnier ;
36 Et ce por lui a ma peine doblée. »
　Ainsi parlames jusques au lieu premier
Qui monstreroit, se plus i fust lumiere,
L'autre vaucel dans son font tout plenier.
　Quant sus nous fumes à l'encloistre derniere
De Malebouge, si que nostre veüe
42 Pooit choisir la garnison entiere,
　J'oi tost l'oïe de complaintes ferue,
Qui boujon erent de pitié tuit armé,
Et mis mes mains à l'oreille esperdue.

29. *Le manoir Hautefort :* Bertrand de Borne ; voy. ci-dessus, XXVIII, 134.

33. *Aucuns de ceus qui en ont honte et tort :* comme on voit, Dante partage l'opinion de ceux qui pensaient qu'une famille était déshonorée quand elle ne vengeait pas le meurtre par le meurtre.

Qual dolor fora, se degli spedagli
Di Valdichiana tra il luglio e il settembre,
48 E di Maremma e di Sardigna i mali
    Fossero in una fossa tutti insembre;
Tal era quivi, e tal puzzo n' usciva,
Qual suole uscir delle marcite membre.
    Noi discendemmo in su l'ultima riva
Del lungo scoglio, pur da man sinistra,
54 Ed allor fu la mia vista più viva
    Giù ver lo fondo, dove la ministra
Dell' alto sire, infallibil giustizia,
Punisce i falsator che qui registra.
    Non credo che a veder maggior tristizia
Fosse in Egina il popol tutto infermo,
60 Quando fu l'aer si pien di malizia,
    Che gli animali infino al picciol vermo
Cascaron tutti, e poi le genti antiche,
Secondo che i poeti hanno per fermo,
    Si ristorar di seme di formiche,
Ch' era a veder per quella oscura valle
66 Languir gli spirti per diverse biche.
    Qual sovra il ventre e qual sovra le spalle
L' un dell' altro giacea, e qual carpone
Si trasmutava per lo tristo calle.
    Passo passo andavam senza sermone,
Guardando ed ascoltando gli ammalati
72 Che non potean levar le lor persone.
    Io vidi duo sedere a sè poggiati,

47. *En Valdichiane:* Valdichiana, contrée de la Toscane, entre Arezzo, Cortone, Chiusi et Monte-Pulciano, est très-marécageuse et malsaine. La Maremme est une contrée maritime entre Pise et Sienne; voy. ci-dessus, Ch. XXV, 19.

CHANT XXIX.

    Com se dolroit la gent, se, dans l'esté,
    En Valdichiane, en Maremme, en Sardegne,
48 Li hospital avoient assemblé
    En un reduit tous les maus de leur regne,
    Teus ert cis lieus, et issoit la puors
    Qui seult issir d'une si faite ovregne.
    Du lonc rocher c'estoit li derniers bors;
    Nous descendimes, mais à senestre main;
54 Et ma veüe devint plus nete alors
    Jus vers le font, où du Dieu soverain
    La grans menistre justice sans faillance
    Fiert les faussaires qu'ele i registre à plain.
    Ne cuid qu'Egine veïst pior grevance
    De tout son peuple en malage cheü,
60 Quant li airs fu si emplis de nuisance
    Que gens et bestes, neïs li ver menu,
    Morurent tuit; puis li gastés païs,
    Com li poete nous l'ont ramenteü,
    Se repeupla d'homes nés de formis;
    Ainsi au font de cest oscur valon
66 Languir par tas veoit on les espris.
    Cil sur le ventre gisoit d'un compagnon,
    Cil sur le dos; et cil à quatre piés
    Se traïnoit par le sentier felon.
    Mu nous alions et à pas dehaitiés,
    Ces maubaillis esgardant, escoutant,
72 Qui ne pooient se tenir redresciés.
    Dui puié erent l'un à l'autre en seant,

---

58. *Ne cuid qu'Egine :* Voy. Ovide, *Métam.* VII, 523-660, qui raconte la maladie des gens d'Egine et le repeuplement par des fourmis métamorphosées en hommes.

CANTO XXIX.

Come a scaldar si poggia tegghia a tegghia,
Dal capo al piè di schianze maculati.
  E non vidi giammai menare stregghia
Da ragazzo aspettato dal signorso,
78 Nè da colui che mal volentier vegghia,
  Come ciascun menava spesso il morso
Dell'unghie sovra sè per la gran rabbia
Del pizzicor, che non ha più soccorso.
  E sì traevan giù l'unghie la scabbia,
Come coltel di scardova le scaglie,
84 O d'altro pesce che più larghe l'abbia.
  « O tu che con le dita ti dismaglie,
Cominciò il duca mio a un di loro,
E che fai d'esse talvolta tenaglie,
  Dinne se alcun Latino è tra costoro
Che son quinc'entro, se l'unghia ti basti
90 Eternalmente a cotesto lavoro. »
  « Latin sem noi, che tu vedi sì guasti
Qui ambedue, rispose l'un piangendo;
Ma tu chi se', che di noi dimandasti? »
  E il duca disse: « Io son un che discendo
Con questo vivo giù di balzo in balzo,
96 E si mostrar l'inferno a lui intendo. »
  Allor si ruppe lo comun rincalzo,
E tremando ciascuno a me si volse
Con altri che l'udiron di rimbalzo.
  Lo buon maestro a me tutto s'accolse,
Dicendo: « Di' a lor ciò che tu vuoli. »
102 Ed io incominciai, poscia ch'ei volse:
  « Se la vostra memoria non s'imboli
Nel primo mondo dall'umane menti,
Ma s'ella viva sotto molti soli,
  Ditemi chi voi siete e di che genti;

CHANT XXIX.

Com li covercle se puie à la tortiere,
De larges taches tout marqué et luisant.
   Onc ne mena l'estrille en tel maniere
Uns gars qu'atent ses sire entalentis,
78 Ne cil qui veut dormir sa nuit entiere,
   Com il menoient sans fin le chapleïs
Des mordans ongles sur soi, par la grant rage
De la desmange, d'ont n'est autre respis.
   Li ongle ostoient la gale à mal outrage ;
Come au poisson qui a larges escailles
84 Seult li coutaus les tollir par usage.
   « O tu qui si o les dois te desmailles,
Se prist mes dus à dire à un des lor,
Et qui en fais par fois vraies tenailles,
   Enseigne nous s'aucuns Latins est or
Entre ceus ci ; ainsi eternaument
90 Puissent ti ongle sufire à tel labor ! »
   « Latin nous somes andui, que laidement
Vois atornés, dit l'uns o plorement ;
Mais tu qui es, qui nous quiers en present ? »
   Et dit li dus : « Je sui uns qui descent
De cercle en cercle aval o ce vivant,
96 Et qui l'enfer à lui monstrer entent. »
   L'apui comun à ces mos derompant,
Tuit devers moi se tornerent tremblant,
Meïsme au loin cil qui furent oiant.
   Or li bons mestre tout à moi s'adressant :
« Di lor ce qu'as en talent de lor dire. »
102 Je començai, puis qu'il le vout atant :
   « Puist vo memoire ne s'envoler à tire
Des souvenirs du monde premerain,
Mais lonc tems vivre au lumineus empire !
   Dites qui estes et de quel gent à plain ;

CANTO XXIX.

    La vostra sconcia e fastidiosa pena
108 Di palesarvi a me non si spaventi. »
    « Io fui d'Arezzo; ed Albero da Siena,
Rispose l'un, mi fe' mettere al foco;
Ma quel perch'io morii qui non mi mena.
    Ver è ch'io dissi a lui, parlando a gioco,
Io mi saprei levar per l'aere a volo;
114 E quei che avea vaghezza e senno poco,
    Volle ch'io gli mostrassi l'arte; e solo
Perch'io nol feci Dedalo, mi fece
Ardere a tal che l'avea per figliuolo.
    Ma nell'ultima bolgia delle diece
Me per l'alchimia che nel mondo usai,
120 Dannò Minos, a cui fallar non lece. »
    Ed io dissi al poeta: « Or fu giammai
Gente sì vana come la sanese?
Certo non la francesca sì d'assai. »
    Onde l'altro lebbroso che m'intese
Rispose al detto mio: « Trammene Stricca,
126 Che seppe far le temperate spepe,
    E Niccolò, che la costuma ricca
Del garofano prima discoperse
Nell'orto dove tal seme s'appicca;

109. *Je sui d'Areze; et Albero de Sienne :* cet homme d'Arezzo se nommait Griffolino et était alchimiste. Il alla à Sienne pour y chercher fortune; il se lia là avec un jeune homme nommé Albero, qui passait pour le fils de l'évêque. Un soir, à table, il se vanta de pouvoir lui enseigner l'art de voler dans les airs et d'entrer ainsi par la fenêtre chez les dames qui lui plairaient. Albero, ravi, lui fit beaucoup de dons, et finalement réclama l'art de voler. Griffolino le traita de fou et naturellement ne put lui enseigner rien de pareil. Albero se plaignit à l'évêque, qui fit brûler Griffolino comme hérétique.

CHANT XXIX.

Que vostre laide et vergogneuse pene
108 Ne vous estraie de m'en faire certain. »
« Je sui d'Areze ; et Albero de Siene,
Respondi l'uns, me fist ardoir en feu ;
Mais ce por quoi fui ars, ci ne me mene.
Je di, voire est, lui parlant com par jeu,
Que me sauroie lever en l'air par vol ;
114 Et il, aïant moult talent et sens peu,
Rova que l'art lui monstrasse, et, pour sol
Que je nel fis Dedale, il me brusla
Par celui qui tenoit por filh ce fol.
Minos la disme des bouges m'ajuja,
Por l'alchimie qu'au monde j'oi trop chere ;
120 Faillir ne loist à ce juge de là. »
Je au poete : « Fu mais gent si legere
Com la Siennoise et de tel vanité?
Jà la Françoise à moult près n'i compere. »
Li autre ladre, qui m'avoit escolté,
Me respondi : « Trai m'ent du moins le Striche,
126 En ses despenses sachant et atempré,
Et Niccolo, qui la coustume riche
Du cher girofle li premiers descovri,
Dans le jardin où teus graine se fiche.

---

125. *Trai m'ent du moins le Striche :* ceci est dit par ironie. Stricca fut un jeune Siennois qui paraît avoir appartenu à la bande dont il est question ci-dessous, et qui fut loin d'être *sachant et atempré*.

127. *Et Niccolo :* Niccolo fut le premier qui enseigna à mettre des clous de girofle dans les faisans et les perdrix.

129. *Dans le jardin :* passage obscur. Plusieurs commentateurs entendent que le *jardin* est Sienne, et la *graine* est la *coutume riche*, l'art de piquer les faisans avec le girofle, qui *se fiche*, c'est-à-dire prend racine dans le luxe et la bonne chère.

E tranne la brigata in che disperse
Caccia d'Ascian la vigna e la gran fronda,
132 E l'Abbagliato il suo senno proferse.

Ma perchè sappi chi si te seconda
Contra i Sanesi, aguzza ver me l'occhio
Sì che la faccia mia ben ti risponda;

Sì vedrai ch'io son l'ombra di Capocchio,
Che falsai li metalli con alchimia,
E ten dee ricordar, se ben t'adocchio,
139 Com' io fui di natura buona scimia. »

130. *Trai m'ent aussi ceste route:* la *route* ou bande fut une association dite *godericia*, qui se forma à Sienne entre douze jeunes gens fort riches qui voulurent étonner le monde par leur bonne chère et leur luxe. Ils déposèrent chacun 18,000 florins d'or. Ils construisirent un palais où chacun avait une chambre magnifique; et deux fois par mois les associés se réunissaient à une table somptueusement servie. L'association ne dura que dix mois, et ses membres ruinés devinrent la risée de la ville.

CHANT XXIX.

 Trai m'ent aussi ceste route où fondi
 Cache d'Ascian sa vigne et ses grans bois,
132 Et l'Abbaliat son sens i espandi.
 Mais, por aprendre qui contre les Sienois
 Ainsi t'aïde, voi me mieus et plus proche,
 Si que ma face ne te soit en desfois ;
 Si tu verras que sui l'ombre Capoche
 Par alchimie qui faussai les metaus ;
 Membrer te doit, se mes veoirs ne cloche,
139 Que je fui singe à nature feaus. »

131. *Cache d'Ascian... l'Abbaliat :* Caccia d'Ascian et l'Abbagliato appartenaient à l'association. Caccia d'Ascian, fort riche, y donna son argent ; et l'Abbagliato, qui n'avait pas d'argent, y donna son esprit.

136. *L'ombre Capoche :* Capocchio connut Dante, ainsi qu'on le voit ici. Il fut brûlé vif à Sienne comme alchimiste. Les commentateurs disent qu'il était habile à contrefaire toute personne et toute chose.

CHANT XXX

HUITIÈME CERCLE; DIXIÈME BOUGE: FAUSSAIRES DE TOUTE ESPÈCE; MYRRHA; GIANNI SCHICCHI; MAITRE ADAM; LE GREC SINON.

Le xxix° chant et celui-ci sont les seuls où Dante introduit la maladie comme supplice infligé à une catégorie de damnés. Il est certain qu'avec les seules maladies il pouvait peupler tout son enfer, et suffire amplement aux exigences de la justice divine telle que son temps la concevait. Mais ou bien il n'a songé que tard dans l'avancement de son œuvre à ce genre de souffrances, ou bien il n'y a pas vu un champ assez vaste au jeu de sa fantaisie.

Quoi qu'il en soit, nous nous intéressons à ce pauvre hydropique, maître Adam, qui, tourmenté par une soif ardente, peint si bien le charme des eaux fraîches et de leurs rives verdoyantes en son pays natal. Dans ces occasions, Dante trouve un touchant langage, et fait vibrer en nous notre naturelle miséricorde.

Mais, à mon sens, on ne peut donner aucune louange à l'étrange dialogue qu'il établit entre maître Adam et Sinon du cheval de Troie. C'est un échange de coups et d'injures. Même à une scène de grossièretés et de violences il eût été possible de nous attacher, si les personnages avaient été les représentants historiques de luttes acharnées ou de violentes polémiques. Mais ici rien de pareil. Quoi de commun entre un faux monnayeur italien et le personnage qui figure dans la légende de la guerre de Troie? Aussi Virgile admoneste-t-il sévèrement son compagnon pour avoir complaisamment prêté l'oreille à cette vilaine dispute. On ne peut que se ranger à l'avis de Virgile. Comment donc expliquer que Dante ait gardé ce passage, qu'il blâme lui-même par la bouche du poëte romain? Probablement il se laissa aller à cette débauche pour mieux justifier le titre de comédie donné à son poëme, puis, n'en étant pas content et ne voulant pas l'effacer, il se fit dire par Virgile ce que lui-même en pensait.

CANTO XXX

    Nel tempo che Giunone era crucciata
Per Semelè contra il sangue tebano,
    Come mostrò una ed altra fiata,
Atamante divenne tanto insano,
Che veggendo la moglie con duo figli
6 Andar carcata da ciascuna mano,
    Gridò : « Tendiam le reti, sì ch' io pigli
La lionessa e i lioncini al varco ; »
E poi distese i dispietati artigli,
    Prendendo l'un che avea nome Learco,
E rotollo, e percosselo ad un sasso ;
12 E quella s'annegò con l'altro carco.
    E quando la fortuna volse in basso
L' altezza de' Trojan che tutto ardiva,
Si che insieme col regno il re fu casso,
    Ecuba trista, misera e cattiva,
Poscia che vide Polissena morta,
18 E del suo Polidoro in su la riva
    Del mar si fu la dolorosa accorta,
Forsennata latrò sì come cane ;
Tanto il dolor le fe' la mente torta.
    Ma nè di Tebe furie nè trojane

1. *Dans le tems où Junons ert aïrée :* tout ce qui concerne Athamas et sa femme Ino est pris à Ovide, Métam., II, 253-215.

CHANT XXX

    Dans le tems où Junons ert aïrée
Por Semelé contre le sanc thebain,
Come el monstra une et autre fiée,
    Du sens issi Athamas si soudain,
Que, choisissant sa moillier qui venoit
6 D'un filh chargée en l'une et l'autre main,
    Cria en haut : Tendons les roiz à droit;
La lionesse et si faon sont là,
Et, estendant tost un bras maleoit,
    L'un qui Learque avoit nom, il combra,
Et contre un roc le froissa tout sanglant ;
12 La mere, o l'autre en ses bras, se noia.
    Et quant fortune abati le bobant,
Qui osoit tout, des Troiens poestis,
Si qu'il perdirent regne et roi d'un tenant,
    Hecube, triste, chetive et sans amis,
Puis qu'ot veü Polyxene murdrie,
18 Et que mar eut en la marine apris
    Com Polidore ses fils feni sa vie,
En forsenée aboia come chiene,
Tant par dolor ele fu esmarie !
    Mais ne furor troiene ne thebene

---

19. *Come Polidore ses fils feni sa vie* : Polydore fut assassiné par l'ordre du roi de Thrace, à qui Priam l'avait confié ; voy. Virgile, *En.*, III.

CANTO XXX.

    Si vider mailin alcun tanto crude,
24 Non punger bestie, non che membra umane,
    Quant' io vidi in due ombre smorte et nude,
    Che mordendo correvan di quel modo
    Che il porco quando del porcil si schiude.
    L'una giunse a Capocchio, e in sul nodo
    Del collo l'assannò sì che, tirando,
30 Grattar fece il ventre al fondo sodo.
    E l'Aretin, che rimase tremando,
    Mi disse : « Quel folletto è Gianni Schicchi,
    E va rabbioso altrui così conciando. »
    « Oh, diss'io lui, se l'altro non ti ficchi
    Li denti addosso, non ti sia fatica
36 A dir chi è, pria che di qui si spicchi. »
    Ed egli a me : « Quell' è l'anima antica
    Di Mirra scellerata, che divenne
    Al padre, fuor del dritto amore, amica.
    Questa a peccar con esso così venne,
    Falsificando sè in altrui forma,
42 Come l'altro che là sen va sostenne,
    Per guadagnar la donna della torma,
    Falsificare in sè Buoso Donati,
    Testando e dando al testamento norma. »
    E poi che i due rabbiosi fur passati

---

31. *Et l'Arezans:* Griffolino ; voy. ci-dessus, XXIX, 109.

38. *De Mirrhe antie:* voy. dans Ovide, Métam., X, 298-502, l'histoire de Myrrha. Elle était fille de Cyniras, roi de Chypre.

42. *Si come fist l'autre qui s'en va or:* cet autre est Gianni Schicchi, de la famille des Cavalcanti de Florence. Il joua le principal rôle dans une fraude assez analogue à celle que Regnard a mise sur la scène dans *le Légataire universel.* Buoso Donati (voy. ci-dessus, XXV, 140) mourut, et Simon Donati, craignant que l'héritage ne lui re-

CHANT XXX. 391

Ne se vi onque tant felenesse en nus
24 Por poindre bestes, non que la gent humene,
Come je vi en deus pales et nus,
Qui s'en coroient, mordant semblablement
À pors en haste de lor toit fors issus.
L'uns à Capoche vint et lui mist le dent
Au haterel, si que, jus l'abatant,
30 Lui fist froier le ventre au pavement.
Et l'Arezans, qui remanoit tremblant,
Dit : « Cis damnés est Schicchi li trichere,
Qui va par rage autrui si acesmant. »
« Oh ! di je, puist li autre ne te fere
Morsure au dos ! Si veuille m'enseigner,
36 Ains qu'il s'en aille, qui est l'autre pechere ! »
Et il à moi : « C'est l'ame à resoigner
De Mirrhe antie, qui, contre droite amor,
Devint la drue son pere par tricher.
Ele torna celui à pecheor,
En autrui forme malement se faussant,
42 Si come fist l'autre qui s'en va or,
Por gaagner l'ive seignoriant,
Un faus Donat presentant au notaire
Et com li vrais sans plus testamentant. »
Quant passé furent cil dui de fol afaire,

vint pas, demanda conseil à Schicchi. Celui-ci, habile à contrefaire la voix et les manières des autres, fut mis dans le lit du défunt, qu'on en retira, et là, un notaire étant appelé, il dicta un testament en règle dans lequel il ne s'oublia pas. Entre autres, il s'adjugea la mule de Buoso Donati, qui était la meilleure de la Toscane ; d'autres disent que c'était une jument à laquelle Buoso Donati avait donné le nom de *Madonna Tonina*. Simon fut obligé d'en passer par ce que voulut le faux testateur.

46. *Cil dui de fol afaire :* Myrrha et Schicchi.

Sovra cui io avea l'occhio tenuto,
48 Rivolsilo a guardar gli altri mal nati.
    Io vidi un fatto a guisa di liuto,
Pur ch'egli avesse avuta l'anguinaja
Tronca dal lato che l'uomo ha forcuto.
    La grave idropisia che si dispaja
Le membra con l'umor che mal converte,
54 Che il viso non risponde alla ventraja,
    Facea a lui tener le labbra aperte,
Come l'etico fa, che per la sete
L'un verso il mento e l'altro in su riverte.
    « O voi che senza alcuna pena siete,
E non so io perchè, nel mondo gramo,
60 Diss' egli a noi, guardate e attendete
    Alla miseria del maestro Adamo;
Io ebbi, vivo, assai di quel ch' io volli,
Ed ora, lasso! un gocciol d'acqua bramo.
    Li ruscelleti, che dei verdi colli
Del Casentin discendon giuso in Arno,
66 Facendo i lor canali freddi e molli,
    Sempre mi stanno innanzi, e non indarno;
Chè l'imagine lor vie più m'asciuga
Che il male ond' io nel volto mi discarno.
    La rigida giustizia che mi fruga
Tragge cagion del loco ov' io peccai,
72 A metter più gli miei sospiri in fuga.
    Ivi è Romena, là dov' io falsai

---

60. *Gardés et atendés A mestre Adam et sa grant marrison:* maître Adam se sert ici du langage de l'Écriture; voy. XXVIII, 132, le passage cité dans la note. Il était de Brescia. Appelé à Romena, village de Casentin, par les comtes de Romena, il [y fabriqua, par leur commande-

CHANT XXX.

Sur cui j'avoie sempre les ieus tenus,
48 Jes retornai aus autres de male aire.

Uns là eüst semblé estre un leüs,
Se il tranchés eüst esté dans l'aine,
Là en droit où li hom est forcheüs.

L'hidropisie, qui fait la forme humaine
Si se desfaire par humor mal venant
54 Qu'à ventre plein ne respont face pleine,

Tenoit ses levres entr'overtes à tant,
Com fait l'etique, qui, de soif apressés,
Sus torne l'une et a l'autre pendant.

« Sans peine aucune ô vous qui vous monstrés,
Ne sai porquoi, en ce monde felon,
60 Dit il à nous, gardés et atendés

À mestre Adam et sa grant marrison ;
Ce que je vou, l'oï à plenté vivant,
Et un poi d'eve je rove ore en pardon.

Li rieu qui vont dans l'Arno descendant
Des vers costieres du païs Casentin,
66 L'eve et le frais à lor rives portant,

Devant mes ieus se presentent sans fin,
Non vainement ; car l'image m'en tue
Plus du malage qui me fait si frarin.

L'aspre justice dont la rigors m'argue
Prent sa raison du lieu où je pechai,
72 Por greignor faire de mes sospirs issue ;

Là est Romene ; ce fu où je faussai

---

ment, de faux florins d'or de Florence. Il fut brûlé à Florence pour crime de fausse monnaie.

65. *Du païs Casentin :* le Casentin est une province du Valdarno, entre le torrent Duccaria et l'Arno, jusqu'aux confins du territoire d'Arezzo.

La lega suggellata del Batista,
Perch' io il corpo su arso lasciai.
 Ma s' io vedessi qui l' anima trista
Di Guido, o d'Alessandro, o di lor frate,
78 Per fonte Branda non darei la vista.
 Dentro c'è l'una già, se le arrabbiate
Ombre che vanno intorno dicon vero ;
Ma che mi val, che ho le membra legate?
 S' io fossi pur di tanto ancor leggiero
Ch' io potessi in cent' anni andare un' oncia,
84 Io sarei messo già per lo sentiero,
 Cercando lui tra questa gente sconcia,
Con tutto ch' ella volge undici miglia,
E men d'un mezzo di traverso non ci ha.
 Io son per lor tra sì fatta famiglia ;
Ei m' indussero a battere i fiorini
90 Che avevan tre carati di mondiglia. »
 Ed io a lui : « Chi son li due tapini
Che fuman come man bagnata il verno,
Giacendo stretti a' tuoi destri confini? »
 « Quì li trovai, e poi volta non dierno,
Rispose, quando piovvi in questo greppo,
96 E non credo che dieno in sempiterno.
 L' una è la falsa che accusò Giuseppo ;
L' altro è il falso Sinon greco da Troja ;

---

74. *Jehan Baptiste et son leal aloi :* le florin de Florence avait, sur une face, la tête de saint Jean Baptiste, patron de la ville, et, sur l'autre, une fleur de lis, d'où le nom de florin.

77. *L'ame Guion, Alexandre ou lor frere :* il s'agit de Guido II, comte de Romena, et de ses deux frères, tous trois faux monnayeurs.

78. *La font Branda :* il y avait à Sienne une fontaine

CHANT XXX.

Jehan Baptiste et son leal aloi;
D'ont sus fu ars mes cors que je laissai.
   Mais se veïsse venir en ce chastoi
L'ame Guion, Alexandre ou lor frere,
78 La fons Branda ne vaudroit tant por moi.
   L'une i est jà, se bien content l'afere
Cil enragé qui entor vont corant;
Mais que me vaut? je ne puis un pas fere.
   S'encor eüsse force d'aler avant,
En cent années, d'un pouce solement,
84 Jà je seroie au sentier cheminant,
   Et le querroie en ceste gaste gent,
Tout qu'onze miles cis vaus ait de tornée,
Et li travers plus d'un mile porprent.
   Je sui par eus en si faite assemblée;
Il m'enduisirent à batre le florin
90 Où trois carat de cuivre orent entrée. »
   Et je à lui : « Qui sont cil dui tapin
Fumant com fume en iver mains baignée,
Gisant estroit, à destre ti voisin? »
   « Jes ci trovai; n'ont fait nule crolée,
Puis que, dit il, j'aplu en tel destresse,
96 Ne ne feront, je cuid, en la durée.
   L'une est la fausse vers José felenesse,
L'autre est li faus Sinons, li Gris de Troie;

Branda; la plupart des commentateurs croient que Dante parle ici de celle-là; mais d'autres disent, avec apparence de raison, qu'il nomme la fontaine Branda de Romena, qui est aujourd'hui desséchée.

97. *L'une est la fausse*: la femme de Putiphar, voy. Genèse, XXXIX, 6-23.

98. *L'autre est li faus Sinons*: voy. dans l'*Enéide*, II, comment Sinon induisit les Troyens à recevoir le cheval de bois dans leurs murailles.

Per febbre acuta gittan tanto leppo. »
E l'un di lor che si recò a noja
Forse d'esser nomato sì oscuro,
102 Col pugno gli percosse l'epa croja.
Quella sonò come fosse un tamburo;
E maestro Adamo gli percosse il volto
Col braccio suo, che non parve men duro,
Dicendo a lui : « Ancor che mi sia tolto
Lo mover, per le membra che son gravi,
108 Ho io il braccio a tal mestier disciolto. »
Ond' ei rispose : « Quando tu andavi
Al foco, non l'avei tu così presto;
Ma sì e più l'avei quando coniavi. »
E l'idropico : « Tu di' ver di questo;
Ma tu non fosti sì ver testimonio
114 Ove del ver fosti a Troja richiesto. »
« S'io dissi falso, e tu falsasti il conio,
Disse Sinon, e son qui per un fallo,
E tu per più che alcun altro dimonio. »
« Ricorditi, spergiuro, del cavallo,
Rispose quel ch' aveva enfiata l'epa,
120 E sieti reo che tutto il mondo sallo. »
« A te sia rea la sete onde ti crepa,
Disse il Greco, la lingua, e l'acqua marcia
Che il ventre innanzi agli occhi sì t' assiepa. »
Allora il monetier : « Così si squarcia
La bocca tua per dir mal come suole;
126 Chè, s' io ho sete ed umor mi rinfarcia,
Tu hai l'arsura e il capo che ti duole;
E per leccar lo specchio di Narcisso,
Non vorresti a invitar molte parole. »

128. *Le miroir de Narcis:* le miroir de Narcisse est l'eau.

CHANT XXX.

Les fait la fievre fumer tante orde gresse. »
    Et li uns d'eus, cui, espoir, il anoie
Estre nomé o si faite villé,
102 Du poing le fiert au ventre qui ne ploie,
    Et qui sona com tabors en verté.
Et maistre Adams le refiert au visage
D'un bras qui semble de non menor durté,
    Disant : « Des membres se j'ai perdu l'usage,
Qui trop me poisent por avant me movoir,
108 À tel besogne est mes bras sans malage. »
    « Quant, dit li autre, on te menoit ardoir,
Le bras n'avoies, mais tu l'avoies fort
Quant tu faisoies cuivre por or valoir.
    Et l'hidropique : « Tu dis vrai et n'as tort;
Mais tu ne fus vrais en ce tesmoignage
114 Où fus semons en la troiene cort. »
    « Se j'ai dit faus, tu faussas monoiage,
Reprist Sinons ; ci sui por un mesfait,
Et tu por plus que nus du mal lignage. »
    Cil cui li ventres ert enflés à dehait :
« De ton cheval soviene toi, parjure ;
120 Ta peine soit que tous li mons le sait. »
    « Et peine à toi la sois de cui l'arsure
Te fent la langue, et peine que la panse
Te monte haut, dit l'autre, à desmesure. »
    Li monoiers : « Com tu seus par usance,
Por dire mal ta boche s'esquartele ;
126 Se j'ai par l'eve et par la soif grevance,
    Tu as la fievre qui ta teste martele ;
Et por lecher le miroir de Narcis,
Tu ne vorroies lonc conseil ne favele. »

Ad ascoltarli er'io del tutto fisso,
Quando il maestro mi disse : « Or pur mira,
132 Che per poco è che teco non mi risso. »
  Quand' io il sentii a me parlar con ira,
Volsimi verso lui con tal vergogna,
Che ancor per la memoria mi si gira.
  E quale è quei che suo dannaggio sogna,
Che, sognando, desidera sognare,
138 Sì che quel ch'è, como non fosse, agogna ;
  Tal mi fec' io, non potendo parlare ;
Chè desiava scusarmi, e scusava
Me tuttavia, e nol mi credea fare.
  « Maggior difetto men vergogna lava,
Disse il maestro, che il tuo non è stato ;
144 Però d'ogni tristizia ti disgrava.
  E fa ragion ch'io ti sia sempre allato,
Se più avvien che fortuna t'accoglia
Ove sien genti in simigliante piato ;
148 Chè voler ciò udire è bassa voglia.

CHANT XXX.

À escolter j'ere tous ententis,
Quant li miens mestre me rampona : « Remire,
132 Qu'à peu ne sui vers toi mautalentis. »

Quant je l'oï me parler avec ire,
Je me tornai vers lui si vergogneus
Qu'encor m'en est la memoire à martire.

Com cil qui fait quelque songe greveus,
A en songeant le desir de songer,
138 Si qu'à ses ieus ce qui est ne soit teus;

Tel me monstrai, empesché de parler;
Car m'escuser je voloie, et par tant
Bien m'escusoie sans croire m'aquiter.

« Moindre vergogne lave faute plus grant,
Me dit li mestre, que la toie a esté;
144 Adonques met ta tristesse à neant.

Bien te soviene m'estre sempre au costé,
S'encore avient que fortune te mene
Où ait debat entre tel gent levé;
148 Voloir l'oïr est volontés vilene. »

CHANT XXXI

LE PUITS DES GÉANTS; NEMBROD, ÉPHIALTÈS ET ANTÉE.

Ce chant n'est pas heureux. Ni la poésie, ni la fantaisie n'en rachètent la conception. A quel titre introduire les géants dans l'enfer? Que Nembrod soit damné, on accepte cette damnation; car il a offensé Jéhovah, qui est aussi le Dieu des chrétiens. Mais les géants de la mythologie n'ont point péché contre la majesté divine du Dieu unique que le vieux et le nouveau Testament annoncent. Dante note, à la vérité, qu'ils assaillirent le grand Jupiter, et l'on pourrait penser qu'à ses yeux ce grand Jupiter n'est qu'un autre nom du créateur du ciel et de la terre; mais il se charge lui-même de nous ôter toute interprétation de ce genre, quand il ajoute qu'ils firent peur aux dieux. C'est donc bien contre les dieux du paganisme qu'ils engagèrent la lutte où ils furent vaincus. Dès lors quel crime, quelle impiété y eut-il de leur part à s'attaquer à des êtres démoniaques que la chrétienté regardait comme les auteurs de l'antique idolâtrie?

CANTO XXXI

    Una medesma lingua pria mi morse,
Sì che mi tinse l'una e l'altra guancia,
E poi la medicina mi riporse.
    Così od'io che soleva la lancia
D'Achille e del suo padre esser cagione
6 Prima di trista e poi di buona mancia.
    Noi demmo il dosso al misero vallone
Su per la ripa che il cinge d'intorno,
Attraversando senza alcun sermone.
    Quivi era men che notte e men che giorno,
Sì che il viso m'andava innanzi poco;
12 Ma io sentii sonare un alto corno,
    Tanto ch'avrebbe ogni tuon fatto fioco,
Che, contra sè la sua via seguitando,
Dirizzò gli occhi miei tutti ad un loco.
    Dopo la dolorosa rotta, quando
Carlo Magno perdè la santa gesta,
18 Non sonò sì terribilmente Orlando.
    Poco portai in là volta la testa,
Che mi parve veder molte alte torri;
Ond'io : « Maestro, di' che terra è questa? »
    Ed egli a me : « Però che tu trascorri

---

18. *Tant ne sona Rolans du cor d'ivoire* : nos anciennes chansons de geste racontent qu'à la fin de la journée de

CHANT XXXI

    Meïsme langue me fist la blesseüre
Qui me teigni de rouge la semblance,
Puis m'aporta la mecine et la cure ;
    Ainsi j'oï que jà l'Achile lance,
Qui fu son pere, soloit estre ochoison
6 Prime de male, puis de bone cheance.
    Le dos tornames au dolereus valon
Sus par la rive qui le ceint à l'entor,
En traversant sans nul autre sermon.
    Là moins que nuit avoit et moins que jor,
Si qu'aloit peu mes regars en avant ;
12 Mais j'entendi retentir un haut cor
    Qui feïst sourt tout son à l'avenant ;
Et, le suiant à rebours en son oire,
Tout je dressai mes ieus en un tenant.
    Dans la jornée de dolente memoire
Où Charlemaine la sainte gent perdi,
18 Tant ne sona Rolans du cor d'ivoire.
    La teste à peine oi je portée ainsi,
Que me sembla moult hautes tors veoir ;
D'ont je : « O mestre, di, queus terre est ce ci ? »
    Et il à moi : « Come dans ce lieu noir

Roncevaux Roland, pour appeler Charlemagne à son aide, sonna du cors, dont le bruit se fit entendre à *bien trente lieues*.

Per le tenebre troppo dalla lungi,
24 Avvien che poi nel maginare aborri.
Tu vedrai ben, se tu là ti congiungi,
Quanto il senso s'inganna di lontano;
Però alquanto più te stesso pungi. »
Poi caramente mi prese per mano,
E disse : « Pria che noi siam più avanti,
30 Acciò che il fatto men ti paja strano,
Sappi che non son torri, ma giganti,
E son nel pozzo intorno della ripa
Dall' umbilico in giuso tutti quanti. »
Come, quando la nebbia si dissipa,
Lo sguardo a poco a poco raffigura
36 Ciò che cela il vapor che l'aere stipa;
Così, forando l'aura grossa e scura,
Più e più appressando in ver la sponda,
Fuggémi errore e crescémi paura.
Però che come in su la cerchia tonda
Montereggion di torri si corona,
42 Così la proda che il pozzo circonda
Torreggiavan di mezza la persona
Gli orribili giganti, cui minaccia
Giove del cielo ancora quando tuona.
Ed io scorgeva già d'alcun la faccia,
Le spalle e il petto, e del ventre gran parte,
48 E per le coste giù ambo le braccia.
Natura certo, quando lasciò l'arte
Di sì fatti animali, assai fe' bene
Per torre tali esecutori a Marte.
E s'ella d'elefanti e di balene
Non si pente, chi guarda sottilmente

41. *Montereggion de grans tors sc corone:* Montereg-

CHANT XXXI. 405

    Tu fais aval trop courir ta veüe,
24 Si tes cuidiers s'esgare loin du voir.
    Bien verras tu, se ne fais arestue,
Come li sens se deçoit au lointain ;
Pero un peu fai haste et t'esvertue. »
    Puis cherement me prist il par la main :
« Ains que, dit il, nous soions plus avant,
30 Si que la chose ne t'esmaie aparmain,
    Ce ne sont tor, sache, ce sont geant ;
Et dans le puit sur la rive à l'entor
Il, du nombril aus piés, sont tant et quant. »
    Lorsque la nieble retrait sa tenebror,
Li œils desmele peu à peu la figure
36 De ce qui ert celés en la vapor ;
    Ainsi, perçant l'air de la combe oscure
Et m'aprochant plus et plus vers l'esponde,
Errors s'en fuit, paors vient à mesure.
    Come au somet du mont à la reonde
Montereggion de grans tors se corone,
42 Si sur la rive entor le puit immonde
    Haut toreloient, de demi lor persone,
Li fier geant horrible, que menace
Jupins encore, quant sus au ciel il tone.
    Je choisissoie jà d'un d'entre eus la face,
Le dos, le pis et du ventre grant part
48 Et tout le lonc des costes sa grant brasse.
    Nature certes, quant se parti de l'art
De ces cors faire, fu granment à loer,
Ostant à Mars teus mains por son essart.
    S'el n'ot pentir d'oliphans engendrer
Ne de balenes, cil qui a jugement

gion était un château à six milles de Sienne, bâti en 1213,
et couronné de douze tours très-hautes.

54 Più giusta e più discreta la ne tiene;
Chè dove l'argomento della mente
Si giunge al mal volere ed alla possa,
Nessun riparo vi può far la gente.
La faccia sua mi parea lunga e grossa
Come la pina di San Pietro a Roma,
60 E a sua proporzione eran l'altre ossa;
Sì che la ripa, ch'era perizoma
Dal mezzo in giù, ne mostrava ben tanto
Di sopra, che di giungere alla chioma
Tre Frison s'averian dato mal vanto;
Però ch'io ne vedea trenta gran palmi
66 Dal loco in giù dov'uom s'affibbia il manto.
Rafèl mai amech zabi almi,
Cominciò a gridar la fiera bocca,
Cui non si convenian più dolci salmi.
E il duca mio ver lui: « Anima sciocca,
Tienti col corno, e con quel ti disfoga,
72 Quand'ira, o altra passion ti tocca.
Cercati al collo, e troverai la soga
Che il tien legato, o anima confusa,
E vedi lei che il gran petto ti doga. »
Poi disse a me : « Egli stesso s'accusa;
Questi è Nembrotto, per lo cui mal coto

---

59. *Com est à Rome la pome de Saint Piere:* une pomme de pin en bronze ornait jadis le mausolée d'Adrien (château Saint-Ange). Après l'année 366, le pape Damase fit dans le parvis de la Basilique Vaticane une fontaine pour l'usage des pèlerins, à laquelle le pape Symmaque, après l'année 498, fit une couverture de métal, et il posa dessus cette pomme de pin. Quand on bâtit la présente église, la pomme de pin fut transportée dans le jardin du Belvédère, près du Vatican (note de M. Scartazzini, dans son éd. de 1874, Leipzig).

CHANT XXXI. 407

54 L'en tient plus juste et plus sage à l'ouvrer ;
　Car où en un l'engins d'entendement
　À mal voloir se joint et à puissance,
　Nule defense ne peut faire la gent.

　　Sa face estoit longue et grosse en semblance
　Come est à Rome la pome de Saint Piere,
60 Et ses cors ert à ceste mesurance ;

　　Si que la rive, qui en quelque maniere
　Vestoit le bas, monstroit du haut bien tant
　Que de toucher jusqu'à sa cheveciere

　　À tort iroient trois Frison se vantant ;
　Car j'en veoie trente palmes ainsi
66 Depuis le nœu du col en descendant.

　　« Rafel mai amech zabi almi, »
　Si comença crier la boche fiere ;
　Saume plus dous ne convenoit à li.

　　Mes dus à lui : « Ame sote aversiere,
　Tien toi au cor ; o le cor done voie
72 À passion ou ire qui te fiere.

　　Cherche à ton col, troveras la corroie
　Qui te le tient lié, ame confuse,
　Et voi qu'entor du pis el se reploie. »

　　Puis dit à moi : « Il meïsme s'acuse ;
　Cis est Nembrot, por la cui male pense

---

64. *Trois Frisons :* les hommes de la Frise sont de haute taille.

67. *Rafel mai,* etc. : ces mots ont été l'objet de beaucoup d'explications. On les a expliqués par l'hébreu ou le chaldéen. Mais plus bas Dante déclare lui-même que Nembrod parle un langage que personne n'entend, et qu'il n'entend le langage de personne. Il est donc tout à fait inutile d'en chercher le sens.

77. *Nembrod, por la cui male pense :* Nembrod, roi de Babylone, et les siens bâtirent la tour de Babel ; d'où

78 Pure un linguaggio nel mondo non s'usa.
   Lasciamlo stare, e non parliamo a voto;
   Chè così è a lui ciascun linguaggio
   Come il suo ad altrui che a nullo è noto. »
   Facemmo adunque più lungo viaggio
   Volti a sinistra; ed al trar d'un balestro
84 Trovammo l'altro assai più fiero e maggio.
   A cinger lui, qual che fosse il maestro,
   Non so io dir, ma ei tenea succinto
   Dinanzi l'altro, e dietro il braccio destro
   D'una catena che il teneva avvinto
   Dal collo in giù, sì che in su lo scoperto
90 Si ravvolgeva infino al giro quinto.
   « Questo superbo volle essere sperto
   Di sua potenza contra il sommo Giove,
   Disse il mio duca; ond' egli ha cotal merto.
   Fialte ha nome, e fece le gran prove
   Quando i giganti fer paura a' dei;
96 Le braccia ch'ei menò giammai non move. »
   Ed io a lui : « S'esser puote, io vorrei
   Che dello ismisurato Briareo
   Esperienza avesser gli occhi miei. »
   Ond' ei rispose : « Tu vedrai Anteo
   Presso di qui, che parla ed è disciolto,
102 Che ne porrà nel fondo d'ogni reo.
   Quel che tu vuoi veder più là è molto,

vint, par une punition de Dieu, la confusion des langues; voy. Gen., X, 8, 10.

94. *C'est Ephialte:* Ephialtes, fils de Neptune et d'Iphimédie, femme d'Aloeus, et frère d'Otus. Tous deux étaient nommés les Aloïdes; ils prirent part à la guerre contre les dieux; voy. *Iliade*, V, 385, et *Odyssée*, XI, 304.

95. *L'énorme Briarée:* Briarée était un des trois géants aux cent bras, et fils d'Uranus et de la Terre.

CHANT XXXI.

78 Uns seus langage dans le monde ne s'use.
  Laissons le là, sans vaine reparlance ;
Car il n'entent de nessun le langage,
Non plus qu'aucuns n'a du sien conoissance. »
  Donques feïmes plus lonc nostre voiage
À main senestre ; et à trait d'arbalestre
84 Trovames l'autre moult plus grant et sauvage.
  Je ne sauroie dire queus fu li mestre
Qui le ceigni; mais li bras destre arrier
Estoit liés, et devant li senestre,
  D'une chaene qui du col au braïer
L'enserroit si qu'ele faisoit cinq fois
90 Sur la partie à nu un tor entier.
  « Cis orgueilleus, par outrageus bufois,
Vout s'esprover o le grant dieu Jupin,
Dit li miens dus ; mais ce fu sur son pois ;
  C'est Ephialte ; il tenta le destin,
Quant li geant firent paor aus dieus ;
96 Plus ne meut il ses bras à la parfin. »
  Moult je vorroie, lui di je, se tu peus,
Que tu me lais l'enorme Briarée
Veoir à plain vraiement de mes ieus. »
  Il respondi : « Tost tu verras Antée,
Qui nous mettra jus au font de tout mal ;
102 Il parle, et n'a corde entor soi liée.
  L'autre que quiers a plus loin son estal,

---

100. *Tost tu verras Antée :* Antée, fils de Neptune et de la Terre, se nourrissait de la chair des lions et reprenait ses forces dès qu'il touchait la Terre sa mère. Hercule le vainquit en l'étouffant entre ses bras.

102. *Il parle :* Antée est dit parler, par opposition à Nembrod, dont le langage est inintelligible.

Ed è legato e fatto come questo,
Salvo che più feroce par nel volto. »
　　Non fu tremoto già tanto rubesto
Che scotesse una torre così forte,
108 Come Fialte a scotersi fu presto.
　　Allor temetti più che mai la morte,
E non v'era mestier più che la dotta,
S'io non avessi viste le ritorte.
　　Noi procedemmo più avanti allotta,
E venimmo ad Anteo, che ben cinqu'alle,
114 Senza la testa, uscia fuor della grotta.
　　« O tu, che nella fortunata valle
Che fece Scipion di gloria ereda,
Quando Annibal co' suoi diede le spalle,
　　Recasti già mille lion per preda,
E che, se fossi stato all'alta guerra
120 De' tuoi fratelli, ancor par ch'e' si creda
　　Che avrebber vinto i figli della terra,
Mettine giuso, e non ten venga schifo,
Dove Cocito la freddura serra.
　　Non ci fa ire a Tizio nè a Tifo:
Questi può dar di quel che qui si brama;
126 Però ti china, e non torcer lo grifo.
　　Ancor ti può nel mondo render fama;
Ch'ei vive, e lunga vita ancora aspetta,
Se innanzi tempo grazia a sè nol chiama. »
　　Così disse il maestro; e quegli in fretta
La man distese, e prese il duca mio,
132 Ond' Ercole sentì già grande stretta.
　　Virgilio, quando prender si sentìo,

---

115. *Dans le membré vallon :* la vallée de Bagrada,
près de Zama, où Scipion vainquit Annibal.

CHANT XXXI.

Liés com cil, et com cil a figure,
Senon qu'il semble d'un vis plus bestial. »
   Jà terremeute ne fu qui d'aventure
À une tour feist tel crolement,
108 Come Ephialte se fist par desmesure.
   La mors me fu plus que mais en present,
Et por m'ocire ert assez la paors,
Se ne veïsse son enchaenement.
   Nous cheminames plus en avant alors
Jusqu'à Antée, qui de la croute en son
114 À bien cinq aunes, sans la teste, issoit fors.
   « O tu qui jà, dans le membré vallon
Qui Scipion fist de gloire heritier,
Quant Annibal prist la fuie à bandon,
   Mille lions porchassas par proier,
Et qui fais croire que, se dans la grant guerre
120 Fusses venus tes freres aïdier,
   Vaincu auroient li haut filh de la terre,
Met nous en bas, n'aie male ponée,
Là où la glace prent le Cocite et serre.
   Ne nous lai querre ou Titie ou Typhée;
Cil peut doner ce qui ci fait desir;
126 Baisse toi donc, n'aie face aïrée.
   Encore au monde il peut te le merir;
Car est vivans, et longue vie atent,
S'avant le tems grace nel vient querir. »
   Si dit li mestre, et cil hastivement
Ses mains por prendre mon guion estendi,
152 Qui estreignirent Hercule si forment.
   Quant pris par lui Virgile se senti,

---

119. *Dans la grant guerre*: la guerre des géants contre les dieux.

CANTO XXXI.

Disse a me : « Fatti in quà, sì ch' io ti prenda. »
Poi fece sì che un fascio er' egli ed io.
    Qual pare a riguardar la Carisenda
Sotto il chinato, quando un nuvol vada
138 Sovr' essa sì, che ella in contro penda;
    Tal parve Anteo a me che stava a bada
Di vederlo chinare ; e fu tal'ora
Ch' io avrei volut' ir' per altra strada.
    Ma lievemente al fondo che divora
Lucifero con Giuda ci sposò ;
Nè, sì chinato, li fece dimora,
145 E come albero in nave si levò.

136. *Carisenda:* Carisenda, l'une des deux tours fameu-

« Vien, me dit il, en çà, que je te prende. »
Un nous faisions il et je par ainsi.
  Quant on esgarde d'en dessous Carisende,
Et qu'une nue vient en sus à passer,
138 En sens contraire il semble qu'ele pende;
  À l'esgarder lentement s'encliner
Teus me parut Antée; et voirement
Je volusse or par autre voie aler.
  Mais ens au font qui Lucifer porprent
Atout Judas, doucement nous posa,
Ne, si baissés, fist aucun tardement,
145 Et, come uns mas en nef, il se dressa.

ses de la ville de Bologne. L'autre se nommait l'Asinella.

CHANT XXXII

NEUVIÈME CERCLE : LES TRAITRES. — PREMIER COMPARTIMENT, LA CAÏNE : LES COMTES DE MANGONA ; CAMICION DE' PAZZI ; DEUXIÈME COMPARTIMENT, L'ANTÉNORE : BOCCA DEGLI ABATI ; BUOSO DA DUERA ; UGOLIN.

Avec ce chant commence le neuvième et dernier cercle de l'enfer. Il renferme un grand lac gelé et pend vers le centre du monde comme les autres cercles. Ce dernier cercle ou puits est partagé en quatre compartiments concentriques dans chacun desquels une classe de traîtres est punie. La division des quatre compartiments est indiquée non par des limites, mais seulement par la variation des peines. Dans le premier compartiment, dit Caïne, du nom du fratricide Caïn, sont punis ceux qui ont trahi leurs propres parents (XXXII, 16-72). Dans le second, dit Anténore d'Anténor, qui livra Troie aux Grecs, sont les traîtres à la patrie (XXXII, 73 ; XXXIII, 90). Le troisième compartiment, dit Ptolomée (XXXIII, 124), renferme les traîtres aux amis. Le quatrième est le lieu de supplice de ceux qui ont trahi leurs bienfaiteurs (XXXIV, 10-67).

Le chant où nous voici arrivés nous dédommage des géants sans réalité que Dante nous a montrés dans le chant précédent. Il nous introduit au milieu de ces Italiens, ses contemporains, ou à peu près, dont l'histoire en raccourci fait la trame de son poëme. C'est là qu'on voit avec combien de justesse Dante a qualifié de comédie son œuvre, sans préjudice des hautes parties pour lesquelles il s'est rangé avec un orgueil justifié dans le groupe des grands poëtes (IV, 102).

CANTO XXXII

S'io avessi le rime aspre e chiocce,
Come si converrebbe al tristo buco,
Sovra il qual pontan tutte l'altre rocce,
   Io premerei di mio concetto il suco
Più pienamente; ma perch'io non l'abbo,
6 Non senza tema a dicer mi conduco.
   Chè non è impresa da pigliare a gabbo,
Descriver fondo a tutto l'universo,
Nè da lingua che chiami mamma e babbo.
   Ma quelle donne ajutino il mio verso,
Che ajutaro Anfione a chiuder Tebe,
12 Sì che dal fatto il dir non sia diverso.
   Oh sovra tutte mal creata plebe
Che stai nel loco onde parlare è duro,
Me' fosse state qui pecore o zebe!
   Come noi fummo giù nel pozzo scuro
Sotto i piè del gigante, assai più bassi,
18 Ed io mirava ancora all'alto muro,
   Dicere udimmi: « Guarda come passi;
Fa sì che tu non calchi con le piante
Le teste de' fratei miseri lassi. »

11. *Qui aïderent à Thebes Amphion*: Amphion, fils d'Antiope, voulant bâtir Thèbes, faisait descendre du mont Cithéron, au son de sa lyre, les pierres qui allaient d'elles-mêmes se ranger et se former en murailles.

CHANT XXXII

Oh se j'avoie aspres et sourdes rimes
Qui convenissent à ce trou desfaé,
Où tuit s'apuient li roc que nous veïmes,
    J'espreinderoie le suc de mon pensé
Plus pleinement ; mais je ne les ai pas,
6 Et non sans crainte me met je à mon dité ;
    Car voirement n'est d'une emprise à gas
Peindre le font de ce monde univers,
Ne d'une langue à mamans et papas.
    Mais que ces dames m'aïdent à mes vers,
Qui aïderent à Thebes Amphion,
12 Si que li dires du fait ne soit divers.
    Oh tu, sur toutes, gent de pute façon,
Qui es au lieu à descrire moult dur,
Mieus fusses tu née ou chevre ou mouton !
    Come nous fumes jus dans le puit oscur
Bien au dessous des grans piés du geant,
18 Et qu'esgardoie encore le haut mur,
    J'oï me dire : « Aie garde en passant,
Fai que ne foules o la plante du pié
Le chef de freres qui sont ci mal gisant. »

---

21. *Le chef de freres :* la tête de deux frères, damné ensemble.

CANTO XXXII.

    Perch' io mi volsi, e vidimi davante
E sotto i piedi un lago che per gelo
24 Avea di vetro e non d' acqua sembiante.
    Non fece al corso suo sì grosso velo
Di verno la Danoja in Ostericch,
Nè Tanai là sotto il freddo cielo,
    Com' era quivi; chè, se Tambernicch
Vi fosse sù caduto, o Pietrapana,
30 Non avria pur dall' orlo fatto cricch.
    E come a gracidar si sta la rana
Col muso fuor dell' acqua, quando sogna
Di spigolar sovente la villana;
    Livide insin là dove appar vergogna
Eran l' ombre dolenti nella ghiaccia,
36 Mettendo i denti in nota di cigogna.
    Ognuna in giù tenea volta la faccia;
Da bocca il freddo, e dagli occhi il cor tristo
Tra lor testimonianza si procaccia.
    Quand' io ebbi d' intorno alquanto visto,
Volsimi a' piedi, e vidi due sì stretti
42 Che il pel del capo avieno insieme misto.
    « Ditemi, voi che sì stringete i petti,
Diss' io, chi siete. » E quei piegaro i colli,
E poi ch' hebber li visi a me eretti,
    Gli occhi lor, ch' eran pria pur dentro molli,
Gocciar su per le labbra, e il gelo strinse
48 Le lagrime tra essi, e risserrolli.
    Con legno legno spranga mai non cinse
Forte così. Ond' ei, come duo becchi,

---

22. *Un lac tout glacié* : le Cocyte; comp. XIV, 103-120.
27. *Ne Tañais* : le Tanaïs est le nom antique du Don.
28. *Et se mons Tamberniche* : on ne sait quelle est au juste cette montagne. Les commentateurs indiquent la

CHANT XXXII.

Je me tornai, et un lac tout glacié
Vi je devant et sous moi, qui, par giel,
24 Sembloit non d'eve mais de verre afaitié.

Au tems d'iver jamais d'un voile iviel
Ne se covri li Danube en Autriche,
Ne Tanaïs là sous le froit du ciel,

Come estoit cil ; et, se mons Tamberniche
Meïsme au bort cheïst, ou Pierrepaine,
30 N'i feïst merc plus que feroit pois chiche.

O le musel fors l'eve com la raine
À coasser esteut sans nule alogne,
Au main quant glane en songe la vilaine ;

Ainsi estoient jusqu'où pert la vergogne
Li dolent ombre, li pale, dans la glace,
36 Claquant des dens com du bec la cigogne.

Tornée en bas chascuns avoit la face ;
Li frois es boches, li plors es ieus aflis
Sont de lor mal li tesmoin sans fallace.

Quant auque entor j'oi pormené le vis,
J'esgardai jus, et vi deus si près mis
42 Que lor cheveul ensemble erent porpris.

« Dites moi, vous qui si serrez vos pis,
Fis je, qui estes ? » Et cil le col dresserent ;
Et, puis qu'il orent vers moi levé le vis,

Lor œil, qui primes sol dedans mouillé erent,
Goutes laisserent cheoir ; et par le gel
48 Estroitement les larmes les serrerent.

Cercles jamais n'uni par force tel
Un ais à l'autre ; et il, d'ire vaincu,

Frusta Gora dans le voisinage de Tovarnich, en Esclavonie, ou le Javornick, près d'Adelsberg, dans la Carniole.
29. *Pierrepaine* : Pictrapana ou Petra *apuana* montagne très-élevée en Toscane, entre Modène et Luque.

Cozzaro insieme; tanta ira gli vinse.
   Ed un ch' avea perduto ambo gli orecchi
Per la freddura, pur col viso in giúe,
54 Disse : « Perchè cotanto in noi ti specchi?
   Se vuoi saper chi son cotesti due,
La valle onde Bisenzio si dichina
Del padre loro Alberto e di lor fue.
   D' un corpo usciro ; e tutta la Caina
Potrai cercare, e non troverai ombra
60 Degna più d' esser fitta in gelatina;
   Non quegli a cui fu rotto il petto e l' ombra
Con esso un colpo per la man d'Artù;
Non Focaccia; non questi che m' ingombra
   Col capo sì ch' io non veggio oltre più,
E fu nomato Sassol Mascheroni ;
66 Se Tosco se', ben sai omai chi fu.
   E perchè non mi metti in più sermoni,
Sappi ch' io fui il Camicion de' Pazzi,
Ed aspetto Carlin che mi scagioni. »
   Poscia vid' io mille visi, cagnazzi

52. *Et uns :* Camicion de' Pazzi; voy. plus bas, v. 68.

56. *Li Bisences :* le Bisenzio, petite rivière de Toscane, qui passe près de Prato et se jette dans l'Arno au-dessous de Florence.

57. *Lor pere Albers et il ont posseé :* le père était Albert degli Alberti, comte de Mangona ; ses deux fils, les deux frères dont il est ici question, sont le comte Napoléon et le comte Alexandre. Le comte Napoléon, par trahison, chassa son frère de leurs forteresses communes, et le comte Alexandre, par trahison, tua le comte Napoléon ; dans le conflit, Alexandre périt aussi.

58. *Et toute la Caïne :* la Caïne, ainsi dite de Caïn, est le dernier cercle de l'enfer et renferme les traîtres.

61. *Ne cel meïsme qu'Artus :* Mordaret, fils du roi Artus, tenta de tuer son père en traïson. Artus lui trans-

Lor testes hurtent, come dui bouc ivel.
Et uns à cui li frois avoit tollu
Les deus oreilles, o le vis jus torné,
54 Me dit : « Porquoi tant nous remires tu ?
Se veus savoir qui sont cil si jousté,
Le val dont prent li Bisences s'orine,
Lor pere Albers et il ont posseé.
D'un cors issirent ; et toute la Caïne
Porras cercher, sans un seul acointier
60 Plus digne d'estre dans le gel qui ne fine,
Ne cel meïsme qu'Artus d'un coup plenier
Tresperça si que li jors i passa,
Ne Focaccia, ne cel mien parçonier
Qui si m'encombre que je ne voi en là,
Il fu només Sassol des Maskerons ;
66 Se Toscans es, tu sais qui cil fut jà.
Por n'estre mis en plus amples sermons,
Sache que fui Camicions des Pas ;
J'atent Carlin pur m'oster d'ochoisons. »
Puis je choisi pales de froit et gas

perça la poitrine de part en part : Et dit l'ystoire que apprès l'ouverture de la lance passa parmy la playe un ray de soleil si evidemment que Girflet le veit bien, *Lancelot du lac,* ch. XXI, cité par Scartazzini dans son édition de Dante.

63. *Ne Focaccia :* Focaccia, de la famille des Cancellieri de Pistoie, commit plusieurs meurtres et traïsons.

65. *Sassole des Maskerons :* Sassol Mascheroni, des Toschi de Florence, tua en trahison un de ses parents.

68. *Camicions des Pas :* Camicione de' Pazzi, de Valdarno, tua en trahison son cousin, ou, suivant d'autres, son oncle.

69. *J'atent Carlin :* Carlino de' Pazzi de Valdarno livra aux Noirs le château de Piantrevigne en Valdarno pour de l'argent, puis il le revendit aux Blancs.

CANTO XXXII.

Fatti per freddo; onde mi vien riprezzo
72 E verrà sempre de' gelati guazzi.
    E mentre che andavamo in ver lo mezzo,
Al quale ogni gravezza si rauna,
Ed io tremava nell' eterno rezzo,
    Se voler fu, o destino, o fortuna,
Non so, ma, passeggiando tra le teste,
78 Forte percossi il piè nel viso ad una.
    Piangendo mi sgridò : « Perchè mi peste?
Se tu non vieni a crescer la vendetta
Di Mont' Aperti, perchè mi moleste? »
    Ed io : « Maestro mio, or qui m' aspetta,
Sì ch' io esca d' un dubbio per costui;
84 Poi mi farai, quantunque vorrai, fretta. »
    Lo duca stette; ed io disse a colui
Che bestemmiava duramente ancora :
« Qual se' tu, che così rampogni altrui? »
    « Or tu chi se', che vai per l' Antenora
Percotendo, rispose, altrui le gote
90 Sì che, se fossi vivo, troppo fora? »
    « Vivo son' io, e caro esser ti puote,
Fù mia risposta, se domandi fama,
Ch' io metta il nome tuo tra l'altre note. »
    Ed egli a me : « Del contrario ho io brama.
Levati quinci, e non mi dar più lagna;
96 Chè mal sai lusingar per questa lama. »
    Allor Io presi per la cuticagna,
E dissi : « E' converrà che tu ti nomi,

---

81. *De Mont-Apert :* la bataille de Mont' Aperti fut livrée près de l'Arbia le 4 septembre 1260 (voy. X, 86). Les Guelfes y furent vaincus.

88. *Qui vas par l'Antenore :* d'Anténor, chef troyen,

CHANT XXXII.

    Mille visaiges; d'ont cil estanc en gel
72 Frisson me donent qui ne me lairra pas.
    Tandis qu'alions au centre nuitrenel
Qui dans son font tout ce qui poise aüne,
Et que trembloie dans le froit eternel,
    Ne sai se fu voloirs, destins, fortune,
Mais je, parmi les testes trespassant,
78 Feri le pié dans le visage à une.
    « Porquoi me fiers ? me cria il plorant;
Se tu ne viens à croistre la venjance
De Mont-Apert, porquoi me vas grevant ? »
    Et je : « O mestre, fai ci un peu tardance,
Si que je soille un doute sur cestui ;
84 Puis, com vorras, j'irai sans demorance. »
    Li dus esteut ; et je di à celui
Qui blasphemoit moult durement encore :
« Qui es, tu qui si rampones autrui ? »
    « Et tu qui es, qui vas par l'Antenore,
Ferant, dit il, les mors enmi la face
90 D'un cop trop fier, fusses tu vivant ore. »
    « Je suis vivant ; il se peut que te place,
Fu ma response, se tu roves renon,
Que je te doin entre les autres place. »
    « C'est le contraire dont je rove le don,
Dit il ; va t'en, ne me fai plus douloir ;
96 Mal tu losenges ceus de no region. »
    Lors aus cheveus le pris par mal voloir,
Et je lui dis : « Conviendra te nomer,

---

duquel Homère ne dit que du bien, mais qui, suivant une autre tradition, aida à livrer Troie aux Grecs. Dante nomme Antenora le deuxième compartiment de la glace. Benoit de Sainte More, bien avant Dante, dans son *Roman de Troie*, avait fait d'Anténor un traître.

O che capel qui su non ti rimagna. »
Ond' egli a me : « Perchè tu mi dischiomi,
Nè ti dirò ch'io sia, nè mostrerolti,
102 Se mille fiate in sul capo mi tomi. »
Io avea già i capelli in mano avvolti,
E tratti glien avea più d'una cioca,
Latrando lui con gli occhi in giù raccolti,
Quando un altro gridò : « Che hai tu, Bocca?
Non ti basta sonar con le mascelle,
108 Se tu non latri? qual diavol ti tocca? »
« Omai, diss' io, non vo' che tu favelle,
Malvagio traditor, chè alla tua onta
Io porterò di te vere novelle. »
« Va via, rispose, e ciò che tu voi conta,
Ma non tacer; se tu di quà entr'eschi,
114 Di quei ch' hebbe or così la lingua pronta.
Ei piange qui l'argento de' Franceschi :
Io vidi, potrai dir, quel da Duera
Là dove i peccatori stanno freschi.
Se fossi dimandato altri chi v' era,
Tu hai da lato quel di Beccheria,
120 Di cui segò Fiorenza la gorgiera.
Gianni del Soldanier credo che sia

107. *Qu'as tu, Boche?* Bocca degli Abati, à la bataille de Mont'Aperti (voy. ci-dessus), coupa en trahison la main à Jacques de' Pazzi, qui tenait le drapeau de la cavalerie de la commune de Florence, ce qui amena la déconfiture des Guelfes.

116. *Je vi cel de Duere:* Buoso, de la famille de Duera, Crémonais. Les Gibelins de Lombardie l'avaient posté avec une bonne armée dans les environs de Parme pour empêcher le passage de l'armée française, qui descendait, conduite par Gui de Montfort, lorsque Charles d'Anjou vint en Italie pour conquérir le royaume de Naples. Corrompu par argent, Buoso ne fit aucune résistance.

CHANT XXXII. 425

Ou en ton chef nus cheveus remanoir. »
   Dont il à moi : « Por si m'escheveler,
Ne te dirai ne monstrerai qui sui;
102 Tu peus mil fois le chef me detirer. »
   Dejà mellées erent mes main andui
À ses cheveus, i donant maint assaut;
Il aboioit, o les ieus en refui,
   Quant : « Qu'as tu, Boche ? s'escria uns en haut;
Assez ne t'est des maisselles claquer,
108 Se tu n'aboies ? Queus diables t'assaut ? »
   « Or n'est mestiers que tu veuilles parler,
Maudis traîtres, lui di je, et à ta honte
Novelle vraie de toi saurai porter. »
   « Va t'en, dit il, et à ton gré raconte;
Mais ne taisir, se fors d'ici tu vais,
114 De cel qui or eut la langue si pronte.
   Il des François plore l'argent ormais;
Tu porras dire : Je vi cel de Duiere
Es lieus où sont li pecheor au frais.
   D'autres des nostres s'est qui à toi s'enquiere,
Cel de Becquiere tu as à ton costé,
120 Cui prist le chef Florence justiciere.
   Le Soldanier je croi estre logé

---

119. *Cel de Becquiere :* Tesauro de' Becchiera, de Pavie, abbé de Vallombreuse. Après que les Gibelins eurent été chassés de Florence en 1258, le peuple fit prendre cet abbé, sous prétexte qu'il tramait une trahison contre les Florentins. Mis à la question, il confessa ce dont on l'accusait et eut la tête tranchée. Mais les historiens sont loin de donner raison aux Florentins et ils soutiennent l'innocence de ce Beccheria. Dante partageait l'opinion de ses compatriotes.

121. *Le Soldanier :* Gianni del Soldanier, d'une antique

CANTO XXXII.

Più là con Ganellone e Tribadello,
Che aprì Faenza quando si dormia. »
   Noi eravam partiti già da ello,
Ch' io vidi duo ghiacciati in una buca
126 Sì che l'un capo all' altro era cappello.
   E come il pan per fame si manduca,
Così il sovran li denti all' altro pose
Là' ve il cervel si giunge con la nuca.
   Non altrimenti Tideo si rose
Le tempie a Menalippo per disdegno,
132 Che quei faceva il teschio e l' altre cose.
   « O tu che mostri per sì bestial segno
Odio sovra colui che tu ti mangi,
Dimmi il perchè, diss' io, per tal convegno,
   Che, se tu a ragion di lui ti piangi,
Sappiendo chi voi siete e la sua pecca,
Nel mondo suso ancor io te ne cangi,
139 Se quella con ch' io parlo non si secca. »

et noble famille gibeline de Florence. Après la défaite de Manfred à Bénévent, quand le comte Guido Novello, avec les chefs gibelins, sortit de Florence, Gianni, Gibelin lui-même, abandonna son parti, afin de devenir chef du peuple.

   121. *O Ganelon:* Ganelon est le traître célèbre dans nos chansons de geste, qui fit périr les douze pairs à Roncevaux. — *Et Tribaldel:* Tribaldello, de la famille des

CHANT XXXII.

O Ganelon plus bas et Tribaldel,
Qui a son peuple dormant de nuit livré.
   Andui estions jà desparti d'icel,
Quant deus gelés je vi en une mue,
126 Si qu'une teste à l'autre ert por chapel.
   Et com le pain hom fameilleus manjue,
Si cil dessus à l'autre mist le dent
Là où la nuque au cervel est tissue.
   Li fiers Tidée ronja non autrement
Par mal desdain le chef son anemi,
132 Que cil faisoit test et el asprement.
   « O tu qui monstres bestialment ainsi
Si grant haïne por celui que tu manges,
Di moi porquoi, fis-je à lui, par tel si
   Que, se de lui à raison tu te vanjes,
Sachant qui estes et queus fu ses mesfais,
138 Je t'en donrai sus au monde bons changes,
   S'avant ma langue ne se seche au palais. »

Zambrasi de Faence. Pour se venger des Lambertazzi qui lui avaient fait injure, il ouvrit pendant la nuit aux troupes envoyées par le pape Martin IV les portes de la ville de Faenza, sa patrie.
  130. *Li fiers Tidée :* au siége de Thèbes, Tydée, blessé mortellement par Ménalippe, le tua avant de mourir, se fit apporter son corps, et enfonça ses dents dans le crâne de son ennemi ; voy. Stace, *Thébaïde*, VIII, 740 et suiv.

CHANT XXXIII

NEUVIÈME CERCLE : LES TRAITRES. SECOND COMPARTIMENT : L'ANTENOR; UGOLIN. TROISIÈME COMPARTIMENT : LA PTOLOMÉE (VOY. V. 124), FRATE ALBERIGO; BRANCA D'ORIA.

La première partie est remplie par Ugolin et ses enfants, dont Dante a immortalisé la tragique histoire.

A ce propos, le poëte lance une imprécation contre Pise, toute semblable à celle dont Pistoie est l'objet dans le chant XXV°, v. 10 et suivants, et qui frappera tout à l'heure Gênes, au vers 151 de ce chant.

Le XXXIII° se termine d'une façon qui ne paraît pas digne du poëte. Dante n'accorde pas à un des damnés, frère Aubri, un petit soulagement que ce malheureux lui demande. Soit ; mais, pour obtenir du damné qu'il dise son nom, il lui fait une promesse qu'il se dispense de tenir à l'aide d'une restriction mentale. Un peu de perfidie et beaucoup de dureté, c'est trop moralement.

Dans la Ptolomée, les damnés, ceux du moins qui intéressent particulièrement Dante, ne sont pas encore morts. Aussitôt la trahison commise, leur âme est précipitée en enfer; mais leur corps, dans lequel un démon s'est logé, demeure sur terre jusqu'à la fin naturelle de leur vie. Bizarre conception, dont il serait impossible de se faire une idée, si l'on ne songeait que le surnaturel se prête à toutes les contradictions.

CANTO XXXIII

   La bocca sollevò dal fiero pasto
Quel peccator, forbendola a' capelli
Del capo, ch' egli avea di retro guasto.
   Poi cominciò : « Tu vuoi ch' io rinnovelli
Disperato dolor che il cor mi preme
Già pur pensando, pria ch' io ne favelli.
   Ma se le mie parole esser den seme
Che frutti infamia al traditor ch' io rodo,
Parlare e lagrimar vedrai insieme.
   Io non so che tu sie, nè per che modo
Venuto se' quaggiù; ma Fiorentino
12 Mi sembri veramente, quand' io t' odo.
   Tu dei saper ch' io fui conte Ugolino,
E questi l'arcivescovo Ruggieri;
Or ti dirò perchè i' son tal vicino.
   Che per l'effetto de' suo' mai pensieri,
Fidandomi di lui, io fossi preso
18 E poscia morto dir non è mestieri.

13. *Fui cuens Ugolins*: Ugolino des comtes de la Gerardesca, du parti guelfe, s'accorda avec l'archevêque Ruggieri degli Ubaldini, pour chasser Nino, neveu d'Ugolin, juge de Gallura en Sardaigne, qui était devenu seigneur de Pise. Il se fit, Nino chassé, maître de la cité. Mais l'archevêque, mû de jalousie de parti et d'envie, suscita contre lui tout le peuple, avec l'aide de trois puissantes fa-

CHANT XXXIII

 Ses dens leva de la pasture fiere
Icil pechere, s'essuiant la maissele
Aus crins du chef qu'il avoit mors derriere.
 Puis comença : « Tu veus je renovele
L'aspre dolor qui me vient crucier
6 Au seul membrer, avant que j'en favele.
 Mais se mi dire doivent frutefier
Au traïtor que je ronge infamie,
Parler ensemble me verras et plorer.
 Ne sai qui es, ne sai par quel aïe
Es ci venus : mais tu es Florentins,
12 Se bien je juge à la parole oïe.
 Tu dois savoir que fui cuens Ugolins,
Et icil fu l'archevesque Rogiers ;
Sache por quoi lui sui si fais voisins.
 Que par l'efet ses pensers aversiers,
Aiant fiance en lui, je fui sorpris
18 Et puis fui mors, à dire n'est mestiers.

milles, les Gualandi, les Sismondi et les Lanfranchi. Il arbora la croix, et se porta à main armée avec le peuple furieux à la maison du comte. Il l'accusa de trahison et le fit prisonnier avec ses quatre fils (deux fils et deux petits-fils, en 1288). Ugolin et ses enfants furent enfermés dans la tour qui est sur la place des Anciens. On les y laissa mourir de faim.

CANTO XXXIII.

Però quel che non puoi avere inteso,
Ciò è come la morte mia fu cruda,
Udirai, e saprai s' e' mi ha offeso.
    Breve pertugio dentro dalla muda
La qual per me ha il titol della fame,
24 E in che conviene ancor ch'altri si chiuda,
    M'avea mostrato per lo suo forame
Più lune già, quand'io feci il mal sonno
Che del futuro mi squarciò il velame.
    Questi pareva a me maestro e donno,
Cacciando il lupo e i lupicini al monte
30 Per che i Pisan veder Lucca non ponno,
    Con cagne magre, studiose e conte;
Gualandi con Sismondi e con Lanfranchi
S'avea messi dinanzi dalla fronte.
    In picciol corso mi pareano stanchi
Lo padre e i figli, e con l'agute scane
36 Mi parea lor veder fender li fianchi.
    Quando fui desto innanzi la dimane,
Pianger sentii fra il sonno i miei figliuoli
Ch' eran con meco, e dimandar del pane.
    Ben se' crudel, se tu già non ti duoli,
Pensando ciò ch' al mio cuor s'annunziava;
42 E se non piangi, di che pianger suoli ?
    Già eran desti, e l' ora s' appressava
Che il cibo ne soleva essere addotto,

---

24. *Et où convient qu'autre soit clos encore*: une tradition racontait qu'un fils d'Ugolin fut soustrait par sa nourrice au sort commun des siens. Devenu grand et ayant su ce qui était arrivé, il en conçut un chagrin désespéré, et, quittant Luque où il avait été élevé, il se rendit à Pise. Là il demanda à être traité comme sa famille avait été traitée. Les Pisans le regardèrent comme fou et le mirent en prison. Au bout d'un an, la dame qui l'avait

Mais ce que tu ne peus avoir apris,
C'est com ma mors dolereuse fu ore ;
Entent et sache s'il a vers moi mespris.

L'estrois pertuis de la male demore
Qui por moi porte le surnom de la fain,
24 Et où convient qu'autre soit clos encore,

M'avoit monstré lentement et en vain
Jà pluisors lunes, quant j'oi un songe noir
Qui du futur m'osta le voile à plain.

Cil me sembloit avoir sur moi pooir,
Chassant le loup et les louviaus au mont
30 Par lequel Pise ne peut Luque veoir.

Il avoit mis devant au premier front,
O chienes maigres et duites à la chasse,
Les Gualandi, les Lanfranc, les Sismont.

Las se monstroient à moult petit d'espasse
Pere et enfant ; et sembloit aparmain
36 Que jes veïsse deschirer en la place.

Lorsque eveillés je fui avant le main,
Mi filh dormoient, clos o moi en ces lieus ;
Jes oï geindre et demander du pain.

Crueus es tu, se jà tu ne te dieus,
Pensant ce qui à mon cuer s'anonçoit ;
42 Se tu ne plains, de quoi mais plaindre sieus ?

Dressé il erent, et l'hore s'aprochoit
Que l'on souloit le manger aporter,

élevé demanda à être mise à son service. On le lui accorda, à condition qu'elle resterait enfermée avec lui. Cette vie commune fit que la race du comte Ugolin ne s'éteignit pas. Charles IV, qui passa par là, les mit tous deux en liberté. Voy. l'éd. de Dante de Scartazzini.

30. *Par lequel Pise ne peut Luque veoir*: le monte San Giuliano, situé entre Pise et Luque.

E per suo sogno ciascun dubitava.
Ed io sentii chiavar l'uscio di sotto
All'orribile torre; ond' io guardai
48 Nel viso a miei figliuoi senza far motto.
Io non piangeva, si dentro impietrai;
Piangevan elli, ed Anselmuccio mio
Disse : « Tu guardi sì! Padre, che hai? »
Però non lagrimai, nè rispos' io
Tutto quel giorno, nè la notte appresso,
54 Infin che l'altro sol nel mondo uscio.
Come un poco di raggio si fu messo
Nel doloroso carcere, ed io scorsi
Per quattro visi il mio aspetto stesso,
Ambo le man per lo dolor mi morsi.
Ed ei, pensando ch' io il fessi per voglia
60 Di manicar, di subito levorsi,
E disser : « Padre, assai ci fia men doglia,
Se tu mangi di noi ; tu ne vestisti
Queste misere carni, e tu le spoglia. »
Quetàmi allor per non farli più tristi.
Lo dì e l'altro stemmo tutti muti.
66 Ahi dura terra, perchè non t'apristi?
Poscia che fummo al quarto dì venuti,
Gaddo mi si gittò disteso a' piedi,
Dicendo : Padre mio, chè non m'ajuti? »
Quivi morì. E come tu mi vedi,
Vidi io cascar li tre ad uno ad uno
72 Tra il quinto dì e il sesto; ond'io mi diedi,
Già cieco, a brancolar sovra ciascuno,
E due dì li chiamai poi che fur morti.
Poscia più che il dolor potè il digiuno. »
Quand' ebbe detto ciò, con gli occhi torti
Riprese il teschio misero co' denti

CHANT XXXIII.

    Et chascuns d'eus por son songe doutoit.
      J'oï en bas à grans clous se clouer
    L'huis de la tour horrible ; et au viere
48 Je regardai mes fils, sans mot soner.
      Je ne plaignoie, tant pierre au dedans j'ere !
    Mais il plaignoient, et mes Anselmelès :
    « Tu si esgardes ! me dit il, qu'as tu, pere ? »
      Je ne plorai, ne ne parlai adès
    N'en tot le jor n'en la nuit jusqu'au main,
54 Qui ramena le soleil et ses rès.
      Quant il ot mis en la chartre de fain
    Quelque clarté, et que je pu choisir
    En quatre vis mon vis meïsme à plain,
      Andeus les mains je me mors par aïr ;
    Et il, pensant que ce fust por manger,
60 Se redresserent soudain sans plus gesir,
      Et dirent : « Pere, moins sera nous grever,
    Se de nous manges ; c'es tu qui nous vestis
    Ces chairs dolentes ; reprent lee sans targer. »
      Je m'acoisai por nes plus faire aflis ;
    Ce jor et l'autre nous esteumes tuit nu ;
66 Terre impiteuse, ahi ! que ne t'ovris ?
      Puis qu'au quart jor nous fumes parvenu,
    Gaddo dit : « Pere, que n'aïdes à mi ? »
    Et à mes piés se jeta estendu.
      Si moru il. Et puis les trois je vi,
    Com tu me vois, là cheoir un et un,
72 Et rendre l'ame, du quint au seste di.
      Jà cius, j'alai à tastons sur chascun ;
    Deus jors encore apelai je mes mors ;
    Plus que douloir fist puis estre jeün. »
      Il, aiant si parlé, o les ieus tors
    Reprist le test miserable ; et si dent

78 Che furo al osso, come d' un can, forti.
   Ahi Pisa, vituperio delle genti
Del bel paese la dove il sì suona,
Poi che i vicini a te punir son lenti,
   Movasi la Caprara e la Gorgona,
E faccian siepe ad Arno in su la foce,
84 Si ch' egli annieghi in te ogni persona.
   Chè se il conte Ugolino aveva voce
D'aver tradita te delle castella,
Non dovei tu i figliuoi porre a tal croce.
   Innocenti facea l' età novella,
Novella Tebe, Uguccione e il Brigata,
90 E gli altri duo che il canto suso appella.
   Noi passamm' oltre, là' ve la gelata
Ruvidamente un' altra gente fascia,
Non volta in giù, ma tutta riversata.
   Lo pianto stesso lì pianger non lascia,
E il duol, che trova in su gli occhi rintoppo,
96 Si volve in entro a far crescer l'ambascia.
   Chè le lagrime prime fanno groppo,
E, sì come visiere di cristallo
Riempion sotto il ciglio tuto il coppo.
   E avvegna che, sì come d' un callo,
Per la freddura ciascun sentimento
102 Cessato avesse del mio viso stallo,
   Gia mi parea sentire alquanto vento ;
Perch' io : « Maestro mio, questo chi muove?
Non è quà giù ogni vapore spento? »
   Ed egli a me : « Avaccio sarai dove
Di cio ti farà l' occhio la risposta,

---

80. *Où* si *s'entend et* sone : les Italiens expriment notre *oui* par *si*.

CHANT XXXIII.

78 Furent à l'os come dent de chiens fors.
  Ah! male Pise, oprobre de la gent
  Du bel païs où *si* s'entent et sone,
  Puis qu'à punir ti voisin sont trop lent,
    Puist se movoir et Caprare et Gorgone,
  Et clore si l'Arno en lor destrois,
84 Qu'il en tes murs noie toute persone!
    Car s'Ugolins, son la comune vois,
  T'avoit mentie sa foi por tes chastaus,
  Tu ne devoies ses fis mettre à tel crois.
    Novele Thebe, lor jeunesse amiaus
  Les descoulpoit, Uguccion et Brighée,
90 Et en ce chant les jà dis damoisaus.
    Oultre passames au lieu où la gelée
  Serre autre gent en son froit embrasser;
  Il ont la teste arriere renversée.
    Li plors meïsme là ne laisse plorer;
  Et la pesance qui treuve aus ieus closure
96 Torne au dedans por l'angoisse empirer.
    Les primes larmes font une masse dure,
  Et, aussi come visieres de cristal,
  De l'œil emplissent le creus à grant laidure.
    Et jà soit que, à la guise d'un cal,
  La grans froidure avoit le sentement
102 En mon visage esteint tout par igal,
    Il me sembloit jà sentir quelque vent.
  Et je : « Qui fait ce movement, o mestre?
  Toute vapors n'a donc ci finement? »
    Et il à moi : « Là en peu tu vas estre
  Où par les ieus tu auras le respons,

---

82. *Et Caprare et Gorgone:* Caprara et Gorgona sont deux îlots de la mer Tyrrhénienne, non loin de l'embouchure de l'Arno.

108 Veggendo la cagion che il fiato piove. »
    E un de' tristi della fredda crosta
Gridò a noi : « O anime crudeli
Tanto che data v' è l' ultima posta,
    Levatemi dal viso i duri veli,
Sì ch' io sfoghi il dolor che il cor m'impregna,
114 Un poco, pria che il pianto si raggeli. »
    Perch' io a lui : « Se vuoi ch' io ti sovvegna,
Dimmi chi sei, e, s' io non ti disbrigo,
Al fondo della ghiaccia ir mi convegna. »
    Rispose adunque : « Io son frate Alberigo,
Io son quel delle frutta del mal orto ;
120 Che qui riprendo dattero per figo. »
    « Oh, dissi lui, or se' tu ancor morto ? »
Ed egli a me : « Come il mio corpo stea
Nel mondo su, nulla scienza porto.
    Cotal vantaggio ha questa Tolomea,
Che spesse volte l'anima ci cade
126 Innanzi ch' Atropos mossa le dea.
    E perchè tu più volentier mi rade
Le invetriate lagrime dal volto,
Sappi che, tosto che l' anima trade,

118. *Sui frere Aubri :* Alberigo de' Manfredi, une des principales maisons du parti guelfe, à Faenza, en Romagne. Vieux, il se fit frère Joyant (voy. XXIII, 103), et il fut pour cela nommé frate Alberigo. Il y avait dans cette maison des Manfredi trois parents, Alberigo, Alberghetto et Manfredi. Il arriva en 1286 que ce Manfredi, jeune homme ardent, désireux de régner, dressa des embûches à Alberigo. On en vint à de violentes discussions, et, dans la chaleur de la dispute, il donna un grand soufflet à Alberigo. Celui-ci dissimula. Mais, quand il crut que l'injure était oubliée, il feignit de vouloir sé réconcilier, et Manfredi dit qu'il fallait pardonner à l'impétuosité de la jeunesse. La paix se fit ; et Alberigo donna un repas,

108 Veant la cause qui ce sofle fait nestre. »

Uns des chetis pris dans les durs glaçons
À nous cria : « Ames tant aversieres
Qu'estes jugées aler aus plus bas fons,
Du vis m'ostez les espesses visieres,
Si qu'à ma peine un peu je fasse issue,
114 Ains que li plors regele mes paupieres. »

Et je à lui : « Se veus que je t'aïue,
Di moi qui es ; se tes ieus je ne tert,
Au font de glace que j'aille sans faillue ! »
« Sui frere Aubri, dit il, à cui ahert
Li remembrers des fruis du mal jardin ;
120 Date por figue ci reçoi en apert. »

« Oh ! es tu mors, lui di je, à la parfin ? »
Et il : « Je n'ai aucune connoissance
Coment au monde mes cors suit son traïn.
La Ptolomée a ceste precellence
Que maintes fois une ame choit ici,
126 Ains qu'Atropos ait fait la dessevrance.

Et por ce que de ce plor endurci
Plus volontiers tu me terges le vis,
Apprent de moi, tost que l'ame a traï,

auquel assistèrent Manfredi et un de ses fils. Le repas s'étant terminé en pleine joie, Alberigo dit : Viennent les fruits. A ces mots, des serviteurs armés firent irruption dans la salle et massacrèrent Manfredi et son fils, sous les yeux d'Alberigo, qui applaudissait. C'est pourquoi il parle de jardin, de dattes et de figues.

124. *La Ptolomée :* les commentateurs ne sont pas d'accord sur l'origine de cette dénomination. Les uns y voient le nom de Ptolomée, roi d'Égypte, qui fit tuer Pompée ; les autres, le nom de Ptolomée, Juif, qui, dans un repas splendide, fit assassiner son beau-père et ses deux parents (voy. I, *Mach.*, XVI, 11-16).

Come fec'io, il corpo suo l'è tolto
Da un dimonio, che poscia il governa
132 Mentre che il tempo suo tutto sia volto.
    Ella ruina in sì fatta cisterna;
E forse pare ancor lo corpo suso
Dell'ombra che di quà dietro mi verna.
    Tu il dei saper, se tu vien pur mo giuso;
Egli è ser Branca d'Oria, e son più anni
138 Poscia passati ch'ei fu sì racchiuso. »
    « Io credo, dissi lui, che tu m'inganni;
Chè Branca d'Oria non morì unquanche,
E mangia e bee e dorme e veste panni. »
    « Nel fosso su, diss'ei, di Malebranche,
Là dove bolle la tenace pece,
144 Non era giunto ancora Michel Zanche,
    Che questi lasciò un diavolo in sua vece
Nel corpo suo ed un suo prossimano
Che il tradimento insieme con lui fece.
    Ma distendi oramai in quà la mano;
Aprimi gli occhi. » Ed io non gliele apersi,
150 E cortesia fu in lui esser villano.
    Ahi Genovesi, uomini diversi
D'ogni costume e pien d'ogni magagna,
Perchè non siete voi del mondo spersi?
    Chè col peggiore spirto di Romagna
Trovai un tal di voi, che per sua opra
156 In anima in Cocito già si bagna,
    Ed in corpo par vivo ancor di sopra.

---

137. *C'est Branche d'Oire:* Branca d'Oria, Génois, invita à un repas Michel Zanche, son beau-père, et le tua en trahison, pour lui enlever la judicature de Logodoro, en Sardaigne (voy. *Enfer*, XXII, 88).

CHANT XXXIII. 441

Come je fis, que ses cors lui est pris
Par un demon qui desor le governe,
132 Jusque ses tems soit pleinement complis.
Ele choit jus en si faite citerne;
Et, espoir, est encore au monde sus
Li cors de cel qui là derriere hiverne.
Tul dois savoir, s'a peu qu'es ci venus :
C'est Branche d'Oire que sous les ieus tu as ;
138 Et a moult d'ans qu'il est ainsi reclus. »
Et je à lui : « Ne me deçoivre pas;
Car Branche d'Oire n'est encore fenis,
Il mange, il boit, il dort et porte dras. »
« Sus en la fosse dont Malgrif est baillis,
Dit il, là où bout la visqueuse pois,
144 N'estoit encore Michel Zanche tramis,
Qu'uns demons vint se loger sans desfois
Aus cors de Branche et d'un parent prochain
Qui fu du meurtre aïdere renois.
Mais oremais estent en çà la main,
Ouvre mes ieus. » Et je ne les ouvri,
150 Et courtoisie fu lui estre vilain.
O Genevois, home si desgarni
De tous bons mœurs et plein de malefice,
Que n'estes vous du monde esvanoï ?
O le pior de Romagne en malice
J'ai trové tel de vous dont, por ses fès,
156 Jà li Cocite tient l'ame en sa justice,
Et li cors semble sur terre vivre adès.

142. *Sus en la fosse :* la bouge des baratiers, voy. *Enfer,* XXII.

144. *Michel Zanche :* voyez sur ce personnage XXII, 88.

146. *D'un parent prochain :* les commentateurs disent que Branca d'Oria fut aidé dans son assassinat par un sien neveu.

CHANT XXXIV

NEUVIÈME CERCLE : LES TRAITRES. QUATRIÈME COMPARTIMENT : LA GIUDEQUE (Voy. XXXIV, 117), LUCIFER, JUDAS, BRUTUS ET CASSIUS. — CENTRE DU MONDE ; SORTIE DE L'ENFER.

Il s'en faut beaucoup que la sortie de l'enfer réponde à l'entrée. L'entrée est marquée d'une sombre terreur ; la pensée, l'image et le vers, tout est à l'unisson ; et on frémit non moins que le poëte, quand on met le pied dans ce royaume de l'éternelle douleur. La sortie n'offre rien équivalant, même de loin, à l'inspiration solennelle et redoutable du début. Le fond de l'enfer est rempli par la figure de Satan, être bizarrement énorme dont les ailes se meuvent sans fin pour entretenir le froid de la dernière région, et dont les triples mâchoires écrasent, sans fin aussi, trois pécheurs. Évidemment, Dante a compté sur sa description de Lucifer pour rendre la sortie de l'enfer égale à l'entrée, et il a cru son ange rebelle aussi terrible à l'imagination que le *Sans espérance* de la porte du noir séjour. Il s'est trompé. Il nous est impossible d'être touché d'aucune impression de terreur ou d'intérêt pour l'espèce de monstre par lequel il clôt le dernier cercle. Et qu'on n'invoque pas la différence des temps. Les temps différents ne nous empêchent pas de ressentir pleinement l'admirable beauté, dans la vérité relative, de l'entrée aux enfers.

Là où la différence des temps se marque profondément, c'est quand on compare le Satan de Dante avec celui de Milton. Le Satan de Milton a, lui aussi, sa vérité relative et son admirable beauté ; là, l'esprit du mal n'est plus un informe et grotesque démon ; mais le poëte en a fait une personnification grandiose du redoutable problème qui a tourmenté de bonne heure la conscience humaine. Au reste, il ne faut, de ce chef, imputer à Dante aucune infériorité de génie poétique. Il n'a pu s'élever au-dessus des idées de son temps ; or, à l'égard du diable et des diables, les idées du moyen âge étaient très-grossières et très-ridicules, et, ne prêtant à rien de ce que Milton a trouvé dans la pensée plus haute de son siècle, elles enfermaient le poëte florentin en un cercle misérable.

Pourtant un point de doctrine, particulier, il est vrai, à Dante, est impliqué dans le rôle de punisseur attribué à Satan. Il mâche éternellement trois pécheurs, Judas, Brutus et Cassius. Pourquoi le poëte, contrairement à l'opinion générale de l'antiquité favorable au tyrannicide, a-t-il relégué au plus profond de l'enfer les deux meurtriers de Jules César? Lui-même, en son livre de la *Monarchie*, III, 16 (voy. le *Dante* de Scartazzini), a expliqué la pensée qui l'a conduit. Il est sur terre deux pouvoirs suprêmes auxquels c'est un crime irrémissible de porter atteinte, le pouvoir spirituel et le pouvoir temporel. Judas a trahi le premier; Brutus et Cassius ont trahi le second; car, pour Dante, Jules César est le pouvoir temporel qui s'était incarné dans l'empire romain et dans ses héritiers.

Il est curieux de remarquer qu'Auguste Comte, le fondateur de la philosophie positive, prononce un égal arrêt de réprobation contre Brutus et Cassius. Cette réprobation a pu provenir d'une conception sociologique qui montrait en Jules César l'inaugurateur d'une ère nouvelle, et en Brutus et en Cassius les fauteurs attardés et rétrogrades de la république aristocratique; il n'est pas impossible non plus que la manifestation en ait été suggérée par le poëme. Auguste Comte était un vif admirateur et un lecteur assidu de la *Divine Comédie*.

CANTO XXXIV

« *Vexilla regis prodeunt inferni*
Verso di noi ; però dinanzi mira,
Disse il maestro mio, se tu il discerni. »
    Come, quando una grossa nebbia spira,
O quando l'emisperio nostro annotta,
6 Par da lungi un mulin che il vento gira ;
    Veder mi parve un tal dificio allotta.
Poi per lo vento mi ristrinsi retro
Al duca mio ; ch'è non v'era altra grotta.
    Già era, e con paura il metto in metro,
Là dove l'ombre tutte eran coverte,
12 E trasparean come festuca in vetro.
    Altre sono a giacere, altre stanno erte,
Quella col capo, e quella con le piante ;
Altra, com' arco, il volto a' piedi inverte.
    Quando noi fummo fatti tanto avante,
Che al mio maestro piacque di mostrarmi
18 La creatura ch' hebbe il bel sembiante,
    Dinanzi mi si tolse, e fe' restarmi :
« Ecco Dite, dicendo, ed ecco il loco

---

1. *Vexilla :* les étendards du roi de l'enfer s'avancent. Les étendards du roi de l'enfer sont les ailes de Lucifer que l'on commence à apercevoir. Dante détourne le sens du début d'une hymne composée par Fortunat, de Poi-

CHANT XXXIV

« *Vexilla regis prodeunt inferni*
Par devers nous; pero esgarde avant,
Me dit li mestre, se tu le vois de fi.
　Tel, quant entor va la nieble espaissant,
Ou quant li soirs nostre hemisphere oscure,
6　De loin se monstrent moulin à vent tornant;
　Ore veoir me sembla tel faiture.
Arrier mon mestre je me mis por le vent;
Car n'i avoit nule autre coverture.
　Jà (je le met en vers o tremblement)
J'erc où li ombre sont tuit covert de glace
12　Et comme paille sous voirre tresparent.
　Tel sont en arc o les piés en la face;
Tel teste en haut, teste en bas sont estant;
Tel sont gisant estendu en la place.
　Quant parvenu fumes nous si avant
Qu' à mon guion il plot de me monstrer
18　La creature qui eut le bel semblant,
　Devant me mist, et me fist arester:
« Vé-ci Dité et le lieu où à toi,

---

tiers, dans le vɪᵉ siècle: *Vexilla regis prodeunt, Fulget crucis mysterium:* les étendards du roi s'avancent, le mystère de la croix resplendit.
　20. *Vé-ci Dité: Dis, ditis,* est en latin le nom de Pluton.

CANTO XXXIV.

Ove convien che di fortezza t' armi. »
   Com' io divenni allor gelato e fioco,
Nol dimandar, lettor, ch' io non lo scrivo,
24 Però ch' ogni parlar sarebbe poco.
   Io non morii, e non rimasi vivo;
Pensa oramai per te, s' hai fior d' ingegno,
Qual io divenni, d' uno e d' altro privo.
   Lo imperador del doloroso regno
Da mezzo il petto uscia fuor della ghiaccia;
30 E più con un gigante io mi convegno
   Che i giganti non fan con le sue braccia;
Vedi oggimai quant 'esser dee quel tutto
Che a così fatta parte si confaccia.
   S'ei fu si bel com' egli è ora brutto,
E contra il suo fattore alzò le ciglia,
36 Ben dee da lui procedere ogni lutto.
   O quanto parve a me gran maraviglia,
Quando vidi tre facce alla sua testa!
L' una dinanzi, e quella era vermiglia.
   L'altre eran due, che s' aggiungeno a questa
Sovr' esso il mezzo di ciascuna spalla,
42 E si giungeno al loco della cresta;
   E la destra parea tra bianca e gialla;
La sinistra a vider era tal, quali
Vengon di là, onde il Nilo s' avvalla.
   Sotto ciascuna uscivan duo grand' ali
Quanto si convenia a tanto uccello;
48 Vele di mar non vidi io mai cotali.
   Non avean penne, ma di vipistrello
Era lor modo; e quelle svolazzava,
Sì che tre venti si movean da elle.
   Quindi Cocito tutto s' aggelava.
Con sei occhi piangeva, e per tre menti

CHANT XXXIV.

    Dit il, convient de corage t'armer. »
       Com je devin glacés et raus d'esmoi,
    Nel demander, ô tu qui ci me lis;
24 Je ne l'escri; car tous parlers fust poi.
       Je ne moru ne ne demorai vis;
    Pense oremais, s'as brin d'entendement,
    Queus je devin, de vie et mort guerpis.
       Li emperere du roiaume dolent
    Fors de la glace issoit de mi le pis;
30 Et plus je sui pareus à un geant
       Qu'uns geans n'est à ses bras poestis;
    Juge à part toi queus doit estre li cors
    Qui à teus membres bien respont par devis.
       S'il fu si biaus come ore est sa hidors,
    Il qui estut contre son creator,
36 Bien de lui doit venir toute dolors.
       Ahi! combien j'oi merveille et horror,
    Quant je lui vi trois faces en la teste!
    L'une ert devant, de vermeille color;
       Les autres dui erent jointes à ceste
    En chasque espaule dans le mi tout à droit,
42 Et s'aünoient dans le haut à la creste.
       Blanche ne jaune la destre ne sembloit;
    Et la senestre estoit teus qu'est la gent
    Là d'où li Nile prent son cours beneoit.
       Sous chasque issoient deus ailes igaument,
    Grant come afiert à un si fait oisel;
48 Voiles pareils onque en mer on ne tent.
       Eles estoient sans nul pennage et tel
    Qu'en souris chauve; et il si les croloit,
    Qu'uns treble vens naissoit de lor cembel.
       Tout par ce soufle li Cocite geloit;
    Il o six ieus ploroit; par trois mentons

54 Gocciava il pianto e sanguinosa bava.

Da ogni bocca dirompea co' denti
Un peccatore a guisa di maciulla,
Si che tre ne facea così dolenti.

A quel dinanzi il mordere era nulla
Verso il graffiar ; chè talvolta la schiena
60 Rimanea della pelle tutta brulla.

« Quell' anima lassù che ha maggior pena,
Disse il maestro, è Giuda Scariotto,
Che il capo ha dentro e fuor le gambe mena.

Degli altri duo ch' hanno il capo di sotto,
Quei che pende dal nero ceffo è Bruto ;
66 Vedi come si storce, e non fa motto ;

E l' altro è Cassio, che par sì membruto.
Ma la notte risurge, e oramai
È da partir ; che tutto avem veduto. »

Come a lui piacque, il collo gli avvinghiai;
Ed ei prese di tempo e loco poste;
72 E quando l' ali furo aperte assai,

Appigliò sè alle velute coste ;
Di vello in vello giù discese poscia
Tra il folto pelo e le gelate croste.

Quando noi fummo là dove la coscia
Si volge appunto in sul grosso dell' anche,
78 Lo duca con fatica e con angoscia

Volse la testa ov' egli avea le zanche,
Ed aggrappossi al pel come uom che sale,
Sì che in inferno io credea tornar anche.

« Attienti ben, che per sì fatte scale
Disse il maestro, ansando com' uom lasso,

---

65. *Brute*, et v. 67, *Cassie :* Brutus et Cassius, les meurtriers de Jules César.

67. *Qui semble si membrus :* les anciens rapportent que

CHANT XXXIV.

54 Bave sanglante et maus plors decoroit.
    Chacune bouche rompoit o dens felons
  Un pecheor, come on fait chanvre ou lin,
  Si qu'il outroit trois de grans marrisons.
    À cel devant n'ert cis mordres sans fin
  Grans chose auprès du grifer; et souvent
60 Li dos sans pel ert sous l'ongle malin.
    « Ceste ame sus, qui a greignor torment,
  Est, dit li mestre, Judas, teste dedans,
  Jambes dehors, qu'il debat malement.
    Des autres deus o les testes issans,
  Brute est li uns, au noir musel pendus;
66 Voi com se tort, et come il est taisans.
    L'autre est Cassie, qui semble si membrus.
  Mais jà revient la nuis; et departir
  Il nous esteut ormais; tout est veüs. »
    Je lui saisi le col à son plaisir.
  Il prist son tems; et quant les ailes nues
72 À suffisance semblerent s'aovrir,
    Il s'atacha aus grans costes velues,
  Et descendi puis jus de crin en crin
  Entre la glace et les toufes pelues.
    Quant là nous fumes où la hanche prent fin
  Et où la cuisse se ploie et se desploie,
78 Mes dus, o peine et angoisseus traïn,
    Où ot les piés metant la teste à voie,
  Com s'il montoit se prist à la toison,
  Si qu'en enfer retorner je cuidoie.
    « Tien toi moult bien; car par tel eschaillon
  Me dit li mestre tout hors d'haleine et las,

Cassius était pâle, maigre et grêle de corps. Il est possible que Dante ait confondu ce Cassius avec L. Cassius que Cicéron (*Catil.* III) appelle *adipem*.

CANTO XXXIV.

84 Conviensi dipartir da tanto male. »
Poi uscì fuor per lo foro d'un sasso,
E pose me in su l'orlo a sedere ;
Appresso porse a me l'accorto passo.
Io levai gli occhi, e credetti vedere
Lucifero com' io l'avea lasciato,
90 E vidili le gambe in su tenere.
E s' io divenni allora travagliato,
La gente grossa il pensi, che non vede
Qual è quel punto ch' io avea passato.
« Lèvati su, disse il maestro, in piede ;
La via è lunga, e il cammino è malvagio,
96 E già il sole a mezza terza riede. »
Non era camminata di palagio
Là' v' eravam, ma natural burella
Ch' avea mal suolo e di lume disagio.
« Prima ch' io dell' abisso mi divella,
Maestro mio, diss' io quando fui dritto,
102 A trarmi d'error un poco mi favella.
Ov' è la ghiaccia? e questi come è fitto
Si sottosopra? e come in sì poc' ora
Da sera a mane ha fatto il sol tragitto ? »
Ed egli a me : « Tu immagini ancora
D'esser di là dal centro ov' io mi presi
108 Al pel del vermo reo che il mondo fora.
Di là fosti cotanto quant' io scesi ;
Quando mi volsi, tu passasti il punto
Al qual si traggon d'ogni parte i pesi.
E se' or sotto l'emisperio giunto
Ch' è contrapposto a quel che la gran secca
114 Coverchia, e sotto il cui colmo consunto

---

113 et 114. *Contraire au no, le no terre plenière, Le*

CHANT XXXIV.

84 Partir convient de si grant marrison. »
　　Puis issi fors du rocher par un pas;
　Il me posa sur le bort à seoir,
　Et à mon lés se mist par grant soulas.
　　Sus je levai les ieus, pensant veoir,
　Com jel laissai, en son lieu Lucifer;
90 Mais je le vi jambes en l'air avoir.
　　Jugez com fui travaillés en la mer
　De mes pensers, ô gent peu enseignie
　Qui ne songez queus est cil poins d'enfer.
　　« En piés ! li mestre me dit, ne tarde mie ;
　La voie est longue et li chemins mauvais ;
96 Puis le matin est jà hore et demie. »
　　Ci n'avoit point grant sale de palais,
　Où nous estions, mais chartre natural
　O font pierreus, sans lumiere et sans rais.
　　« Ains que me parte de l'abisme infernal,
　O mestre, di je, quant je fui redressés,
102 Parle et remet mon esprit en l'estal.
　　Où est la glace ? coment est cil fichés
　La teste en bas ? coment en si peu d'hore
　Du soir au main est li soleus passés ?
　　Et il à moi : « Tu te cuides encore
　En là du centre, où le poil je saisi
108 Du ver felon qui le monde perfore.
　　En là tu fus tant que je descendi ;
　Quant me tornai, le point tu depassas
　Où li pois tendent de partout et touldi.
　　Ore tu es en l'hemisphere bas,
　Contraire au no, le no terre pleniere,
114 Le no tesmoin, en son mi, du trespas

---

no tesmoin en son mi : cette terre plénière est notre hémi-

Fu l'uom che nacque e visse senza pecca.
Tu hai li piedi in su picciola spera
Che l'altra faccia fa della Giudecca.
   Qui è da man quando di là è sera;
E questi che ne fe' scala col pelo,
120 Fitto è ancora, sì come prima era.
   Da questa parte cadde giù dal cielo;
E la terra che pria di qua si sporse,
Per paura di lui fe' del mar velo,
   E venne all'emisperio nostro; e forse
Per fuggir lui lasciò qui il loco voto
126 Quella che appar di qua, e su ricorse. »
   Loco è laggiù da Belzebù rimoto
Tanto quanto la tomba si distende;
Che non per vista, ma per suono è noto
   D'un ruscelletto che quivi discende
Per la buca d'un sasso ch'egli ha roso
132 Col corso ch'egli avvolge, e poco pende.
   Lo duca ed io per quel cammino ascoso
Entrammo a ritornar nel chiaro mondo;
E senza cura aver d'alcun riposo
   Salimmo su, ei primo ed io secondo,

---

sphère. Le *mi* ou centre de cette terre plénière est Jérusalem, suivant une ancienne opinion fondée sur ces paroles d'Ézéchiel, V, 5 : « Celle-ci est Jérusalem ; je l'ai « mise au milieu des nations, et autour d'elle j'ai mis « les pays (voy. Dante, éd. de Scartazzini). » Celui qui a été sans péché vivant et mourant est Jésus-Christ.

116. *C'est la Giudeque :* la Giudeca, ainsi dite de Giuda, Judas Ischariote, qui trahit Jésus. La Giudeque est le dernier compartiment du neuvième cercle.

117. *Autre moitié :* la Giudeque est représentée comme une petite sphère, dont une moitié est dans l'hémisphère boréal, et l'autre moitié dans l'hémisphère austral.

CHANT XXXIV.

De cel qui onque en rien ne fu pechere.
C'est la Giudeque qu'as sous les piés orains,
Autre moitié d'une petite espere.
 Là est li soirs, quant ici est li mains ;
E cil de cui li poils nous fist eschele,
120 Est fis encore come il ert premerains.
 Il cheï ci du ciel, quant fu rebele ;
La terre avant s'estendoit en ce bort,
Mais, par paor, el se parti isnele,
 Et vint sous l'onde en l'hemisphere nort.
Ceste autre ci, espoir, por le fuïr,
126 Vuidant ce creus, fist là bas son resort. »
 Cis creus s'estent, de Satan à partir,
Tant que l'enfers en sa longor s'estent ;
On nel conoist par l'œil, mais par l'oïr
 D'un ruisselet qui en ce lieu descent
Par le pertuis d'un roc qu'il a rongé ;
132 Il fait cent tors, et a peu de pendant.
 Li dus et je, vers le monde esclairé
Andui meümes par ce chemin parfont ;
Et sans repos ne souci de lasté
 Sus nous montames, lui premier, moi secont.

---

122. *La terre avant s'estendoit en ce bort :* Dante suppose que la terre sèche ou continent occupait l'hémisphère austral avant la chute de Lucifer, et qu'effrayée de cette chute, elle passa sous la mer en l'hémisphère boréal. Bizarre et bien inutile imagination.

125. *Ceste autre ci :* la montagne du Purgatoire, que Dante met dans l'hémisphère austral, et que Virgile, du lieu où il est, montre à son compagnon. Dante suppose qu'effrayée aussi, elle quitta les profondeurs et vint paraître là où il la voit maintenant.

130. *D'un ruisselet :* ce ruisseau vient de la montagne du Purgatoire et descend sous terre.

CANTO XXXIV.

Tanto ch' io vidi delle cose belle
Che porta il ciel, per un pertugio tondo;
139 E quindi uscimmo a riveder le stelle.

CHANT XXXIV.

Tant que je vi toutes les choses beles
Que li cieus porte, par un pertuis reont.
139 Par là issimes reveoir les esteles.

137. *Toutes les choses beles :* voyez plus haut I, 37-40.

GLOSSAIRE[1]

A

Aati, ie, adj. aux prises.
Abai, s. m. aboi.
Abeance, s. f. attente, désir.
Acesmer, v. a. arranger, orner.
Acorer, v. a. affliger [2].
Acueil, impér. d'accueillir, prends, suis.
Ademis, part. passé, avancé, disposé.
Adès, adv. aussitôt.
Adeser, v. n. le même que Adoiser.
Adeti, ie, adj. adonné
Adirer, v. a. égarer.
Adoiser, v. a. accoster, et v. n. être présent, pénétrer.
Aduré, ée, adj. endurci, infatigable.
Aé, s. m. âge.
Aerdre, ou *aherdre,* v. n. être adhérent; du lat. *adhærere.*
Afeitié, ée, adj. disposé par art.
Affier, v. a. donner assurance.
Aflis, adj. affligé; c'est le cas nominatif au masculin.

1. Tous les mots que j'ai employés étant des mots anciens du treizième ou du quatorzième siècles, ma traduction a besoin d'un glossaire, comme en aurait besoin l'édition de quelqu'un de nos vieux textes qui ne serait pas uniquement destinée à des érudits. Beaucoup de mots n'ont, de l'ancien français au moderne, d'autre différence que les variations d'orthographe, de voyelles ou de consonnes ; je les abandonne à la sagacité du lecteur, qui les devinera sans peine. Mais beaucoup ou diffèrent profondément ou n'ont point d'analogues; c'est a ceux-là que j'ouvre mon glossaire. Quelquefois, quand ils sont rares et de rencontre peu familière, je cite les autorités qui me les ont fournis. Mon dictionnaire de la langue française en sa partie historique m'a beaucoup servi ; mais le travail m'aurait été allégé bien davantage, si nous possédions un dictionnaire de notre vieille langue. Cette lacune, M. Fr. Godefroy est en train de la combler. Il a consacré, comme il le fallait, bien des années à recueillir les matériaux de son œuvre. Aujourd'hui l'impression de ce grand lexique est commencée. Je n'en verrai pas la fin ; car je sais par expérience que de pareilles impressions exigent un long temps. Je m'y suis toujours tellement intéressé que je ne puis me retenir d'exprimer ma satisfaction d'assister à ce commencement.

2. Lincanors fait tel del, por le roi crie et plore :
    Conquereres del mont, tant mar veïmes l'ore
    Que la mors nos depart, que tante gent acore.
            (*Li Rom. d'Alix.*, p. 519.)

foler, v. a. perdre, ruiner.
Aïder, v. a. aider. Le peuple de Paris dit encore aïder.
Aidere, s. m. celui qui aide, donne secours.
Aïe, s. f. aide, secours.
Aim, (j'-), v. a. j'aime.
Ainçois, adv. auparavant.
Aïr, s. m. colère, tourment, chagrin.
Aire, s. f. disposition, nature.
Aïrer, v. a. irriter.
Aïue, impér. du verbe aider. Aïue est aussi un subst. fém. signifiant aide.
Alëure, s. f. allure.
Aloigne, s. f. retard [1].
Amaigroier, v. a. rendre maigre, amaigrir.
Ambedui, nominatif, *ambedeus*, cas régime, tous les deux.
Amenrir, v. a. amoindrir.
Amiaus, adj. amical, ami.
Ancesserie, s. f. antiquité.
Ancui, adv. à ce moment, en ceci
Andui, au nom. plur., *andeus* au régime plur. tous les deux.
Anoi, s. m. ennui, peine, chagrin.
Anoier, v. n. c'est notre verbe ennuyer, mais avec un sens différent, affliger, accabler.
Aorer, v. a. adorer, du lat. *adorare*.
Aorner, v. a. orner, du lat. *adornare*.

Aovrir, v. a. ouvrir.
Aparissant, part. prés. irrégulier d'*apparoir*, apparaître.
Aparmain, adv. aussitôt, à l'instant.
Apert, v. n. 3ᵉ pers. sing. du présent indicatif, de *aparoir*: il apparait.
Apert, e, adj. manifeste.—*En apert*, manifestement.
Apleuvoir, v. n. pleuvoir, tomber comme tombe la pluie.
Aplui, prét. défini, *apleü*, part. passé.
Apostole, s. m. le pape.
Aquere, s. m. le Verseau [2].
Araisner, araisnier, v. a. adresser la parole.
Arestison ou *arestue*, s. f. arrêt [3].
Arguer, v. a. tourmenter, faire souffrir, accuser, apostropher.
Arreer, v. a. disposer.
Arrement, s. m. encre, du lat. *atramentum*.
Arroi s. m. ornement, meubles.
Ars, 2ᵉ pers. du sing. du prés. de l'indicatif du verbe ardre: tu brûles.
Arson, s. f. incendie.
Arsure, s. f. flamme, feu, brûlement.
Art, s. m. et f. Ce mot était des deux genres: féminin suivant l'etymologie, masculin suivant la terminaison.

---

1.   Lors li dist on sans nule aloingne.
(Gautier de Coincy, *les Miracles de la sainte Vierge*, p. 182).

2. Quant aux signes speciaux, Li Capricornes, li Toreaulx, La Vierge, le Mouton, l'Acaire, (E. Deschamps, dans Raynouard, au mot, *aquari*).

3.   Sans nesune arestue.
(*Li Rom. d'Alix.*, p, 255.)

Asoté, ée, part. passé, fou, devenu sot.
Asproier, v. a. tourmenter, affliger.
Assener, v. a. faire signe, diriger.
Assentir, v. n. donner assentiment.
Asseoir, v. a. assiéger.
Asseür, e, adj. en sûreté.
Assoager, v. a. adoucir, mitiger.
Atant, adv. à ce moment conséquemment.
Atarier, v. a. tourmenter.
Atarjer, v. a. tarder, retarder.
Atocher, v. a. mettre la main sur.
Atout, prép. avec.
Aünée, s. f. réunion.
Aüner, v. a. rassembler, réunir.
Auque, adv. un peu.
Aure, s. f. souffle, vent.
Aüser, v. a. accoutumer.
Aut, 3ᵉ pers. sing. du présent du subj. du verbe aller : aille.
Autretel, adj. semblable, pareil.
Avalison ou *avalée*, s. f. descente.
Avers, e, adj. opposé, du lat. *adversus*.
Aversier, iere, adj. ennemi.— s. m. diable, du lat. *adversarius*.

B

Baillie, s. f. autorité, pouvoir.
Bailliere, s. m. celui qui baille, qui donne.
Bandon, à, locution adv. complétement, sans réserve.
Bani, ie, adj. couvert de bannières.
Baron, s. m. homme, cas régime de *ber*.
Baudor, s. f. hardiesse.
Bée, s. f. tromperie.
Beer, v. n. tendre à ; c'est notre verbe bayer.
Beneoit, e, adj. bénit.
Bers, s. m. berceau.
Berser, v. n. tirer de l'arc, de l'arbalète.
Besloi, s. m. mise hors la loi.
Betée, adj. f. mer betée, mer morte.
Bobant, s. m. orgueil, présomption.
Boidie, s. f. tromperie, fraude.
Boissart, s. m. trompeur.
Boisser, boissier, v. a. tromper.
Boissiere, boisseor, s. m. trompeur.
Bondir, v. n. retentir.
Bonne, s. f. borne.
Bouele, s. f. les boyaux.
Bouzon, boujon, s. m. flèche, trait.
Brai, s. m. fange, bourbe.
Braier, s. m. endroit du corps où se met la ceinture.
Braire, v. n. crier ; braire n'a pas un sens spécial en la langue d'oïl ; c'est la langue moderne qui a attaché ce mot au cri de l'âne.
Brant, s. m. épée.
Briement, adv. brièvement.
Bruir, v. a. brûler, rôtir.
Bu, bus, s. m. le haut du corps.
Bues (on prononce beû), s. m. bœuf.
Bufois, s. m. moquerie.
Buisine, s. f. trompette.

C

Caroler, v. n. danser.
Celéement, adv. d'une manière celée, secrètement.
Cembel, s. m. combat, attaque, assaut.
Cercher, v. a. parcourir.
Cert, e, adj. certain.
Chael, s. m. chien.
Chaene, s. f. chaîne.
Chalemel, s. m. chalumeau.
Chalenger, v. a. prendre à partie.
Chapleïs, s. m. combat, coups de mains.
Chastoi, s. m. correction, redressement, châtiment.
Chaut pas, à, loc. adv. avec promptitude, avec empressement.
Cheïmes, 1re pers. plur. prétér. défini, de cheoir, choir.
Chere, s. f. face.
Chetaine ou chevetaine, s. m. chef, capitaine.
Cheveciere, s. f. chevelure.
Chiesse, 3e pers. sing. du présent du subj. du verbe cheoir.
Choisir, v. a. voir, apercevoir.
Cis, ceste, pron. ce, cette.
Cit, s. f. cité.
Citeain, s. m. citoyen.
Cius, adj. aveugle, du lat. cæcus.
Clamer, v. a. appeler, nommer.
Clarier, v. n. donner de la clarté.
Cliner, v. a. baisser.
Cloant, part. prés. de clore.

Clofichier, cloficher, v. a. crucifier.
Coiement, adv, d'une façon coie, tranquillement.
Cointe, adv. courtois.
Com, conj. comme.
Combrer, v. a. saisir, empoigner,
Comment, s. m. commentaire.
Compaigne, s. f. compagnie.
Comperer, v. n. être comparable.
Complot, s. m. querelle, dispute, discussion.
Conseus, plur. régime de conseil : conseils, délibérations
Contralier, v. a. faire opposition, résistance.
Contralieus, e, adj. qui contrarie, qui s'oppose, qui suscite des querelles.
Contrester, v. n. être contre, faire opposition, obstacle.
Convenant, s. m. manière de faire.
Cor, s. m. corne. Et aussi cor, instrument de musique.
Coraille, s. f. les poumons et le foie.
Corge, 3e pers. du subj. du verbe courir.
Costiere, s. f. coteau [2].
Couvine, s. f. charge, affaire.
Cravanter, v. a. jeter à bas, perdre, ruiner.
Cremor, s. f. crainte, terreur.
Cremu, ue, part. passé de craindre : craint, crainte.
Crine, s. f. chevelure.
Crolée, s. f. mouvement, se-

---

1. Un (on) vus deit bien mustrer ke ne faciez tel fet,
Dunt sainte eglise chiece en plus doloreus plet.
(*Thomas le martyr*, p. 114.)

2. Mainte costiere, mains vaus, mainte montaigne, (*Les enfances Ogier*, v. 5619).

cousse. On dit aussi *crolement.*
Croler, v. a. agiter, secouer.
Crot, s. m. un creux.
Croute, s. f. grotte, creux.
Crucier, v. a. tourmenter, torturer.
Crueus, crueuse, adj. cruel, cruelle.
Cuer (on prononce cœur), s. m. cœur.
Cui (prononcez qui), c'est le cas régime de qui.
Cuidier, v. a. croire. — s. m. croyance.
Cuisançon, s. f. pensée, souci.
Cuivert, e. adj. mauvais.

D

Dangier, s. m. c'est notre mot danger, mais avec un sens différent : résistance, puissance.
Decorir, v. n. couler en bas.
Defoler, v. a. fouler, marcher sur,
Deforain, e, adj. extérieur, eure.
Defors, adv. dehors.
Dehait, ou *dehet,* s. m. malheur.
Dehaitié, ée, adj. plein de dehait, de peine, de douleur.
Delit, s. m. joie, délectation.
Delitable, adj. qui donne du plaisir, de la délectation.
Demaine, ou *demene,* adj. à caractère de maître.
Demanois, adv. sur-le-champ, aussitôt.
Demant, s. m. demande.

Demenée, s. f. action de mener, de démener, agitation.
Dementement, s. m. perte de courage, de sens, de raison.
Dementres que, conj. tant que.
Demis, ise, adj. abaissé, privé.
Demorance ou *demorée,* s. f. retard, demeure.
Departie, s. f. départ, action de partir, de s'éloigner.
Deporter, s. m. manière de se tenir, de se comporter.
Depulere, adj. misérable, détestable.
Dequasser, v. a. casser, briser [1].
Derrain, aine, adj. dernier.
Descoulper, v. a. disculper.
Desevrance, s. f. séparation.
Desfacion, s. f. action de défaire, destruction.
Desfaé, ée, adj. malheureux, maudit.
Desfois, s. m. défense, empêchement.
Desgrigner, v. a. grincer.
Desirier, s. m. désir.
Desmange, s. f. démangeaison.
Desore, adv. dès lors.
Despert, e, adj. affreux, désolé.
Despit, e. adj. digne de mépris.
Despiteux, euse, adj. plein de dépit, de dédain.
Despris, s. m. déconsidération.
Desroi, s. m. déroute, défaite, désordre.
Desrube, desrubent, s. m. précipice.
Desserrer, v. a. cesser de serrer. — v. n. avoir issue [2].
Desseure, s. m. avantage, victoire.

---

1. Dequasserent, Benoit de Ste More, *Roman de Troie,* v. 22591.
2. A un pont à arvolt où une aigue desserre. (*Chanson d'Antioche,* III, 8.)

Destorst, 3° pers. sing. prét. défini de destordre; du latin *distorsit*.

Destourber, *destourbier*, s. m. peine, affliction, trouble.

Destroit, e, adj. serré, gêné, en souffrance.

Destruiment, s. m. destruction.

Detrier, v. n. tarder, retarder.

Devis, s. m. disposition, arrangement.

Devise, s. f. arrangement, disposition, plan, parole.

Dieus, 2° pers. sing. du prés. de l'indicatif du verbe *douloir*.

Disme, adject. de nombre, dixième; du lat. *decimus*.

Dité, s. m. composition en vers ou en prose.

Diter, v. a. composer en vers ou en prose.

Doit, s. f. conduit, canal. C'est le norm. *douet*, qui est masculin.

Dolenté, ée, adj. affligé, tourmenté.

Donere, s. m. donneur.

Donge, subj. prés., 3° pers. du verbe donner.

Doulouser, v. n. se plaindre, gémir par douleur.

Doutance, s. f. crainte.

Douter, v. a. craindre, redouter. — Il est neutre aussi avec notre sens de douter.

Dru, s. m. familier, ami, amant. — *Drue*, amante.

Dui, nom de nombre, deux au nominatif.

Duit, e, part. passé de duire, instruit, dressé.

Duitre, s. m. conducteur; du lat. *ductor*.

Dus, s. m. nominatif de duc, guide, conducteur.

E

Eage, s. m. âge.

Eirer, v. n. voyager; du lat. *itinerare*.

El, s. m. autre chose; du latin *aliud*.

Embatre, v. n. venir aux mains.

Embler, v. a. voler, dérober.

Emplissent, 3° pers. plur. du présent de l'indicatif. Cette 3° personne est ordinairement *emplent*; mais il y a aussi des exemples de emplisent [1].

Empreindre, v. a. pousser, lancer.

Enamé, ee, adj. aimé.

Enchaus, s. m. poursuite, chasse.

Encloistre, s. f. enclos.

Encombrer, s. m. dommage, embarras.

Endementiers que, conjonct. pendant que.

Enfe, s. m. enfant; c'est le nominatif du lat. *infans*; le régime est *enfant*, du lat. *infantem*.

Engoler, s. m. saisir dans la gueule, dans la bouche, engloutir [2].

Engrais ou *engrès*, adj. irrité, mécontent, avide.

Engrant, adj. irrité, colère,

Engregne, *engreigne*, adj. f. opposée, ennemie.

1. Toutes les rues (ils) emplisent de tous lés.
(*Huon de Bordeaux*, v. 4501.)

2. La terre maudist Deus ke le saunc engula
De la main al felun.
(*Saint Thomas, martyr*, p. 48.)

Enmaladir, v. n. devenir malade.
Enorter, v. a. exhorter.
Ens, prép, en, dedans, du lat. *intus*.
Ensement, ad. semblablement, en même temps.
Entalentis, adj. m. qui a désir de, pressé.
Entendant, adj. attentif.
Ententif, ive, adj attentif.
Entoillé, ée, part. passé, barbouillé.
Entreaherder, v. n. être adhérent l'un à l'autre.
Envaïe, s. f. attaque.
Envier, v. a. inviter.
Envis, à, loc. adv. malgré moi, toi, nous, vous, lui, eux; du lat. *invitus*.
Envocher, v. a. invoquer.
Ere, ert, v. n. j'étais, il était, je serai, il sera; du latin *eram, erat*, ou *ero, erit*.
Erramment, adv. sur-le-champ, tout de suite.
Escarnir, v. a. moquer, railler, jouer.
Esche, s. f. amadou.
Esconser, v. a. cacher.
Escopir, v. a. cracher sur.
Escrit, 3ᵉ pers. sing. parfait défini, écrivit; du latin *scripsit*.
Esgarder, v. a. regarder.
Esjot, 3ᵉ pers. sing. prés. ind. d'esjoïr; s'esjot, s'esjouit.
Eslepas, adv. promptement.

Eslès, s. m. mouvement rapide. — *A eslès*, rapidement.
Eslesser, v. a. donner cours, lâcher.
Esmai, s. m. émoi.
Esmaier, v. a. causer de l'émoi.
Esmari, ie, part. passé, égaré, perdu, troublé. Le simple *marri* est un vieux mot, non encore tout à fait hors d'usage.
Esmer, v. a. juger, estimer; du lat. *æstimare*.
Esmeré, ée, adj. épuré.
Espace, s. f. — *A petit d'espace*, en peu de temps¹.
Espart, s. m. éclair.
Espere, s. f. sphère.
Espir, s. m. autre orme de esprit.
Esplendir, v. n. briller.
Esploit, à, loc. adv. activement, avec empressement.
Espoir, subst. employé adverbialement, peut-être.
Esponde, s. f. rebord de lit, rebord, levée, chaussée.
Espondre, v. a. exposer, faire connaître; du lat. *exponere*.
Esquif, ive, adj. qui évite, qui se détourne de.
Essaïmer, v. a. examiner.
Essart, s. m. dévastation, ravage.
Essilier, essiler, v. a. perdre, ruiner, tourmenter.
Estal, s. m. siège, demeure.
Estant, adj. debout.
Estele, s. f. étoile².

---

1. Alixandre connut à moult petit d'espasse.
   (*Li Rom. d'Alix.* p. 492.)

2. Dragons volans et estinceles
   Font il par l'air sembler esteles,
   Qui des ciex en cheant descendent,
   Si cum les foles gens entendent.
   (*La Rose*, 19115.)

Estoi (j'), je me tiens de bout, du lat. *steti*.
Estont, v. n. 3ᵉ pers, plur. présent indicatif : ils se tiennent.
Estor, s. m. combat, bataille.
Estors, e, part. passé, détourné
Estout, e, adj. sot, insensé, du lat. *stultus*.
Estovoir, s. m. devoir, nécessité, ce qui convient.
Estraier, v. a. éloigner, détourner.
Estraigne, adj. fém. étrangère.
Estrain, s. m. paille, fumier.
Estrous, à, loc. adv. sur-le-champ.
Es vous, loc. adv. voilà que.

F

Faillance, s. f. le même que faille.
Faille, s. f. manquement, faute.
Faillue, s. f. le même que faille.
Fais, s. m. fardeau. — *à un fais*, en tas, ensemble.
Faitement, adv. artistement.
Faitor, s. m. faiseur, créateur.
Faiture, s. f. manière dont une chose est faite, art.
Fallace, s. f. tromperie, erreur.
Fameilleus, *euse*, adj. affamé.
Faus, s. m. faucon ; du lat. *falco*. Faucon vient de *falconem*.
Favele, s. f. langage. Favele est dans *Gaydon*, p. 79.

Feauté, s. f. fidélité.
Feel, adj. fidèle.
Feinst, 3ᵉ pers. sing. du prétér. défini ; du lat. *finxit* ; nous disons *feignit*.
Fel, nominatif masc.; *felon*, au régime; *felenesse*, au féminin, félon, cruel.
Felenessement, adv. d'une manière félone.
Femier, s. m. fumier; du lat. *fimus*.
Fermer, v. a. arrêter, fixer.
Fers, adj. ferme. C'est le nominatif masculin.
Ferté, s. f. forteresse.
Ferue, s. f. coup, blessure.
Fet ou *fait*, s. m. — *à fait*, à point, à propos.
Fi, de, ou *tout de fi*, loc. adv. avec assurance.
Fie, s. f. figue.
Fie, s. f. fois; *ceste fie*, cette fois. On dit aussi *fiée*.
Finement, s. m. fin, terme.
Fis, adj. masc. assuré, certain.
Flaeler, v. a. fouetter, flageller.
Flatir, v. a. abattre, jeter contre terre.
Flori, adj. barbu de barbe blanche.
Flum, s. m. fleuve.
Fluncel, s. m. petit fleuve, diminutif de *flum*.
Foi-mentere, *foi-menteor*, s. m. celui qui ment à sa foi.
Foleté, s. f. folie.
Folor, s. f. folie.
Font, s. f. fontaine; usité encore dans fonts baptismaux.
Forcheüre, s. f. la fourche que forment les cuisses.
Forment, *fortment*, adv. fortement.

Formier, v. n. fourmiller.
Forsbani, ie, adj. exilé.
Fraindre, v. a. rompre, briser.
Frarin, ine, adj. lâche, peureux.
Fremier, v. n. être frémissant.
Froier, v. a. frotter, du lat. *fricare*.
Fuer (on prononce feur), s. m. mesure, compte. — *au fuer de*, à mesure de.
Fuitif, ive, adj. qui fuit, recule.
Fum, s. m. fumée.
Funain, s. m. cordage.
Fure, s. f. Furie.

G

Gab, s. m. plaisanterie. — *Com se fust gas*, comme si c'était une plaisanterie.
Gaignon, s. m. chien.
Garder, v. a. à cause du sens de faire garde, ce verbe signifie aussi regarder.
Garir, v. a. mettre en sûreté, défendre.
Garison, s. f. défense, protection, ce qui garnit. — *à garison*, en sûreté.
Gast, e, adj. gâté, ravagé, où l'on a fait dégât.
Gastere, gasteor, s. m. celui qui ravage, fait le dégât.
Gaut, s. m. forêt, bois.
Gehir, v. a. avouer, confesser.
Geindre, v. n. gémir, du lat. *gemere*. *Geindre*, dans l'ancienne langue, n'a pas le sens dérisoire attaché aujourd'hui à ce mot.
Genevois, s. m. Génois.
Geste, s. f. race, famille.

Glouton, s. m. homme de mauvaise vie.
Gole, s. f. bouche, gueule; l'anc. franc. gole n'a aucun sens défavorable.
Gosilier, s. m. gosier.
Goupil, s. m. renard; du lat. *vulpiculus*.
Graanter, v. a. accorder, octroyer.
Graindre, nominatif, *greignor*, régime, plus grand ; du lat. *grandior, grandiorem*.
Grantment, granment, adv. grandement.
Gravanter, ou *graventer*, v. a. affliger, accabler.
Greer, v. a. avoir en gré.
Gref, adj. grief.
Grevance, s. f. douleur, peine.
Greveus, euse, adj. qui cause de la peine, de la souffrance.
Grifain, aine, adj. de griffon, terrible.
Gris, s. m. un Grec ; du lat. *Græcus*.
Guenchir, v. n. se détourner, dévier.
Guerpir, v. a. abandonner, laisser.
Guiance, s. f. action de guider.
Guier, v. a. guider.
Guile, s. f. ruse, fraude, artifice.
Guis, guion, s. m. guide. *Guis*, le nominatif, *guion*, le régime.
Guivre, s. f. vipère.

H

Haange, s. f. haine.
Hardement, s. m. hardiesse.

30

Haschie, s. f. tourment, affliction.
Haterel, s. m. la nuque.
Hautisme, adj. superlatif de haut; du lat. *altissimus.*
Hauzior, comparatif, au cas régime, de haut : plus haut; du lat. *altiorem.*
Het, s. m. satisfaction, joie, plaisir.
Hom, s. m. au nomin. sing. homme.
Hontage, s. m. honte, déshonneur.

I

Igal, e, adj. égal.
Igaument, adv. également.
Intense, adj. ce mot n'est pas moderne [1].
Irascu, ue, adj. fâché, irrité.
Iréement, adv. avec colère, avec ire.
Ireus, e, adj. irrité, courroucé.
Isnel, ele, adj. prompt, rapide.
Issir, v. n. sortir.
Istrai, istront, fut. du verbe *issir*, sortir.
Ital, adj. tel.
Itaus, adj. nom. masc. et féminin sing. de *itel* : tel.
Ive, s. f. cavale, jument; du lat. *equa.*
Ivel, ele, ou *iviel*, adj. égal ; du lat. *æqualis.*

J

Jel, contraction de je le.
Jes, contraction pour je les.
Joindre, au sens d'arriver à [2].
Jointe, s. f. jointure, articulation.
Jouster, v. a. ajouter.
Jugere, s. m. juge ; du lat. *judicator.*
Juïse, s. m. jugement ; du lat. *judicium.*
Jus, adj. masc. juste.
Jus, adv. en bas.
Justicer ou *justicier*, v. a. faire justice, supplicier, tourmenter.

L

Lai, s. m. un laïque.
Laidange, s. f. injure.
Laidure, s. f. chose laide, action laide.
Larmier, v. n. larmoyer.
Lasté, s. f. lassitude.
Lé, s. m. côté.
Lecheor, s. m. homme livré à la gourmandise.
Lecherie, s. f. gourmandise.
Lerre, laron, s. m. voleur, larron.
Leüt, s. m. luth.
Lié, ée, adj. joyeux ; du lat. *lætus.* Nous avons gardé : chère lie. Lié est monosyllabe, à la différence de lié, part. passé du verbe lier.
Lizarde, s. f. lézard.
Loer, v. a. conseiller.
Loisir, v. n. être licite, per-

---

1. Ceste bonté fut si intense
   Si communal et si extense,
   (J. de Meung, *Testament*, v. 1281.)

2. Aïtant Gerars voit apoindre
   Un Saisne, puis vait à lui joindre.
   (*Roman de la Violette*, p. 140, v. 1791).

GLOSSAIRE.

mis; du lat. *licere.*— *Loist,*
3ᵉ pers. sing. prés. indic. il
est permis.
Longues, adv. loin, longtemps[1].
Losange, s. f. flatterie.
Losanger, v. a. flatter.
Luiserne, s. f. flambeau, lumière.

M

Main, s. m. matin.
Mainsné, s. f. cadet, puiné.
Maire, adj. plus grand, du lat *major.*
Maisor, ou *mesor,* adv. désormais.
Mais que, conj. pourvu que.
Maisselle, s. f. mâchoire, du lat. *maxilla.*
Maistroier, v. a. maîtriser.
Major, s. m. pl. ancêtres.
Malage, s. m. maladie.
Maleï, ie, maleoit, oite, adj. maudit.
Maleïçon, s. f. malédiction.
Maleüré, ée, adj. malheureux.
Manjuer, v. a. manger.
Manoir, v. n. demeurer, être logé.
Manois, adv. sur-le-champ.
Mar, adv. à tort, à dam, d'une façon funeste.
Margoillier, v. a. salir, barbouiller.
Marine, s. f. bord de la mer, rivage marin.
Maronier, s. m. matelot.
Marrison, s. f. peine, affliction, douleur.
Maubailli, ie, adj, maltraité affligé.

Maupas, s. m. passage malaisé.
Maurel, ele, adj. noirâtre.
Maus, adj. au nominatif singulier masculin, et au régime pluriel masculin, de l'adj. mal; du latin *malus.*
Mautalent, s. m. colère, irritation.
Mautalentis, adj. irrité, courroucé.
Mecine, s. f. médecine.
Mehaignier, v. a. estropier.
Meïsme, adv. même.
Membré, ée, adj. renommé, célèbre ; du lat. *memoratus.*
Membrer, v. a. se rappeler, se souvenir.
Menée, s. f. manière de mener, de conduire, de pousser.
Menor, adj. mineur, moindre.
Menrir, v. a. diminuer, rendre moindre.
Merc, s. m. marque, trace.
Merir, v. a. et n. mériter, récompenser.
Mermer, v. n. diminuer, devenir moindre.
Mes, est à la fois le nominatif masculin (mon), et le régime pluriel (mes).
Mès, s. m. messager ; du lat. *missus.*
Mès, adv. plus, davantage.
Mescin, s. m. jeune homme, serviteur.
Mescine, s. f. femme, fille de service.
Meslée, s. f. querelle, bataille.
Mesnie, s. f. les gens d'une même maison, d'un même service, d'un même entourage.

---

1. Sans longues demourer, (*Gaufrey*, p. 125).

Mesouan, adv. à l'avenir.
Mesprendre, v. n. commettre une faute.
Mesprison, s. f. mépris, insulte.
Mestier, s. m. besoin.
Mestrie, s. f. habileté, main de maître.
Mi, s. m. milieu.
Mier, iere, adj. pur, simple; du lat. *merus*.
Mieudre, meillor, adj. meilleur; *mieudre* est le nominatif, *meillor* le régime,
Mire, s. m. médecin.
Moie, fém. de l'adj. possessif mon.
Mons, li, s. m. le monde, au nominatif.
Mont, s. m. monde.
Mors, 1re pers. sing. du prét. défini de mordre : je mordis.
Mors, part. passé du verbe mordre : mordu.
Mu, ue, adj. muet.
Muaison, s. f. changement.
Muïr, v. n. mugir; du latin *mugire*.
Murdrir, v. a. assassiner.
Musart, s. m. terme de mépris, misérable, sot.

N

Nache, s. f. fesse; du latin *nates*.
Naïs, adj. natif.
Narille, s. f. narine.
Navier, v. n. naviguer.
Navrer, v. a. blesser.
Navreüre, s. f. plaie, blessure.
Neïs, conj. pas même.
Nel, contraction pour ne le.
Nes, contraction pour ne les.
Nessun, une, adj. pas un.

Neufme, adj. numér., neuvième.
Nieble, s. f. brouillard, brume; du lat. *nebula*.
Niés, s. m. neveu ou petit-fils.
No, adj. possessif, notre, le nôtre.
Noer, v. n. nager.
Non pourquant, adv. néanmoins.
Nuile, s. f. brouillard, brume.
Nuileus, euse, ad. nébuleux.
Nuiternel, adj. nocturne, d'un bas-lat. *nocturnalis*.
Nus, adj. nul, nominatif masculin; ne pas le confondre avec le pluriel de l'adj. *nu*.

O

Occise, s. f. carnage.
Ochoison, s. f. occasion, accusation, grief, inculpation, du lat. *occasionem*.
Oeille, s. f. brebis, ouaille; du lat. *ovicula*.
OEus (à son), loc. adv., à son service; du lat. *ad suum opus*.
Offendre, v. a. offenser, blesser.
Oi, prés. indicatif du verbe oïr (ouïr).
Oi, part. défini, 1re personne, verbe avoir; du lat. *habui*.
Oirre, s. m. voyage; du lat. *iter*.
Oliphant, s. m. éléphant.
Ombre, est masc. dans l'ancienne langue.
Ombroiant, part. présent, qui donne de l'ombre.
Orains, adv. à l'heure, présentement.

GLOSSAIRE.

Ord, e, sale; au nominatif masculin *ors*.
Orduier, v. a. salir.
Orendroit, adv. alors, en ce moment.
Orfrois, s. m. ornement, parure.
Oriere, s. f. bord, bordure.
Orine, s. f. origine.
Ormès, adv. désormais.
Orra, futur de l'indicatif du verbe *oïr* : ouïr.
Oscurer, v. a. rendre obscur, obscurcir.
Ostel, s. m. logis. — *à l'ostel,* chez moi, chez soi.
Osteler, v. a. loger.
Ostieus, régime pluriel de *ostel,* logis, demeure. C'est aussi le nominatif singulier.
Ostoier, v. n. faire la guerre, être en campagne.
Outrage, s. m. excès.
Ovreigne, s. f. œuvre, opération.

P

Paile, s. m. manteau, du lat. *pallium*.
Palasine, s. f. paralysie.
Pallade, s. m. palladium [1].
Palu, s. f. marais [2].
Pantain, s. m. marais.
Par, préposition. Cette préposition entre en composition avec des adjectifs, et leur donne un sens superlatif; en ce cas, elle peut s'en séparer : *partroublé,* très-troublé; *par sembloit il troublé*.
Parçonnier, s. m. celui qui partage, participe.
Pardon (en), loc. adv. en pure perte.
Pardurant, adj. qui dure toujours.
Pareus, adj. pareil.
Parfin (à la), loc. adv. finalement.
Parleüre, s. f. manière de parler, langage.
Paroler, autre forme du verbe parler.
Parra, fut. de l'indicatif : paraîtra.
Parsome (à la), loc. adv. finalement.
Past, s. m. aliment, repas.
Paumier ou *paumoier,* v. a. tenir en la paume de la main.
Paus, s. m. pal, pieu.
Pel, s. m. poil.
Pel, s. f. peau.
Peneant, s. m. pénitent.
Pense, s. f. pensée, manière de penser.
Pensé, s. m. chose pensée, objet pensé.
Pentir (se), v. réfl. se repentir.
Pereceus, e, adj. paresseux.
Pero, adv. pour cela, en conséquence.
Pertuiser, v. a. creuser, percer.
Pesance, s. f. chagrin, peine morale, souffrance.
Peser ou *poiser,* v. n. peser, être pesant, être pénible.

---

1. Por le temple qu'ert violez,
    Dont li Pallades ert enblez.
    (*Li Rom. de Troie,* v. 25621.)

2. La palu d'enfer.
    (*La Rose,* v. 10874)

Pesere, nominatif de *pescor*, peseur, celui qui pèse.
Pesme, adj. très-mauvais; du lat. *pessimus*.
Peü, part. passé du verbe pouvoir : pu.
Peut cel estre, loc. adv. peut-être.
Pieça, adv. il y a longtemps.
Pior, adj. cas régime, dont *pire* est le nominatif, pire, plus mauvais; du latin *pejorem*.
Pis, s. m. poitrine ; du latin *pectus*.
Piteus, euse, adj. plein de pitié.
Place, 3ᵉ pers. du sing. du prés. du subj. du verbe plaire : qu'il plaise.
Plain, s. m. plaine.
Plainstrent, parf. défini du verbe plaindre : plaignirent.
Plaint, s. m. plainte.
Plenteïve, adj. f. féconde.
Plevi, ie, part. passé de plevir : engagé, juré.
Plot, parf. déf. de plaire : il plut.
Poe, s. f. patte.
Poesté, s. f. puissance, du lat. *potestatem*.
Poestis, adj. puissant.
Poi, adj. peu.
Poions, v. a. imparf. de l'indicatif : nous pouvions.
Pois, s. m. poids. — *A mon pois, sur mon pois*, loc. adv. à mon chagrin.
Poiser, v. a. voy. *peser*.
Poitron, s. m. poitrine.
Ponée, s. f. orgueil, arrogance.
Pooir, s. m. pouvoir.
Porpens, s. m. réflexion, pensée.

Porprenges, subj. prés. 2, pers. sing. de *porprendre*, embrasser, enserrer.
Port, subj. prés. du verbe porter.
Posseer, v. a. posséder.
Pot, 3ᵉ pers. sing. du prét. défini du verbe *pooir* : il put.
Preechere, s. m. prêcheur.
Preier, proier, v. n. faire proie, piller; du latin *prædari*.
Premerain, aine, adj. premier.
Premiers que, conj. avant que.
Presimes, 1ʳᵉ pers. plur. du parf. déf. de prendre.
Preu, preut, s. m. profit, avantage.
Prim, prime, adj. premier, du lat. *primus*
Prison, s. m. prisonnier.
Puier, v. a. appuyer. *Puier* signifie ordinairement monter; mais *apuier* montre qu'il a aussi le sens de l'ital. *poggiare*.
Pullent, ente, adj. vil, honteux.
Puor, s. f. puanteur.
Putel, s. m. lieu sale, ordure.

Q

Quanque, adj. tout ce qui, tout ce que.

R

Rade, adj. rapide.
Radement, adv. rapidement.
Raemplent, 3ᵉ pers. pluriel du présent de l'indicatif de *raemplir* : remplir.
Raençon, s. f. rançon.
Rain, s. m. rame ; du latin *remus*.

GLOSSAIRE.

Rain, s. m. branche, rameau ; du lat. *ramus*.
Raincel, s. m. petit rameau.
Rais ou *rès*, s. m. plur. rayons, du lat. *radius*.
Raison, s. f. parole, discours.
Raïz, s. f. racine ; du latin *radicem*.
Ramenter, v. n. rappeler, faire souvenir. On dit aussi *ramentevoir*.
Ramponer, v. a. gourmander.
Rancor, s. f. aigreur, rancune.
Randon, *à*, ou *de*, loc. adv. en hâte. On dit aussi *randonée*.
Range, s. f. Il est à peu près synonyme du masculin rang.
Raüner, v. a. unir de nouveau.
Raus, adj. masc. au nom. rauque, enroué ; du lat. *raucus*.
Ravine, s. f. ce qui emporte, ravit, tourbillon.
Ré, s. m. bûcher.
Realment, adv. réellement.
Recez, s. m. retraite.
Reclain, s. m. rappel.
Recoi, *en*, loc. adv. à la dérobée.
Recreant, *ante*, adj. las, paresseux, recru.
Recreüe, s. f. fatigue, lassitude.
Reembre, v. a. racheter.
Refu, 3° pers. sing. du prétérit défini du verbe être : fut de nouveau.
Refui, s m. refuge.
Relinquir, v. a. laisser ; du lat. *relinquere*.
Remaïnst, 3° pers. sing. du parfait défini : demeura, resta ; du lat. *remansit*.
Remanance, s. f. ce qui reste, reste.
Remanant, s. m. le reste, le restant.

Remanoir, v. a. demeurer, rester : je remain, — *Remesrent*, ils demeurèrent.
Remembrer, v. a. rappeler, faire souvenir ; du lat. *rememorare*. — *Remembrance*, s. f. souvenir.
Remirer, v. a. regarder.
Reni, s. m. action de renier, acte de renégat.
Renoi, *e*, adj. renégat, maudit.
Reorte, s. f. lien fait de branchages.
Repos, *e*, adj. caché, à l'écart.
Reprouvier, s. m. reproche, blâme.
Rere, adj. rare.
Resbaudir, v. a. rendre gaillard.
Resoigner, v. a. craindre, redouter.
Resoigneus, *e*, adj. qui craint, craintif.
Retraismes, 1° pers. plur. du prétérit défini de *retraire* : *nous nous retraismes*, nous nous retirâmes.
Rien, *née*, aucune chose.
Rieu, s. m. ruisseau.
Riote, s. f. querelle, rixe.
Rober, v. a. enlever par vol, par fraude.
Robere, *robeor*, s. m. voleur.
Roeler, v. a. rouler.
Roer, v. a. et n. tourner en roue.
Roion, s. m. royaume.
Roit, *e*, adj. raide ; du lat. *rigidus*.
Roiz, s. f. filet, rets.
Rooigné, *ée*, part. passé, rogné.
Rout, *oute*, part. passé de rompre : rompu ; du latin *ruptus*.
Route, s. f. bande, troupe.
Routure, s. f. rupture.

Rouvelent, ente, adj. rouge.
Rover, v. a. demander; du lat. *rogare*.
Ruile, s. f. règle; du lat. *regula*.

S

Sacher, v. a ôter, tirer.
Saeter, v. a. lancer comme une flèche, comme une sagette.
Saume, s. m. psaume.
Sauvagine, s. f. la bête sauvage, le gibier.
Secré, ée, adj. secret.
Secréement, adj. secrètement.
Seel, s. m. sceau.
Segui, prétérit défini : je suivis, il suivit.
Seignorage, s. m. dignité de seigneur, autorité.
Seignorier, v. a. gouverner en seigneur, en maître
Sejor, s. m. séjour. — *à sejor*, à loisir.
Selon, prép. le long de.
Selve, s. f. forêt ; du lat. *silva*.
Semblance, s. f. apparence extérieure, figure, mine.
Semblant, s. m. apparence extérieure.
Sempre ou *sempres*, adv. toujours.
Sené, ée, adj. qui a du sens, de la réflexion.
Senefiance, s. f. signification, signe, avis.
Senestre, adj. gauche ; du lat. *sinister*.
Sergent, s. m. serviteur.
Seri, ie, adj. serein.
Sermon, s. m. discours, paroles.
Seror, s. f. cas régime de sœur; du lat. *sororem*.

Ses, adj. au nom. masc. sing. (son), au régime plur. (ses).
Setme; adj. de nombre, septième; du latin *septimus*.
Seür, e, adj. sûr.
Seürement, a. v. en sûreté.
Seus, adj. masc., au nomin. seul.
Seus ou *sieus*, 2ᵉ pers. sing. du prés. de l'ind. du verbe souloir : *as coutume*.
Sevraison, s. f. séparation.
Sevrement, s. m. séparation.
Sevrer, v. a. séparer.
Si, plur. de l'adj. posses. son : ses.
Si, adv. ainsi. — *Par tel si*, à telle condition.
Sië, s. m. siége.
Sieus, voy. *Seus*.
Sin, s. m. cloche ; du lat. *signum*.
Soignante, s. f. femme livrée à la luxure.
Soille, 1ʳᵉ pers. du prés. du subjonct. du verbe *soudre* : payer, résoudre.
Sois, s. f. nomin. sing. de soif.
Sol, adv. seulement.
Soleus, s. m. nomin. de soleil.
Som, ou *son*, s. m. sommet.
Soms, 1ʳᵉ pers. du plur. de l'indic. du verbe être : nous sommes.
Son, prép. contraction de selon.
Sordois, s. m. le pire, mauvais état.
Sore, adv. sur, au-dessus; du lat. *super*.
Sors, e, part. passé du verbe sourdre : surgir.
Sortir, v. a. attribuer par le sort.
Soulas, s m. soulagement, satisfaction ; du lat. *solatium*.
Sourt, 3ᵉ pers. sing. indic. prés. de sourdre.

Soutis, adj. subtil.
Sovin, *ine*, adj. couché sur le dos.
Sue, adj. f. *la sue*, la sienne.
Suiant, part. prés. du v. suivre.

T

Tache ou *teche*, s. f. vice, honte.
Tai, s. m. tourbe, fange.
Taisir, v. a. taire ; du lat. *tacere*.
Taisir, s. m. silence.
Talent, s. m. intention, volonté, désir.
Tangoner, v. a. tourmenter.
Tant et quant, de toute manière, absolument. — *Tant ne quant*, en tout, totalement.
Tapin, s. m. un misérable.
Tardance, s. f. retard.
Targer, v. a. et n. tarder.
Tenser, v. a. défendre, protéger.
Tenson, s. f. querelle.
Tentir, v. n. c'est le simple de retentir.
Terdre, v. a. essuyer, nettoyer.
Terremeute, s. m. tremblede terre ; du lat. *terræ motus*.
Tes, adj. possessif, masc. au nomin. singulier, ton, et au régime plur. tes.
Teus, adj. nominatif masc. et fém. tel, telle ; et au régime pluriel, tels, telles.
Tiois, s. m. Allemand.

Toie, adj. poss. au féminin : *la toie*, la tienne.
Toivre, s. m. le Tibre.
Tire, s. f. un certain espace de temps ou de lieu.
Tollir, v. a. ôter, enlever ; du lat. *tollere*.
Tor, s. m. un tour.
Tor, s. f. une tour.
Tor, s. m. taureau.
Toreler, n. n. s'élever comme une tour [1].
Tornoier, v. n. combattre en un tournois.
Tousdis, adv. toujours ; au sing. *toudi*.
Train, s. m. train, manière de traîner, de conduire.
Traîne, s. f. train, suite.
Traire, v. a. tirer, et aussi tirer de l'arc, lancer un trait, une arme de jet.
Traist, 3ᵉ pers. sing. du prét. défini de traire : il tira, *traxit*.
Tramelre, v. a. transporter, transmettre.
Treble, adj. triple.
Tresferir, v. a. transpercer.
Tresmuer, v. a. transmuer, transformer.
Trespas, s. m. passage, mort.
Trespassant, adj. qui passe à travers, qui trépasse [2].
Tresque, conj. jusqu'à ce que.
Tresvertir, v. a. tourner sens devant derrière.
Trichere, *trichiere*, *tricheor*, subst. et adj. trompeur.
Tristor, s. f. tristesse.

1. Que avoir voel la tor qui vers le ciel torelle.
   (*Li Romans d'Alixand.*, p. 215.)

2. Car à cel tens, ço truis lisant,
   Le fescit l'en as plus vaillans
   Mors de ce siecle trespassanz.
         (*Benoit, le Roman de Troie*, v. 10514.)

Troiain, s. m. de Troie, Troyen [1].
Tuit, adj. nomin. plur. masc. de tout : tous.
Tul, contraction pour *tu le*.
Tumer, v. n. tomber.

U

Uiseuse, s. f. oisiveté. — *par uiseuse*, oisivement.
Uissor, s. f. épouse ; du lat. *uxorem*.
Ullement, s. m. hurlement.
Uller, v. n. hurler ; du lat. *ululare*.

V

Vainquere, vainquerre, vainqueor, s. m. vainqueur.
Veer, v. a. défendre, empêcher ; du lat. *vetare*.
Venvoler, s. m. inconstance.
Verai, e, adj. vrai, sincère.
Veraiement, adv. vraiment.
Verté, s. f. vérité.
Vertir, v. a. changer, tourner.
Vez-ci, adv. voici.

Viaire ou *viere*, s. m. visage.
Vias, adv. sur-le-champs.
Vice, s. m. vice ; et aussi injure.
Vis, adj. vif, vivant.
Vis, s. m. visage.
Voidie, s. f. perspicacité, pénétration.
Voil, s. m. volonté, vouloir.
Voir ou *voire*, adj. vrai.
Voirement, adv. vraiment.
Voise, subj. prés. du verbe aller.
Vorroit, 3ᵉ pers. sing. du condit. de vouloir : voudrait. — De même, *je vorrai*, je voudrai.
Vou, vout, prétér. défini de vouloir : je voulus, il voulut.

W

Wai, s. m. lamentation, c'est le latin *væ*. On prononce *ouai*.

Y

Yerre, s. m. lierre.

---

1. Gie serai toz li primerains,
   A destruire les Troïains.
   (*Li Rom. de Troie*, v. 2155)

21655. — PARIS, TYPOGRAPHIE LAHURE
Rue de Fleurus, 9.

21655. — Typographie Lahure, rue de Fleurus, 9, à Paris.

www.ingramcontent.com/pod-product-compliance
Lightning Source LLC
Chambersburg PA
CBHW070841230426
43667CB00011B/1878